Charles Hart studierte Englisch und Pädagogik an der University of Washington. Er ist Herausgeber von »Advocate«, dem Verbandsorgan der Autism Society of America. Er lebt mit seiner Familie in Seattle.

Deutsche Erstausgabe November 1991

Titel der Originalausgabe »Without Reason«

Originalverlag Harper & Row, N.Y.
Umschlaggestaltung Adolf Bachmann
Umschlagfoto Silvestris/Siegfried Kerscher
Satz Compusatz, München
Druck und Bindung Elsnerdruck, Berlin
Printed in Germany 5 4 3 2 1
ISBN 3-426-02435-7

Charles Hart:
Ted – Miteinander leben lernen

Aus dem Englischen von Gabriele Gockel
(Kollektiv Druck-Reif)

Knaur

Die Ereignisse, Orte und Personen, die in diesem Buch beschrieben werden, entsprechen der Realität, Namen und bestimmte Merkmale von Personen, durch die sie identifiziert werden könnten, wurden hingegen verändert, um ihre Privatsphäre zu schützen.

Dieses Buch ist zwei Müttern gewidmet, die niemals die Liebe zu ihren Kindern verloren haben, so seltsam und behindert diese Kinder den anderen Menschen auch erschienen sind. Eine der beiden ist meine eigene Mutter, Frances Clark Hart, die die Kraft fand, sich nahezu sechzig Jahre lang um ihren Sohn zu kümmern. Die andere ist meine Frau, Sara Richards Hart, die mir stets half, diese ungewöhnliche Behinderung, die man Autismus nennt, besser zu verstehen.

VORWORT

Unser Wahrnehmungsapparat sorgt dafür, daß uns das Ungewöhnliche sofort ins Auge springt. Ein sich bewegendes Licht vor einem dunklen Hintergrund, der Pfau, der sein Rad schlägt, der Mann von zwei Meter zehn Größe – dies alles erregt sofort unsere Aufmerksamkeit. Ebenso fällt uns auch ein Mensch mit einem außergewöhnlichen Wesen, Temperament oder besonderen geistigen Fähigkeiten sofort auf.

Zuerst bemerken wir ihn, dann ordnen wir ihn so gut wir können ein, und dann reagieren wir. Auf manche Merkmale eines Menschen, etwa wenn er von stattlicher Körpergröße ist oder ein ungewöhnliches Talent besitzt, reagieren wir mit Respekt; beim Auftreten anderer, weniger günstiger Eigenschaften neigen wir dazu, Geringschätzung zu zeigen, zurückzuweichen oder sogar anzugreifen. Viel seltener noch unternehmen wir weitere Schritte – die viel schwieriger, aber weitaus wichtiger sind –, nämlich zu beschreiben, zu verstehen und zu helfen.

Nach den langen Jahren, in denen ich mich mit einer Vielzahl von menschlichen Verhaltensmustern und pathologischen Formen beschäftigt habe, kann ich sagen, daß kein anderer körperlicher Zustand ungewöhnlicher und komplizierter ist als der des Autismus. Junge Leute, die nach außen hin vollkommen gesund erscheinen, die oftmals auch ziemlich hübsch sind und manchmal erstaunliche Talente vorzuweisen haben, scheinen gleichzeitig von der menschlichen Gemeinschaft völlig abgeschnitten zu sein. Wo immer auch ihre sonstigen Stärken und Schwächen liegen mögen – autistische Kinder haben die grundlegende Schwierigkeit, mit den Menschen ihrer Umgebung in Verbindung zu treten: Bestenfalls können sie – und dies auch nur fehlerhaft – versuchen zu verstehen, was die Worte und Gesten anderer Menschen in ihrer Lebenswelt bedeuten mögen. Ebenso fällt es ihnen schwer, ihre Wünsche, Ängste und Gedanken anderen deutlich zu machen. Und so scheinen autistische Menschen, mehr als alle anderen, die an einer Krankheit leiden, zur Einsamkeit verdammt.

Die Erforschung des Autismus war für meine wissenschaftliche Arbeit von zentraler Bedeutung. Meinen Bemühungen, das Wesen und die Komplexität der menschlichen Intelligenz besser zu verstehen, kam besonders zugute, daß ich die Fertigkeiten untersuchte, die sich zuweilen in der Isolation entwickeln, in der autistische Kinder leben: große Geschicklichkeit im Zeichnen, Behendigkeit im Umgang mit Zahlen, handwerkliches Talent, sogar die Lesefähigkeit im frühkindlichen Stadium und die Beherrschung des Satzbaus. Forscher aus anderen Bereichen haben ebenfalls die Fähigkeiten und Defizite autistischer Kinder untersucht und das Wesen dieser Krankheit etwas erhellt. Diese Untersuchungen geben Teilantworten auf bislang noch offene Fragen, und dabei kommt es oftmals zu überraschenden Ergebnissen.

Laien wissen in der Regel zumindest ansatzweise, was Autismus bedeutet. Autismus kann auch umschrieben werden als eine Form der Entwicklungshemmung, als emotionale Behinderung. Der Autist wird oft mit einem »Ausgeflippten« verglichen oder als »schwachsinniges Genie« angesehen, wobei der Akzent ebensogut auf dem ersten wie auf dem zweiten Wort dieses sich selbst widersprechenden Begriffs liegen kann. Gelegentlich wird in Büchern, etwa in *A Child Called Noah**, oder in Filmen wie *Rain Man* diese Krankheit thematisiert. Doch sowohl unter den Laien wie unter Experten herrscht noch große Unwissenheit darüber, was Autismus – seine Formen, seine Ursachen – eigentlich ist und wie man ihn behandelt.

Charles Hart ist eine Kapazität, was diese Krankheit betrifft. Er kennt diese respektgebietende Krankheit aus nächster Nähe, denn sein älterer Bruder wie auch sein erstgeborener Sohn sind beide autistisch. Fast fünfzig Jahre lang hat er das abgrundtiefe Elend und die trügerischen Hoffnungen, die der Autismus vermittelt, miterlebt. Aber er hat sich auch die Forschungsliteratur über Autismus erarbeitet und ist so in der Lage, die Krankheit mit kühlem Sachverstand zu beschreiben. Und schließlich ist er als aktives Mitglied von lokalen und landesweiten Organisationen, die sich dem Autismus widmen, und als öffentlicher Fürsprecher für eine bessere Versorgung von autistischen Kindern in einzigartiger Weise geeignet, ein umfassendes Bild vom Leben autistischer Menschen in unserer Zeit zu zeichnen.

Dieses Bild ist weder leicht zu verstehen noch angenehm zu betrachten. Autismus besteht vermutlich aus dem Zusammenwirken komplexer Bedingungen, von denen jede einzelne noch kaum erforscht ist. Mittlerweile gibt es zahlreiche Erklä-

* dt.: *Noah*, Knaur 1988

rungsansätze und Behandlungsmethoden für Autismus, doch bislang hat keine davon ungeteilte Zustimmung erfahren. Es ist schwierig, als autistischer Mensch zu leben, und schmerzvoll, in der Familie einen autistischen Menschen zu haben. Wenn man von den Strapazen, den Spannungen und Ängsten liest, unter denen drei Generationen der Familie Hart zu leiden haben, wenn man erfährt, wie sich alle darum bemühen, sowohl den autistischen als auch den nicht-autistischen Angehörigen der Familie ein menschenwürdiges Leben zu ermöglichen und »das Richtige zu tun«, so begegnet einem hier eine Welt, die so komplex ist, als hätte sie ein Faulkner ersonnen.

Komplexität bedeutet aber nicht Hoffnungslosigkeit. Charles Hart zeigt uns, daß trotz der verheerenden Folgen, die der Autismus bisweilen bewirkt, eine Familie nicht nur überleben, sondern sogar Kraft daraus schöpfen kann. Wenn er uns das Leben seines Bruders und seines Sohnes präzise, detailgenau und mit großer Anteilnahme schildert, so erweist uns Hart damit einen unschätzbaren Dienst. Denn er dokumentiert damit, daß man mit kleinen, aber steten Schritten das Verständnis vom Wesen des Autismus erweitern kann, und er legt dar, auf welche Art und Weise man einem autistischen Menschen wirklich helfen kann. Durchdacht und mit gesundem Menschenverstand zeigt uns Hart anhand von Ursache-Wirkung-Beziehungen und vor dem Hintergrund bestimmter Ereignisse auf seine eigene, stets faszinierende Weise, mit welchen Schwierigkeiten ein autistischer Mensch zu kämpfen hat. Am Ende des Buches macht Hart uns schließlich deutlich, daß der autistische Mensch als integraler Bestandteil unserer Gemeinschaft gesehen werden muß, als ein Individuum, dessen außergewöhnlicher Zustand uns dabei helfen kann, besser zu verstehen, was es bedeutet, ein Mensch zu sein. Damit ruft er uns den bewegenden Schlußsatz der Nobelpreis-Rede von William Faulkner ins Gedächtnis: »Ich glaube, der Mensch wird nicht nur bestehen: er wird sich auch behaupten.«

Howard Gardner

Howard Gardner, Ph. D., arbeitet am Boston Veterans Administration Medical Center als Psychologe; er ist an der Harvard Graduate School of Education Professor für Pädagogik, zugleich Codirektor von Harvard Project Zero und außerordentlicher Professor für Neurologie an der Boston University School of Medicine. Er hat u. a. das Buch *Frames of Mind: The Theory of Multiple Intelligence* veröffentlicht.

KAPITEL 1

Wir glaubten, wir wären allein – und keine andere Familie hätte je ein solches Problem gehabt wie wir.

Ich wußte nicht, warum meine Mutter weinte, und ich traute mich auch nicht zu fragen. Noch nie hatte ich sie weinen sehen, zumindest nicht, soweit ich mich erinnern konnte. Aber damals war ich erst zehn Jahre alt und hatte natürlich noch keine Vorstellung davon, was einen erwachsenen Menschen so erschüttern kann, daß er die Kontrolle über sich verliert.

Sie saß ganz in sich zusammengesunken auf dem Stuhl mit der geraden Lehne und stützte sich mit dem Oberkörper auf dem Küchentisch auf. Jeder ihrer langsamen, mühevollen Atemzüge schien ihren schmächtigen Körper zu martern, und meinen Bruder und mich nahm sie anscheinend gar nicht wahr. Es war neun Uhr abends an einem gewöhnlichen Werktag; am nächsten Tag mußte ich wieder in die Schule, und ich wußte, es war Zeit, zu Bett zu gehen. Aber ich wußte auch, daß sie uns nicht wie sonst zu Bett bringen konnte. Ich für meinen Teil konnte das auch allein bewerkstelligen, aber was war mit meinem Bruder?

Mein Bruder war damals dreißig Jahre alt, eine ganze Generation älter als ich, aber er war noch nie ohne ihre Hilfe zu Bett gegangen. Er verließ sich darauf, daß sie ihm bei allem, was er den Tag über unternahm – vom Aufstehen am Morgen bis zum Schlafengehen am Abend –, lenkend zur Seite stand.
Ich hatte Angst, war durch den unerwarteten Anruf, den meine Mutter erhalten hatte, verstört, begriff nicht ihr verzweifeltes Weinen und fühlte mich überfordert durch die Verantwortung, die nun auf mich zukam.
Ich wußte, daß ich heute die Rolle meiner Mutter übernehmen mußte. Mein Bruder war auf mich angewiesen, wenn der Abend wie gewohnt für ihn ablaufen sollte. Aber ich wußte nicht, ob er meine Hilfe als Ersatz für die der Mutter akzeptieren würde.
Schreckliche Vorstellungen schossen mir durch den Kopf. Würde er wieder einen seiner »Anfälle« bekommen, einen dieser unvorhersehbaren Ausbrüche, die ihn vor Wut zittern ließen und bei denen er etwa die Tasse gegen den Unterteller schlug oder mit diesem seltsamen Ton in seiner Stimme »Nein!« schrie? Wie würde er reagieren, wenn ihm sein kleiner Bruder Anweisungen erteilen würde?
»Sumner«, sagte ich, »es ist Zeit, ins Bett zu gehen.« Vorsichtig fügte ich hinzu: »Geh nach oben ins Badezimmer.« Und er gehorchte mir! Er erhob sich von seinem Stuhl im Wohnzimmer, wo er der Musik aus dem Radio gelauscht und dabei hin und wieder langsam den Kopf im Takt gewiegt hatte. Ohne auf meine Mutter und ihr Schluchzen zu achten, stieg er die enge Treppe des Hauses hinauf, in dem wir zur Miete wohnten.
Ein paar Minuten später folgte ich Sumner und fand ihn auf dem schmalen Absatz am oberen Ende der Treppe. »Geh ins Badezimmer«, wiederholte ich.
Folgsam setzte er sich auf die Toilette – die Tür stand sperrangelweit offen – und begann, vor sich hinzusummen. Er sang

nicht, aber sein Summen gab exakt die Melodie wieder, die er zuvor im Radio gehört hatte.

Nachdem er die Spülung betätigt hatte, brachte ich ihn dazu, sich die Hände zu waschen, und schickte ihn dann auf sein Zimmer. »Und jetzt zieh dich aus.«

In seinem winzigen Schlafzimmer im hinteren Teil des Hauses begann nun das feierliche Ritual, das mich immer wieder fasziniert hatte. Jeden Abend, so lange ich mich erinnern kann, war er immer nach exakt demselben Muster vorgegangen.

Als erstes zog er die Schuhe aus und stellte sie genau parallel neben das Bett. Dann entledigte er sich der Hose, faltete sie in der Mitte und dann noch einmal, um sie anschließend auf die Schuhe zu legen, wo sie als Unterlage für die übrigen Kleidungsstücke diente. Als nächstes kam das Hemd, das ebenfalls hübsch und akkurat zusammengefaltet wurde. Dann plazierte er das Unterhemd und die Shorts auf dem sorgfältig zurechtgelegten Stoß. Die ganze Prozedur beendete er, indem er die beiden Socken kunstvoll und bedächtig auf dem Boden drapierte. Die Ferse jeder Socke wurde neben diejenige des jeweiligen Schuhs plaziert, wobei die Spitze in einem Winkel von fünfundvierzig Grad vom Schuh wegzeigte und die Oberseite der Socke kurvenförmig genau in die entgegengesetzte Richtung wies. Ein perfektes Schmetterlingsmuster!

Ich hatte schon so viele Jahre lang miterlebt, wie er sich entkleidete, daß mir seine seltsame Methode normalerweise gar nicht mehr auffiel. An jenem Abend jedoch vermittelte mir die Tatsache, daß man genau voraussagen konnte, wie Sumner vorgehen würde, ein Gefühl der Sicherheit. An diesem von rätselhaften Vorgängen und Chaos überschatteten Abend fand ich Trost darin, daß mein zurückgebliebener Bruder auf die Einhaltung von Ordnung bestand.

Nachdem er unter die Decke geschlüpft war, wünschte ich ihm eine gute Nacht. Ich mußte es noch einmal sagen, ehe er die Worte »Gute Nacht« nachsprach. Dann löschte ich das Licht und ging wieder hinunter, um meiner Mutter in ihrem Kummer Gesellschaft zu leisten. Als ich die Treppe hinabstieg, fühlte ich mich ein Stück erwachsener als zuvor. Ich hatte mir selbst bewiesen, daß ich mich um Sumner kümmern konnte, eine Aufgabe, die mir im Laufe der Jahre immer mehr auferlegt werden sollte.

Noch am selben Abend faßte sich meine Mutter wieder soweit, daß sie mir von dem Telefonanruf erzählen konnte, der sie so aus der Fassung gebracht hatte. Mehrere Wochen lang hatte sie ihre Befürchtungen vor mir verborgen gehalten; nun erklärte sie mir alles.

Kurz nachdem wir das letzte Mal umgezogen waren, hatte mein Vater in einer anderen Stadt eine neue Arbeit angenommen. Er war nach Alaska gegangen, während wir daheim in Seattle blieben. Eine Zeitlang schickte er uns regelmäßig Geld. Dann waren mit einem Male die Überweisungen und Briefe ausgeblieben. Meine Mutter mußte beim Vermieter um Stundung bitten und schließlich einen Nachbarn um einen Kredit ersuchen, damit sie für uns Essen kaufen konnte, bis der nächste Scheck aus Alaska eintreffen würde.

Aber es kam kein Scheck mehr. Statt dessen kam ein R-Gespräch aus Alaska. Aber es war nicht mein Vater, der anrief. Der Unbekannte am anderen Ende der Leitung erklärte, mein Vater habe ihn gebeten, an seiner Statt anzurufen, weil er selbst sich zu sehr schäme. Drei Wochen zuvor hatte er wieder angefangen zu trinken und daraufhin seinen Job verloren. Am Abend nach seiner Entlassung hatte ihm jemand sein gesamtes Geld geraubt und ihn vollkommen betrunken auf der Straße liegen lassen. Die Polizei von Anchorage fand ihn am nächsten Morgen bewußtlos und halb erfroren.

Nach der medizinischen Notversorgung und einer kurzen Zeit der Erholung hatte er erneut Arbeit gefunden, als Wachmann auf einer Baustelle. Das war zwar nicht die Art von Arbeit, die er als Ingenieur gewohnt war, aber immerhin eine Möglichkeit, sich seinen Lebensunterhalt zu verdienen. Er hatte den Fremden gebeten, meiner Mutter zwei Dinge zu bestellen, auf die sie sich verlassen könne: Er würde so bald wie möglich Geld schicken, und er würde nie mehr im Leben einen Tropfen Alkohol anrühren.

Einige Punkte in dieser Geschichte waren mir neu: Meine Mutter hatte uns immer verheimlicht, daß wir finanzielle Sorgen hatten. Daß mein Vater alle Eide schwor, er würde nie mehr etwas trinken, hatte ich hingegen schon öfter gehört. An diesem Abend war ich zu müde und verschreckt, um diesem allzu bekannten Versprechen Glauben zu schenken. Schließlich schlief ich im Bett meiner Mutter ein und wurde so nach meinem Ausflug in die Welt der Erwachsenen und deren Verantwortung wieder zu einem Kind.

Am nächsten Morgen ging ich wie immer zur Schule, und auch meine Mutter fand zu ihrer mir vertrauten Art zurück, entschlossen, für die Familie zu sorgen, gleich welche Hindernisse es zu bewältigen gäbe. Ihre Religion, die *Christliche Wissenschaft*, gab ihr den nötigen Halt und Optimismus, und sie versicherte mir, daß auch diese Erfahrung, wie so manch anderer der abrupten Wechselfälle in unserem Leben, »Teil von Gottes Plan« sei.

Wir waren einander die besten Freunde, dieser zehnjährige Junge und seine achtundvierzigjährige Mutter, die so viele Sorgen plagten. Wir schenkten einander Vertrauen, so wie wir auch die Verantwortung für Sumner gemeinsam trugen. Mein Vater suchte sich oft Arbeit außerhalb, unter anderem wohl wegen der Behinderung meines Bruders, was mir damals allerdings noch nicht so klar war.

Die nächsten Verwandten meiner Mutter lebten tausend Kilometer entfernt in Montana. Meine zwei erwachsenen Schwestern wohnten sogar noch weiter weg. Vada, die ältere der beiden, war nach Ägypten gegangen, wo sie zum zweiten Mal heiratete, einen adeligen Araber am Hof König Faruks.

Frances, die jüngere, hatte ebenfalls einen Mann geheiratet, den die Familie als »Ausländer« ansah – einen Puertoricaner. Sie lebten in Texas und erwarteten ihr erstes Kind.

Wegen des Altersunterschiedes schien ich für diese beiden Frauen weniger ein Bruder als eine Art Neffe oder ein Ersatzsohn zu sein. Durch die Jahre als auch durch die räumliche Entfernung voneinander getrennt, hatten wir keinen gemeinsamen Erfahrungshintergrund, obwohl die jeweiligen Kindheitserlebnisse sich in erstaunlicher Weise ähnelten.

Da ich das jüngste Kind in der Familie war, wuchs ich mit Geschichten auf, die sich vor meiner Geburt abgespielt hatten, aber dennoch mein Leben mit Sumner und meiner Mutter prägen sollten. Allmählich konnte ich mir ein Bild über die Vergangenheit unserer Familie machen. Dieses Bild setzte sich Stück für Stück zusammen aus den intimen Schilderungen der Erwachsenen, die alle darauf bedacht waren, ihre jeweilige Sichtweise hervorzuheben. Und immer spielte Sumner eine Schlüsselrolle.

Er wurde 1920 geboren, als erstes Kind meiner Mutter, die damals achtzehn war. Sie war erst neun Monate mit dem feschen »Studenten« verheiratet, der sie überredet hatte, mit ihm durchzubrennen und aus der Siedlergemeinde zu fliehen, wo ihre Eltern einen Krämerladen führten. Für die älteste Tochter einer Familie mit neun Kindern bestand das Leben bis dahin aus einer einzigen schlimmen Plackerei, aufgeteilt zwischen ihren Aufgaben im Laden und der anstrengenden Hausarbeit zu einer Zeit, als es noch keine elektrischen Haushaltsgeräte gab.

Meine Eltern freuten sich sehr über die Geburt ihres ersten Kindes und nannten den Sprößling nach dem Vater meiner Mutter und nach dem berühmten Bruder meines Vaters. Der kleine Sumner Scott war für beide Zweige der Familie das erste Enkelkind. Zuversichtlich setzten die stolzen jungen Eltern für sich und ihren Nachkommen hohe Erwartungen in die Zukunft. Aber die Geburt war für die schmächtige junge Mutter schwierig gewesen, und es war oft sehr hart für sie, in den Arbeitscamps inmitten der Wildnis des Westens, wo ihr Mann am Bau einer Eisenbahn beteiligt war, den Kleinen angemessen zu versorgen.

Sumner war ein hübsches Kind. Wie die meisten Eltern, so hielten auch meine Mutter und mein Vater ihr erstes Kind für einen Frühentwickler... eine Zeitlang zumindest. Als er drei Jahre alt war, dachten sie bereits anders darüber, und ihre Befürchtungen wuchsen zusehends. Sumner litt immer wieder an unvorhersehbaren Fieberschüben und anderen Anfällen, für die die Ärzte keine Erklärungen hatten. Manchmal verabreichte ihm meine Mutter Eisbäder. Und oft blieb ihr nur noch das Gebet.

Sumner war ein ungewöhnliches Kind, und sein Verhalten war für alle in der Familie ein Grund zur Besorgnis. Als er zweieinhalb Jahre alt war, bekamen meine Eltern ihr zweites Kind, Vada, die nach meiner Großmutter väterlicherseits genannt wurde. Bei diesem aufgeweckten kleinen Mädchen wurde bald deutlich, daß sie schneller sprechen lernen würde als ihr älterer Bruder. Und was noch auffälliger war: sie konnte wie andere Kinder spielen.

Wenn meine Eltern Sumner mit Vada verglichen, erschien ihnen sein Verhalten noch seltsamer. Er konnte zwar die Züge zeichnen, für die sein Vater die Strecken konstruierte; er fand auch ohne weiteres aus dem Wald nach Hause zurück; aber es gab beunruhigende und unerklärliche Defizite in seinen Fähigkeiten. Zum Beispiel sprach er kaum, und wenn er etwas sagte, so klang es rätselhaft und verworren. Und er verstand es nicht, mit anderen Kindern zu spielen.

Zu den frühesten Erinnerungen von Vada gehörten die Sorgen, die sich meine Eltern um Sumner machten, seine Anfälle und seine Schwierigkeiten, etwas zu begreifen. Sie sollte die schrecklichen Szenen immer in Erinnerung behalten, bei denen die Erwachsenen hinter verschlossenen Türen über ihre Befürchtungen tuschelten und sich darüber stritten, was mit ihrem Bruder zu geschehen habe. Und sie vergaß auch nicht die Hänseleien ihrer Spielkameraden, die schnell erkannt hatten, daß Sumner anders war, und deshalb auch von Vada behaupteten, sie sei anders.

Meine Eltern hatten Angst davor, noch ein Kind zu bekommen, aber acht Jahre später versagten die primitiven Methoden der Schwangerschaftsverhütung, die in den zwanziger Jahren üblich waren, und so kam die zweite Tochter, Frances, zur Welt. Sie avancierte zum absoluten Lieblingskind meines Vaters. Frances entwickelte sich wie Vada völlig normal und ging zur Schule, während ihr großer Bruder zu Hause bei meiner Mutter blieb.

Im Laufe der Zeit wurden Sumners Schwierigkeiten immer auffälliger, besonders seine merkwürdigen Defizite in der sprachlichen Artikulation. Er konnte zwar Worte aussprechen, aber seine Äußerungen ergaben nie irgendeinen Sinn. Seine Sätze klingen eher wie die eines Papageis, als die eines Menschen. Entweder wiederholte er etwas, was gerade jemand anderer gesagt hatte, oder er gab einen Satz aus einem früheren Gespräch oder aus einem Lied wieder, das er gehört hatte.

Völlig unerklärlich erschien, daß ebendieser Junge Dinge zustande brachte, die die Leute in Erstaunen versetzten. Mit den Händen konnte er geschickt umgehen, und es gelang ihm zum Beispiel, schwierige Knoten zu lösen oder verwickelte Garnknäuel zu entwirren, was andere Leute nicht einmal versucht hätten. Eine seiner beiden Großmütter brachte ihm das Stricken bei. Puzzlespiele, die uns übrige Kinder langweilten oder entmutigten, setzte er wie selbstverständlich zusammen.

Sumner vermittelte den Eindruck, als fehle ihm jedes Gefühl der Furcht. Einige seiner »Heldentaten« aus der Kindheit wurden in der Familie so oft erzählt, daß sie schließlich legendär wurden. Zum Beispiel stieg er einmal bei einer Fahrt mit dem Riesenrad aus der Gondel, als diese am höchsten Punkt zum Stehen kam, und kletterte auf das Gerüst. Bei anderen Gelegenheiten lief er auf völlig fremde Pferde los, schwang sich mit Hilfe eines Umzäunungspfostens auf ihren Rücken und ritt so lange, bis unsere Mutter, die ganz außer sich war, ihn schließlich »rettete«.

Man konnte dieses merkwürdige Kind einfach nicht begreifen. Er selbst konnte nichts erklären, und keiner hatte jemals zuvor ein solches Kind erlebt wie ihn. Die Familie akzeptierte seinen Zustand als eine ungewöhnliche Form geistiger Behinderung, als eine Bürde, die niemand verstehen konnte, außer Gott vielleicht. Schließlich gaben es meine Eltern auf, nach einer Antwort zu suchen. Es schien, als könne niemand Sumner dabei helfen, sich zu entwickeln und sich verständlich zu machen.

Als ich 1940 geboren wurde, war Sumner zwanzig Jahre alt, und unsere Familie hatte versucht, mit seiner Behinderung zurechtzukommen. Meine Mutter war zur Glaubensgemeinschaft der Christlichen Wissenschaft konvertiert, weil sie meinte, daß diese die einzige Hoffnung für die »Heilung« ihres Sohnes biete. In den folgenden Jahren wurde aber ihr Glaube nur weiterhin auf die Probe gestellt.

Nur langsam lernte ich diesen seltsamen, sanftmütigen Menschen besser kennen, da er, während ich als Kind mit ihm aufwuchs, bereits im Erwachsenenalter war. Wir verbrachten viel Zeit zusammen. Als ich drei oder vier Jahre alt war, war ich ihm bereits überlegen.

Wenn ich zum Beispiel etwas von ihm verlangte, konnte er mich nicht abwimmeln wie die anderen Erwachsenen. Schon bevor ich eingeschult wurde, lernte ich, welche Macht man mit Sprache ausüben kann, und verstand es, diesen ausgewachsenen Menschen so zu steuern, daß er meine Bitten erfüllte.

Gelegentlich jedoch rief ich mit meinen kindlichen Forderungen eine unerwartete Reaktion hervor, etwa als ich Sumner bat, mir zu helfen, auf das Dach der Scheune zu klettern. Als vierjähriger Knirps war ich der festen Überzeugung, daß ein Mensch fliegen könne, wenn er aus einer bestimmten Höhe herunterspringt. Ich verlangte also von ihm, er solle springen. Da er keine Worte hatte, um sich zu wehren, stieß er mich von sich, so daß ich hinunterfiel. Ich erschrak furchtbar, der Wind war mir aus den Segeln genommen, aber ich hatte gelernt, in Zukunft vorsichtiger zu sein.

Da Sumner weder einer Arbeit nachging noch die Schule besuchte, war er immer da, um mit mir zu spielen, ein großgewachsener, schweigsamer Gefährte, der die Schaukel anschieben, den Leiterwagen ziehen und auf das höchste Brett langen konnte. Ich liebte ihn, aber eine schreckliche Spannung belastete unser Verhältnis immer mehr. Denn als ich älter wurde und Leute kennenlernte, die nicht zu unserer Familie gehörten, brachte mich deren Haltung gegenüber Sumner dazu, daß ich mich seinetwegen schämte.

Im Sommer 1944 fiel mir das erste Mal auf, wie fremde Leute auf meinen Bruder reagierten. Während des Zweiten Weltkrieges waren Wohnungen rar, so daß wir ein altes Farmhaus mieten mußten, das weiter vom Dorf entfernt lag, als meiner

Mutter recht war. Diese Abgeschiedenheit bot jedoch Sumner mehr Ungestörtheit und Freiheit als er später je wieder finden konnte. Sie verhinderte auch, daß ich die Reaktionen anderer Leute auf Sumner mitbekam.

Da ich immer mit Sumner zusammengelebt hatte, war sein Zustand für mich etwas ganz Selbstverständliches. Obwohl ich wußte, daß er ungewöhnlich war, erkannte ich nicht, daß sein Anderssein abstoßend wirkte und immer wieder peinliche Situationen provozierte, die meine Familie in Anwesenheit von anderen vermeiden wollte. Ich bemerkte aber schon bald, daß jedesmal, wenn Besucher zu uns kamen, Sumner aus dem Zimmer und in einen ruhigen, abgelegenen Teil des Hauses geschickt wurde. Wenn auf der Straße jemand auf uns zukam, flüsterten meine Eltern oder meine Geschwister Sumner rasch irgendwelche Verhaltensmaßregeln zu; er sollte seine Körperhaltung korrigieren, sich »richtig verhalten« und sein absonderliches Murmeln unterlassen.

Wenn wir ihn schon nicht verstecken konnten, so versuchten wir wenigstens, seine Behinderung zu verheimlichen. Nach und nach begriff ich, daß wir uns seinetwegen schämten, und von da an machte mir das Zusammensein mit ihm keinen Spaß mehr.

Während meiner Kindheit lernte ich nach und nach, Sumner Befehle zu erteilen, bis ich schließlich an jenem einsamen, verzweifelten Abend, als meine Mutter vor Hoffnungslosigkeit zusammenbrach, ihre Rolle übernehmen konnte. Von jenem Abend an wußte ich, daß Sumner eines Tages zu meiner Bürde werden würde, so wie er bislang die Bürde meiner Mutter gewesen war. Aber ich weigerte mich, der Zukunft ins Auge zu sehen. Statt dessen machte ich mir ihren Ratschlag zu eigen, »immer nur an den heutigen Tag zu denken«.

Es sollten noch viele Tage kommen.

KAPITEL 2

Sumner lernte nie etwas aus den Prügeleien. Er verstand es auch nicht, sich zu verteidigen oder zukünftige Ausbrüche abzuwenden.

Diesmal hielt unser Vater Wort. Er rührte nie wieder Alkohol an, nachdem er in Alaska so »abgestürzt« war. Schon bald nach seinem niederschmetternden Telefonanruf sandte er meiner Mutter wieder Geld. Schließlich fand er bei der Alaska Railroad auch eine geeignete Arbeit als Konstrukteur.

Meine Mutter packte wieder einmal ihre Hoffnungen und unsere Habseligkeiten zusammen, und so zogen wir gemeinsam nach Alaska um. Für einen Haushalt von vier Personen hatten wir ziemlich wenig Gepäck. Es gab da ein Faß, in dem sie sorgfältig die Reststücke des Familienporzellans verstaute, einen alten Schiffskoffer, ein paar Pappschachteln und noch einige zusätzliche Koffer. Die Überbleibsel von mehr als dreißig Jahren Ehe nahmen wirklich nur wenig Platz ein.

Unsere paar Habseligkeiten waren mir aber dennoch ein Trost. Sie in der fremden neuen Umgebung auszupacken, verlieh unserem Leben so etwas wie Kontinuität. Außer den einfachen Gerätschaften für den Haushalt hatten wir auch einige »Schätze«: Kerzenleuchter aus Messing und ein Landschaftsgemälde von der Hart-Großmutter, ein Album mit Familienfotos und das Poesiealbum meines Vaters, das Sumner mit Zeichnungen verziert hatte: mit primitiven Bildern von Zügen, die er vor vielen Jahren als Kind gemalt hatte.

1953 erhoben die Einwohner von Alaska die Forderung, ihr Land solle Bundesstaat werden. Aber die Hauptstadt Anchorage war damals immer noch eine Pioniersiedlung von nur 16000 Menschen und lag inmitten eines riesigen, nahezu unbewohnten Gebietes.

Jeden Tag kamen neue Siedler hinzu, entweder, um sich auf einer Parzelle des unermeßlichen Landes, das öffentlicher Besitz war, niederzulassen, oder wegen der Löhne, die aufgrund des Mangels an Arbeitskräften sehr hoch lagen. Wegen dieses Zustroms war es fast unmöglich, eine Wohnung zu finden.

Entgegen ihrer eigenen Überzeugung erlaubte meine Mutter ihrem Mann, ein Haus zu mieten und den Vertrag zu unterschreiben, noch bevor sie selbst das Anwesen besichtigen konnte. So zogen wir in ein Häuschen mit drei Zimmern. Es gab dort zwar Strom, aber kein fließendes Wasser. Monatelang mußten wir uns mit einer Pumpe in der Küche begnügen und mit einer »chemischen Toilette« vorlieb nehmen, die aus einem großen Eimer bestand, der mit Desinfektionsmitteln gefüllt war und jeden zweiten Tag im Wald entleert werden mußte. Voller Neid spähten wir immer wieder zu dem Toilettenhäuschen hinüber, das unser Nachbar im Garten stehen hatte und das mit einem Vorhängeschloß gesichert war, damit wir es nicht benutzen konnten.

Als ich in die siebte Klasse eintrat, war dies schließlich die siebte Schule, die ich besuchte. Ich half meiner Mutter dabei, das Porzellan, das in dem besagten Faß verstaut war, auszupakken und hörte mir ihre immer wiederkehrenden Beteuerungen an, dieser Umzug sei »Gottes Wille«, und alles werde »sich zum Besten gestalten«. Es entging mir aber nicht, daß in ihrer Stimme nicht mehr die gleiche Überzeugung lag wie früher.

Umzuziehen war für mich zu einer solch alltäglichen Erfahrung geworden, daß ich weder erwartete noch wünschte, an diesem ungemütlichen Ort zu bleiben. In einem gewissen, höchst merkwürdigen Sinn war unser chaotischer Lebensstil für mich ein Mittel, mit allen Belastungen fertig zu werden.

Wenn meine Mutter zum Beispiel mit den Nachbarn nicht zurechtkam oder ich bei meinen Schulkameraden auf Ablehnung stieß, so fanden wir eine Art Trost in dem Gedanken, daß wir keines unserer sozialen Probleme lange Zeit ertragen mußten. Wir konnten ja jederzeit fliehen, immer unserem Vater hinterher, der entlang der Westküste von einer Krise in die nächste stolperte.

Wir nannten ihn immer »Daddy«, niemals »Vater« oder »Dad«. Nicht aus Mangel an Respekt, sondern aus dem einfachen Grund, daß wir es lieber hatten, wenn er in gelöster und verspielter Stimmung war, als wenn er ernst wurde und sich zurückzog. Wenn ich an meine Kindheit zurückdenke, so fällt mir immer wieder die Szene ein, wie er mit seinem künstlichen Gebiß in der Hand hinter mir herjagte und ich vor gespieltem Entsetzen aufschrie.

Er hatte einen wunderbaren Sinn für Humor und viel Sinn für witzige Dinge. Seine Kinder versah er alle mit Spitznamen, die uns über die Kindheit hinaus anhafteten. Sumner nannte er »Skulldugs«, seine älteste Tochter wurde »Pinky« (dt. etwa »Nelkchen«) gerufen, und Frances »Leettle Wan« (dt. etwa »Kleine Wan«). Ich akzeptierte die Bezeichnung »Gimlet Eyes« (dt. »stechende Augen«), nicht weil es mir gefiel, an meine schmalen Augen erinnert zu werden, sondern weil Daddy mir diesen Namen gegeben hatte.

Da mein Vater bereits die Hälfte seines Lebens hinter sich hatte, als ich zur Welt kam, hatte ich im Vergleich zu meinen Geschwistern weniger die Möglichkeit, ihn kennenzulernen. Natürlich hatte von uns allen Sumner die geringste Chance, diesen Mann zu verstehen. Sowohl Vater als auch Sohn litten unter Behinderungen, die sich jeweils negativ auf den anderen auswirkten und Vertrauen und Verständigung schwierig, wenn nicht gar unmöglich machten. Die Unfähigkeit des Sohnes deprimierte den Vater, und dessen Trunksucht wiederum ließ ihn Dinge tun, die den Sohn verschreckten und noch zusätzlich verwirrten.

In der Zeit, als Vater noch trank, prügelte er Sumner manchmal mit dem Gürtel. Da ich noch sehr klein war, durchschaute ich nicht, wie sich sein Ärger anstaute und schließlich in einem Ausbruch von Zorn explodierte. Manchmal machte es den Eindruck, als versetzten Sumners sonderbare Verhaltensweisen und sein Starrsinn unseren Vater in Rage. Manchmal dachte ich, Sumner sei schuld, weil er wieder einmal zur falschen Zeit einen seiner Anfälle bekam. Aber was immer auch der Grund gewesen sein mag – ich fand es immer schrecklich, wenn diese beiden großen Männer sich prügelten.

Gewöhnlich fing mein Vater dann an zu fluchen und auf Sumner einzuschlagen, und Sumner gab fürchterliche Laute von sich und schlug zurück, allerdings schlug er gegen die Wand oder auf eine andere Person ein. Nur selten versuchte er, meinen Vater zu treffen. Es kam auch vor, daß Sumner der schlimmste aller möglichen Irrtümer unterlief und er unserer Mutter einen Schlag versetzte, die dazwischengegangen war, um die beiden zu beruhigen. Wenn das aber geschah, dann geriet Daddy nur noch mehr in Rage.

Denn er liebte seine Frau so sehr, daß der Beschützerinstinkt sein Urteilsvermögen völlig ausschaltete und er seinen Gürtel

nahm und damit so lange auf Sumner eindrosch, bis dieser sich in einem Zustand von Hysterie in eine Ecke verkroch.
Meine Schwestern und ich mußten solche Auseinandersetzungen oft miterleben. Wir wurden zu Zeugen einer Familientragödie, die wir nicht abwenden konnten. Diese Erfahrung machte mir aber auf unvergeßliche Weise klar, daß Gewalttätigkeit keinen Sinn hat.
Sumner lernte nie etwas aus diesen Prügeleien. Er verstand es auch nicht, sich zu verteidigen oder zukünftige Ausbrüche abzuwenden. Statt dessen schien die drohende Bestrafung seine Angst nur noch zu steigern, bis er schließlich vor Furcht am ganzen Leib zitterte. Dieses Zittern löste gewöhnlich einen weiteren Ausbruch aus, und der Teufelskreis begann von neuem.
Manchmal mußten Sumner und Daddy für mehrere Stunden voneinander ferngehalten werden, bevor sie die Gegenwart des anderen wieder ertragen konnten, ohne daß einer der beiden wieder anfing zu raufen.
Nach solchen Vorfällen zeigte mein Vater immer große Reue. Er versuchte, Sumner möglichst aus dem Weg zu gehen, und verließ sich darauf, daß meine Mutter ihm dabei half. Das Familienleben war immer weitaus friedlicher, wenn Daddy auswärts arbeitete. Auch ihm selbst muß das lieber gewesen sein, weil er oft eine Arbeit annahm, deretwegen er wochen- oder monatelang wegbleiben mußte.
Nachdem er zu trinken aufgehört hatte, fing er an, wie besessen zu arbeiten, und verbrachte so wenig Zeit wie möglich mit seiner Familie. Damals wohnten nur noch Sumner, meine Mutter und ich zusammen. Wir hatten begriffen, daß wir von Vater nur noch eines erwarten konnten – das magere Einkommen, das er zwischen den Phasen, in denen er arbeitslos war, verdiente.
Mit sechzig hatte er bereits an fast allen großen Bauprojekten

an der Westküste mitgearbeitet und war entweder gefeuert worden oder hatte selbst gekündigt: an der San Francisco Bay Bridge, auf Treasure Island, am Grand-Coulee-Damm, im Fernstraßenbau und an zahllosen Eisenbahnstrecken. Großbauten waren die Marksteine unseres Familienlebens.

Nur ein paar Stunden nachdem meine hochschwangere Mutter über eine behelfsmäßige Pontonbrücke über den Pitt River geleitet wurde – die letzte, die den Fluß überqueren durfte, bevor »Daddys neue Brücke« der Öffentlichkeit übergeben wurde –, kam ich zur Welt.

Wie mein Vater zu Sumner stand, bevor ich geboren wurde, kann ich nicht sagen. Er muß aber eine Zeitlang sehr enttäuscht gewesen sein und sich wegen seines zurückgebliebenen Sohnes gegrämt haben. Er sprach aber niemals darüber. Als ich alt genug war, um das Verhältnis der beiden zueinander zu durchschauen, schien mir, daß ein Gefühl der Scham vorherrschte. Sumner schämte sich, weil er unfähig war, sich sprachlich zu artikulieren, die Erwartungen der anderen Menschen zu verstehen und eigenständig zu werden.

Aber unser Vater litt an Schuldgefühlen: Er schämte sich, einen Sohn zu haben, den er vor der Welt versteckt hielt, er schämte sich, daß er gegenüber diesem schutzlosen und unschuldigen Menschen immer wieder die Geduld verlor, und er schämte sich, daß er sein Kind, das niemals erwachsen werden würde, nicht richtig umsorgen konnte.

Den meisten Angehörigen unserer Familie war nicht klar, wie die Trunksucht meines Vater mit Sumners Behinderung zusammenhing. Für einige Verwandte, die loyal zu Daddy standen, war sein Alkoholismus eine Folge der Belastungen, die ein behinderter Sohn darstellte. Andere wiederum hielten Vater für die eigentliche Ursache unserer familiären Probleme und sahen ihn als jemanden, der meiner Mutter nur im Weg stand, wenn sie versuchte, ihrem behinderten Sohn und

seinen normalen Geschwistern ein sicheres Zuhause zu schaffen.
Über seinen ältesten Sohn äußerte sich Daddy nie.
Wir müssen ihn tief enttäuscht haben, Sumner und ich. Der ältere der beiden Brüder konnte die Hoffnungen des Vaters, sein Sohn werde eines Tages unabhängig sein und auf eigenen Füßen stehen, niemals einlösen. Und ich, der jüngere, weigerte mich, im eigenen Vater ein Vorbild zu sehen. Er mußte mitansehen, wie ich mich mehr an meine Mutter hielt und Interessen entwickelte, die er nicht teilen konnte. Ich wurde ein Muttersöhnchen und ein Bücherwurm, aber nicht der rauhe Bursche, der Wind und Wetter trotzte und so seinem Beispiel folgte.
Die Zeit, die wir zusammen verlebten, war nur kurz. Genau genommen verbrachten wir so wenig Zeit gemeinsam, daß es mich jedesmal überraschte, wenn er mich bat, ihn zu begleiten. Ich bekam nie heraus, was er eigentlich von mir wollte.
Wir hatten keine Gelegenheit, uns als zwei erwachsene Menschen kennenzulernen. Denn bevor ich alt genug war, um seine Fehler zu akzeptieren und die Grenzen meines eigenen Strebens zu verstehen, hatten wir einander verloren.
Das letzte Mal sah ich Daddy, als ich zwanzig war. Ich war zu einem kurzen Besuch nach Hause gekommen, bevor mein zweites Studienjahr an der Harvard-Universität begann. Nachdem ich meine Eltern ein Jahr lang nicht mehr gesehen hatte, fand ich ihren Lebensstil unglaublich schäbig.
Am Tag vor meiner Abreise aus Seattle bat mich Vater, mit ihm »eine Fahrt zu machen«. Seine Bitte überraschte mich, und ich war auch nicht sonderlich angetan davon. Denn ich konnte mir nicht vorstellen, warum er mit mir allein sein wollte oder was dieses Gerippe von Mann mir nach Jahren der Entfremdung noch sagen wollte. Dennoch setzte ich mich ans Steuer unseres alten Buick und folgte gehorsam seinen Anweisun-

gen. Kaum waren wir außer Sichtweite unseres Hauses, bat er mich auch schon anzuhalten.
Er wandte sich mir zu, und ich wartete darauf, daß er etwas sagte. Mit seinem ergrauten Haar und seinen sorgfältig geflickten Kleidern sah er mitleiderregend aus. »Charles«, sagte er, »ich bin froh, daß du deine Mutter so sehr liebst…«
Ich merkte, wie bei mir langsam der Unmut, aber auch die Spannung wuchs. Was würde er als nächstes bringen?
»Ich bin froh, daß du deine Mutter liebst«, fuhr er fort, »weil du für sie und für Sumner wirst sorgen müssen.«
Ich schwieg, denn ich wußte nicht, was ich darauf antworten sollte, und hoffte, er würde weiterreden. »Ist das alles?« fragte ich schließlich.
»Nun«, antwortete er, »ich glaube, das reicht ja wohl.« Unser Gespräch war damit beendet.
In mir kämpften die Gefühle miteinander. Er schien so verletzlich und schwach zu sein. Wie gern hätte ich eine gemeinsame Basis mit ihm gehabt, eine Grundlage, die es mir erlaubt hätte, ihm aufrichtige Zuneigung zu zeigen. Statt dessen war ich bestürzt und zornig.
Wie konnte dieser gescheiterte und sich selbst bemitleidende alte Mann nur auf den Gedanken verfallen, mir, der ich so jung war, seine Verantwortung zu übertragen? War dies nun ein Trick, mit dem er meine Sympathie gewinnen wollte, oder war es eine echte Vorahnung, daß er bald sterben würde? Ich fand darauf keine Antwort. Meine Zweifel machten es mir nur noch schwieriger, etwas zu sagen. Nichts konnte die Wut besänftigen, die in mir hochstieg. War dies vielleicht der Schlußpunkt unserer Beziehung, wollte er mir damit mein Erbe übergeben, das aus nichts anderem bestand als aus der Last, die bisher er getragen hatte?
Sosehr ich mich über seine Worte ärgerte, sosehr schämte ich mich auch über meinen Ärger. Natürlich liebte ich meine

Mutter, also durfte ich ihm seine Bitte eigentlich nicht übelnehmen. Doch ich konnte nicht verhehlen, daß ich mich trotzdem ärgerte.

Schweigend fuhren wir nach Hause, ohne das Gespräch zu Ende zu bringen. Ich schämte mich zu sehr, als daß ich meine Gefühle hätte äußern können. Vielleicht hielt auch ihn ein ähnliches Empfinden davon ab, weiterzusprechen. Von all unseren Hoffnungen auf eine gute Beziehung zueinander war nur ein Gefühl der Schuld geblieben, das uns verband.

Ich habe Daddy danach nicht mehr wiedergesehen. Drei Monate nach diesem Ereignis wurde ich nach Hause gerufen, zu seinem Begräbnis. Seitdem empfand ich Trauer, Trauer über die verpaßte Gelegenheit, zueinander zu finden, und Trauer darüber, daß es keine Möglichkeit mehr gab, diesem Mann vielleicht eines Tages meine Zuneigung und Liebe zu zeigen, ihm, der mir zum Leben verholfen hatte und der mit Problemen zu kämpfen hatte, die ich nicht verstehen konnte, solange ich nicht erwachsen war.

Seltsamerweise war es Sumner, der am erstaunlichsten auf den Tod unseres Vaters reagierte.

Daddy starb zu Hause im Schlaf. Sumner blieb in seinem Zimmer, als unsere Mutter die Ambulanz rief und den Leichnam abtransportieren ließ. In den Tagen danach telefonierte sie mit den Verwandten und schilderte ihnen ausführlich, wie sie nun mit reduziertem Einkommen das Leben unserer Familie plane. Meine Schwester Frances bot ihr an, daß sie und Sumner im Obergeschoß ihres Hauses wohnen könnten.

Meine Mutter befürchtete aber, daß Sumner nicht begreifen könne, was geschehen sei und warum sie nun wieder umziehen sollten. Schließlich beschloß sie, ihm die Situation zu »erklären«. Weil sie ja nicht wußte, wieviel er überhaupt verstand, versuchte sie, mit Sumner ein Gespräch zu beginnen, indem sie die Frage stellte: »Wo ist Daddy?«

Wie zu erwarten gewesen war, antwortete Sumner, indem er wiederholte: »Wo ist Daddy?«
Nun kam Mutter zur Sache: »Hör mir zu, Sumner. Es ist wichtig! Ich möchte, daß du mir sagst, wo Daddy ist!«
Sumner antwortete mit ausdrucksloser Stimme und wie selbstverständlich: »Daddy ist im Himmel.«
Sumners Antwort bedeutete ihr sehr viel. Sie besagte nämlich, daß er »verstanden« hatte, daß Daddy gestorben war. Außerdem zeigte sie, daß Sumner Daddy geliebt haben mußte, zumindest so sehr, daß er annahm, Daddy sei nun im Himmel wie die geliebten Großeltern, die Sumner Jahre zuvor verloren hatte.
Ein paar Tage danach wurde Marco, mein Schwager, Ohrenzeuge von Sumners abschließenden Worten zu diesem Thema. Sumner war gerade im Badezimmer und sprach murmelnd mit sich selbst. Marco stand im Gang und konnte deshalb hören, wie Sumner sagte: »Ich werde Daddy verdreschen. Daddy ist in der Hölle!«
Niemand von uns hat Mutter je erzählt, was Sumner gesagt hatte. Sie hat nicht erfahren, daß er in der vermeintlich unbelauschten Atmosphäre des Badezimmers deutlich werden ließ, daß er verstanden hatte... verstanden, daß die Jahre einer gewalttätigen und gegenseitig schadenstiftenden Beziehung nun endgültig vorüber waren.

KAPITEL 3

Konnte er wirklich mehr als das, was wir ihm zutrauten? Schlummerte in diesem seltsamen Menschen eine größere Intelligenz, die ungenutzt blieb?

Mein Lieblingsspielzeug war immer ein Koffer gewesen. Schon als Kleinkind hatte ich einen eigenen Miniaturkoffer besessen. Ich stopfte ihn begeistert mit Spielsachen, Bilderbüchern und Eßbarem voll, wenn ich auf den Feldern rings um unser altes Farmhaus auf Abenteuersuche ging.

Zwar konnte ich mich nicht an die Namen all der Städte erinnern, in denen ich einmal gelebt hatte, aber die der Staaten wußte ich – Kalifornien, Nevada, Montana, Washington. Wenn ich sie vor Erwachsenen aufzählte, kam ich mir, obwohl ich erst vier Jahre alt war, wichtig und weltgewandt vor.

Mein Koffer und meine Familie gaben mir ein Gefühl der Sicherheit. Ich wußte, daß sie sich nie verändern würden, ganz gleich, wohin wir als nächstes umziehen oder welche Art Haus wir mieten würden.

Als ich vier war, ging der Zweite Weltkrieg endlich zu Ende, was unser Leben wieder einmal veränderte. Vadas Mann wurde aus der Kriegsmarine entlassen, kam nach Hause zurück und plante, mit seiner Frau und ihrem gemeinsamen kleinen Sohn nach Kalifornien zu gehen. Auch Daddys Kriegseinsatz beim Ingenieurscorps auf den Aleuten-Inseln war nun vorbei, was bedeutete, daß auch er wieder nach Hause kam.

Daddy beschloß, zusammen mit der Familie nach Seattle zu ziehen, wo er sich günstigere Arbeitsmöglichkeiten erhoffte. Als wir nun den Umzug in unserem großen alten Farmhaus in Ellensburg vorbereiteten, sortierten wir unser ganzes Hab und Gut, das sich angesammelt hatte, weil wir nur das Notwendigste mitnehmen wollten, das in unseren alten DeSoto und in das neuere Auto von Vadas Mann paßte. Das erste, was ich packte, war mein Koffer.

Sumner und ich versuchten, den anderen möglichst wenig im Weg herumzustehen, während sie alles noch einmal durchsahen und packten. Deshalb bemerkte ich auch nicht, daß mein Schwager ein paar der Gepäckstücke wieder aus dem DeSoto herausnahm, um das Auto platzsparender neu beladen zu können. Bei dieser Aktion bekam er auch meinen Koffer in die Hand und hängte ihn mit dem Griff an den abgebrochenen Ast eines Baumes, der in der Nähe stand. Dann vergaß er aber, ihn wieder im Wagen zu verstauen, und so fuhren wir ab, bevor ich den Verlust bemerkt hatte.

Vielleicht war mein Koffer für mich so etwas wie ein Symbol der Freiheit. Ich weiß es nicht mehr genau. Vielleicht hing ich so an ihm, weil er mich an die vielen Umzüge erinnerte, und umzuziehen bedeutete Flucht, Flucht aus einer unangenehmen Gegend oder Flucht vor einer erneuten beruflichen Niederlage unseres Vaters.

Ich habe nie daran gedacht, von zu Hause wegzulaufen. Aber als meine jüngere Schwester Frances heiratete, habe ich mir oft gewünscht, bei ihr und ihrem Mann zu leben, weil die beiden immer mehr Zeit für mich hatten als mein eigener

Vater. Frances hatte geheiratet, als ich acht war, und so blieb ich für die nächsten zehn Jahre als letztes Kind bei Mama, Sumner und Daddy, den man nur zeitweilig zu Gesicht bekam. Weil ich zu jung war, um fortzulaufen, lernte ich, die Schule oder die Bibliothek als Orte zu sehen, an die ich fliehen konnte.

Zwar behinderten manchmal die Umzüge meine schulischen Fortschritte, aber sie vermittelten auch Trost. Diese wechselhafte Lebensweise lehrte mich auch, daß kein Problem sozialer Art für immer dauert. Wir konnten jederzeit eine schwierige soziale Umgebung wieder verlassen oder lästigen Erinnerungen an die Vergangenheit aus dem Weg gehen. Wir konnten uns vor jedem Problem zurückziehen, außer vor unseren eigenen.

Sumner zeigte nicht die geringsten Fortschritte.

Trotz der Gebete meiner Mutter wurde aus dem unberechenbaren und behinderten Kind ein ebenso schwieriger Erwachsener. Dem Äußeren nach wirkte er immer jünger, als er war. Er hatte ein ziemlich hübsches Gesicht, reine, helle Haut und die klassischen Gesichtszüge unserer britischen Vorfahren. Doch bestimmte Abnormalitäten waren nicht zu übersehen.

Weil er sein Leben lang kein richtiges Gefühl für körperliches Gleichgewicht entwickeln konnte, war sein Rücken stark verkrümmt. Man konnte ihn so oft ermahnen, endlich mal gerade zu stehen, wie man wollte – der Buckel, der ihm zwischen den Schultern wuchs, ließ sich nicht verbergen.

Er schnitt oft Grimassen und, sofern wir ihn nicht mit irgendeiner manuellen Tätigkeit beschäftigten oder ihm einen Gegenstand gaben, den er halten sollte, gestikulierte er wild mit den Händen, was sehr befremdend aussah. Noch schlimmer aber war, daß er keine Hemmungen kannte und uns oft durch sein Verhalten in Verlegenheit brachte.

Als ich noch klein war, verstand ich viele seiner Aktivitäten nicht, also ignorierte ich sie einfach, wie dies auch meine beiden älteren Schwestern taten. Frances fürchtete sich, Freundinnen aus der High School zu sich nach Hause einzuladen.

Sie wird wohl nie den Vorfall vergessen, der sich in dem kleinen Reihenhaus ereignete, das wir gemietet hatten. Das Haus hatte einen einfachen Grundriß. Von der Eingangstür führte der Weg über den Flur direkt ins Badezimmer. Wenn dort die Tür offenstand – und Sumner ließ sie immer offen –, konnte man ihn aus sieben Metern Entfernung von der Veranda aus sehen. Bei den wenigen Gelegenheiten, wenn Frances eine Freundin mit nach Hause brachte, war das erste, was sie sahen, wie Sumner auf der Toilette saß und onanierte, ohne auf sein »Publikum« zu achten.

Vada war früher ausgezogen und hatte mit neunzehn ihren ersten richtigen Freund geheiratet. Als der Zweite Weltkrieg ausbrach, wurde ihr Mann zur Kriegsmarine eingezogen. Während er an verschiedenen Orten stationiert war, lebte sie zeitweilig bei uns, zog dann aber wieder weg, um sich in Kalifornien niederzulassen.

Ihre Ehe wurde bald geschieden, und nun stand sie als Alleinerziehende vor neuen Problemen, weil sie versuchen mußte, ihren Sohn, Douglas, mit dem Gehalt, das sie als Sekretärin verdiente, großzuziehen. Das war ein hartes Leben für eine junge Frau, die nach einer chaotischen Kindheit immer noch mit dem Gefühl kämpfen mußte, nicht genügend Zuneigung bekommen zu haben.

Vadas Situation war für Frances ein willkommener Grund, von zu Hause auszuziehen. Kaum war sie siebzehn geworden, erbot sie sich, nach Kalifornien zu gehen, unter dem wohldurchdachten Vorwand, ihrer älteren Schwester bei der Versorgung ihres Sohnes zu helfen.

Trotz mancherlei Befürchtungen ließen unsere Eltern Frances

gehen; allerdings sollte sie in Los Angeles die High School abschließen. Es war noch kein Jahr vergangen, als sie nach Hause kam, um die Familie um den Segen für ihre bevorstehende Hochzeit zu bitten.

Getraut wurden Frances und Marco mit einer schlichten Zeremonie, die zu Hause stattfand und bei der nur die engsten Familienangehörigen anwesend waren. Es wurden reichlich Tränen vergossen, nur Vada und der vierjährige Douglas hielten sich zurück. Ich war mit meinen acht Jahren der Überreicher der Ringe und konnte nicht verstehen, warum die Erwachsenen, einschließlich des Bräutigams, weinten. Warum ich heulte, wußte ich. Ich weinte, weil meine Schwester, meine engste Freundin, nun für immer fortging, wie das zuvor schon Vada getan hatte. Ich weinte aber auch aus Angst. Noch nie hatte ich Daddy so aufgebracht erlebt. Frances war immer sein Lieblingskind gewesen, diejenige, die ihm in den Phasen, da er aus Verzweiflung trank, tröstend zur Seite stand.

Meine beiden Schwestern zogen sogar noch weiter von uns weg. Vada verschwand völlig von der Bildfläche. Nachdem Douglas fünf geworden war, gab sie ihn in die Obhut der Familie ihres Ex-Ehemanns und tauchte zwei Jahre lang unter, ohne uns eine Zeile zu schreiben.

Dann aber, 1951, hörten wir unverhofft wieder von ihr. Sie schickte uns aus Kairo Hochzeitsfotos. In Ägypten hatte sie ein neues Leben begonnen.

Schon lange vorher waren Frances und Marco nach Venezuela gezogen. Unsere Familie war auf vier Personen zusammengeschrumpft: Mama, Daddy, Sumner und ich. Wir wurden immer mehr voneinander abhängig.

Mehr denn je wollte ich endlich großwerden und ebenfalls ausziehen. Gelegentlich luden mich Verwandte zu kurzen Besuchen ein. Frances und Marco bezahlten mir sogar die Fahrt, damit ich einen Sommer bei ihnen in Venezuela verbringen konnte. Es war mir immer wohler zumute, wenn ich von zu Hause weg war und bei »normalen« Verwandten wohnen durfte, die im Beruf erfolgreich waren, Freunde hatten und ein Leben führten, das unkompliziert erschien. Mein Leben zu Hause drehte sich nur um Sumners Probleme. Wir vermieden es, in eine soziale Gemeinschaft integriert zu werden – es war uns einfach zu peinlich, Sumner öffentlich vorzuzeigen, und so versuchten wir, selbst den freundlich gemeinten Fragen anderer aus dem Weg zu gehen, die sich über sein Verhalten wunderten.

Ich haßte es, mich weiter als einen Fußmarsch von zu Hause zu entfernen. Da wir meistens kein Auto besaßen, mußten wir für einen Besuch in der Kirche, im Kino oder für einen Einkauf den Bus nehmen.

Als ich in die Pubertät kam, entwickelte Sumner bei Busfahrten ein peinliches Ritual. Er setzte sich immer auf einen Platz an der Gangseite, so daß alle Leute sehen konnten, wie er sein Hosenbein bis zum Knie hochschob. Dann rollte er seinen Socken bis zum Knöchel hinab und begann sich gemächlich an der Wade zu kratzen. Dabei ließ er sich reichlich Zeit. Von dieser Angewohnheit konnte ihn niemand abbringen, sosehr meine Mutter oder ich ihn auch flüsternd darum baten. Manchmal stiegen wir vorzeitig wieder aus und warteten eine halbe Stunde lang auf den nächsten Bus, um den starrenden Blicken unserer Mitfahrer zu entgehen, die sich wohl fragten, wer wir denn seien und warum Sumner diese Schau abzog.

Mit geistiger Unterentwicklung konnte man Sumners Zustand nicht gänzlich erklären. Daß seinem Verstehen Grenzen gesetzt waren, hätte man leichter akzeptieren können, wenn er nicht immer wieder »verrückt reagiert« und solch absonderliche Verhaltensweisen an den Tag gelegt hätte. Außerdem wies erstaunlicherweise manches darauf hin, daß er doch vieles begriff, so daß man den Eindruck bekam, er könnte »normal« sein, wenn er nur wollte.

Als ich vierzehn war, wollte ich Sumner das Lesen beibringen. Ich fing also an, ihn zu unterrichten, und stellte fest, daß er mit Leichtigkeit Buchstaben oder jede andere einfache Figur nachzeichnen konnte, die ich ihm vorlegte. Sein Gedächtnis funktionierte ausgezeichnet, aber es fiel ihm schwer, meine mündlichen Anweisungen mit den Symbolen in Verbindung zu setzen, die er nachzeichnen sollte. Wenn er aber einmal die Verbindung begriffen hatte – etwa zwischen einem gesprochenen *A* und dem entsprechenden Schriftzeichen – konnte er den Buchstaben jederzeit nach Aufforderung hinschreiben.
Da ich keinerlei Erfahrung mit diesen Dingen hatte, war ich ein ungeduldiger Lehrmeister. Und weil ich nie so genau wußte, ob er nur so zögernd vorankam, weil es ihm an Fähigkeit fehlte oder weil es ihm einfach gleichgültig war, setzte ich ihm solange zu, das zu tun, was ich wollte, bis er wütend wurde. Wenn meine Mutter das sah, befahl sie mir, ihn in Ruhe zu lassen.
So endeten meine Versuche, meinem Bruder ein Lehrer zu sein. Jahre später erfuhr ich, daß meine beiden Schwestern schon früher daran gescheitert waren.
Doch immer wieder fragte ich mich, ob Sumner wirklich nicht mehr zustande bringen konnte als das, was wir ihm zutrauten. Lag in diesem merkwürdigen Menschen vielleicht eine ungeahnte Intelligenz brach? Gab es für sein Verhalten vielleicht eine geheimnisvolle Erklärung? Vielleicht war ein selten auftretender Typus von Geisteskrankheit, nicht aber ein Entwicklungsrückstand der Grund für seine Probleme. Schlimmer noch, handelte es sich vielleicht um eine Erbkrankheit in unserer Familie, die uns alle auf die eine oder andere versteckte Weise befallen hatte? Es war zwar richtig, daß wir übrigen mehr als nur das normale Maß an Intelligenz besaßen, aber ich hatte dennoch Angst, in uns allen könne ein fataler Mangel an Urteilskraft stecken.

Meine Sorge war, daß auch ich nicht normal sein könnte, und die Ängste, die das Erwachsenwerden begleiten, wurden bei mir noch verstärkt durch das Grauen, aus einer solchen Familie zu stammen. Allerdings wußte ich nicht, daß dieselben Ängste auch meine Schwestern heimgesucht hatten, als sie größer wurden. Jedes von uns drei Geschwistern hatte sich immer wieder die Frage gestellt: »Was stimmt mit mir nicht?«, wenn wir, die ewigen Außenseiter, von einer Schule zur nächsten wechselten. Unser Zuhause war zwar ein Zufluchtsort, aber ein befremdlicher: Sumner murmelte Unverständliches vor sich hin, Daddy trank und Mama flüchtete sich in nutzlose Gebete. Wir fühlten uns allesamt wie sozial Ausgestoßene, und die Kränkungen, die uns andere zufügten, verstärkten unsere Selbstzweifel.

Als ich bereits erwachsen war, vertraute Frances mir einmal folgendes an: »Über deine Entwicklung habe ich mir immer Sorgen gemacht. Ich wünschte mir so sehr, daß du normal heranwächst, weil ich glaubte, daß niemand anderer in unserer Familie normal sei. Und wenn sich herausgestellt hätte, daß mit dir etwas nicht stimmte, dann hätte das bedeutet, daß wahrscheinlich auch mit mir etwas nicht in Ordnung gewesen wäre.«

Das gleiche dachte ich über meine beiden Schwestern. Ich wollte, daß sie ein glückliches und erfolgreiches Leben führten, als Zeichen dafür, daß auch ich erwachsen und glücklich werden könnte. Und doch blieben die Zweifel bestehen. Was stimmte nicht mit uns? Warum führten meine Schwestern ein so ungewöhnliches Leben, warum zogen sie ins Ausland, als ob sie in ihrer eigenen Gesellschaft kein Glück finden könnten?

Meine Vorstellung, wie ein richtiges Familienleben auszusehen habe, war typisch für einen Außenseiter. Ich glaubte an die gängigen Klischees vom trauten Heim und an die allgemein verbreiteten Ansichten über eine glückliche, »normale« Familie, ohne zu merken, daß auch die anderen Menschen sich mit Sorgen und Enttäuschungen herumschlagen mußten. Als mein Abschluß an der High School näherrückte, sah ich mich nach Möglichkeiten um, von zu Hause wegzugehen. Konkrete Pläne für meine Zukunft hatte ich keine, ich wollte nur fliehen. Es grenzte fast an ein Wunder, daß ich von Harvard ein Stipendium bewilligt bekam.

Als mein Vater voller Stolz diese Neuigkeit seinem Bruder mitteilte, antwortete Onkel Scott voller Rührung, daß »Edgar nun endlich etwas hat, auf das er stolz sein kann«.

Zwar ließ meine Mutter ihr jüngstes Kind nur sehr ungern so weit wegziehen, doch war Harvard ein Symbol für Prestige und Erfolg, das sie mir nicht abschlagen konnte.

Sie und Daddy halfen mir bei der Vorbereitung für die Reise und brachten mich zum Flughafen. Es war ein anstrengender Abschied. Ich fühlte mich schuldig und versuchte meine Aufregung über den Start in ein neues Leben zu verbergen. Und sie versuchten, sich nicht anmerken zu lassen, daß sie sich sorgten, wie ihre Zukunft allein mit Sumner nun aussehen würde. Neben ihrem achtunddreißigjährigen Sohn sahen sie so alt und hilflos aus. Ohne darüber zu sprechen, beschäftigte uns alle die eine bange Frage: Wie lange würden sie ohne meine Hilfe für ihn sorgen können?

In meinem neuen Leben an der Universität fiel es mir sehr leicht, Sumner zu vergessen. Zum ersten Mal hatte ich die Chance, mich als Person vor Menschen zu präsentieren, die nichts über meine Familie wußten.

Ende der fünfziger Jahre schien Harvard eine Welt voll Ruhm und Glanz zu sein. Aga Khan studierte dort schon einige Jahre, er wohnte mit dem Sohn von Adlai Stevenson in einem Zimmer. Auf den Klassenlisten und Briefkästen waren noch weitere prominente Namen zu finden.

In New York und Boston gaben Harvard-Absolventen bei ihrem Studienabschluß riesige Partys, und dort war auch immer Platz für einen, der neu nach Harvard gekommen war. Ich war begierig auf solche Einladungen und nahm oft als Gast eines Gastes daran teil.

Ein Freund bezeichnete einmal eine solche Feier, die wir besuchten, als eine »Ansammlung von Rockefellers und Roosevelts«. Ich staunte selbst über den plötzlichen Wandel in meinem Leben. Innerhalb von ein paar Monaten hatte ich durch das Essen im Speisesaal und durch wildes Tanzen meinen Babyspeck verloren. Mit meinem Smoking von Filene's und meiner Zugehörigkeit zu Harvard standen mir, so schien es, alle Türen offen. Ich war der festen Überzeugung, daß meine neugewonnene soziale Mobilität für immer andauern würde.

Die Zensuren meines ersten Studienjahres waren verheerend. In der Oberschule hatte ich immer mit leichter Hand gute Zensuren geschafft. Hier aber herrschte verbissener Wettbewerb. Ein Drittel meiner Klassenkameraden hatten auf ihrer jeweiligen High School oder Vorbereitungsschule zu den besten Absolventen gehört. Das war alles eine Nummer zu groß für mich.

Am Ende meines ersten Studienabschnittes hatte ich eine niederschmetternd schlechte Durchschnittsnote, in zwei Drittel der Fächer sah es übel aus. Ich verlor mein Stipendium und durfte nicht in das zweite Studienjahr vorrücken.

Das College legte mir die Bedingungen für die erneute Zulassung vor. Ich mußte ein Jahr aussetzen und eine Arbeit finden. Wenn ich mich in einem anderen College einschriebe, würde Harvard mich nicht wieder aufnehmen. Ich mußte meine Bereitschaft beweisen, daß ich hart arbeiten und die Vorschriften der Universität akzeptieren wollte.

Meine Familie wollte zwar, daß ich nach Seattle zurückkehrte und auf der Universität des Bundesstaates Washington weiterstudierte, aber ich blieb hartnäckig. Wieder in Harvard aufgenommen zu werden, wurde für mich zum Symbol meines Selbstwerts. Ich mußte mir beweisen, daß ich zu Ende bringen konnte, was ich einmal begonnen hatte. Ich mußte mir beweisen, daß ich nicht so schnell aufgab wie Daddy oder, schlimmer noch, so unfähig war wie Sumner.

Die beiden Negativ-Vorbilder in meiner Familie gaben mir Antrieb. In einem Restaurant in Seattle arbeitete ich so lange als Tellerwäscher, bis ich mir ein Flugticket nach New York kaufen konnte und mir zusätzlich fast zweihundert Dollar erspart hatte. Wieder nur mir selbst verantwortlich, arbeitete ich in Manhattan als Schuhverkäufer und wohnte in einem möblierten Zimmer. Das war ein Leben, wie ich es nur zu gut kannte – als sozialer Außenseiter, der sich nach den Privilegien der anderen sehnt.

Harvard nahm mich wieder auf, und meine Zensuren verbesserten sich allmählich. Drei Monate nach meiner Rückkehr starb Daddy. Mehr denn je fühlte ich mich verantwortlich. Von zu Hause wegzugehen war doch nicht der einfache Ausweg, stellte ich fest.

Im Grunde genommen hatte ich immer gewußt, daß ich mich von meinen Gefühlen für Sumner und Mama würde freimachen müssen. Meine Hauptsorge war, nach Mamas Tod einen Platz für Sumner zu finden, wo er versorgt wäre. Meine Befürchtungen versuchte ich zu verdrängen, indem ich wie meine Mutter hoffte, daß sie ihn überleben würde. Sie hatte diesen Wunsch einige Male geäußert, wenn ich den Mut gefunden hatte, mit ihr über die Zukunft zu sprechen. Solche Gespräche sabotierte sie aber immer dadurch, daß sie auf ihren Wahlspruch pochte, immer nur »für den heutigen Tag zu leben«. Ich war jedesmal froh, wenn wir dieses Thema wieder fallenließen.

KAPITEL 4

Unser Hausarzt versicherte uns, es gebe keinen Grund zu der Befürchtung, daß Sumners Behinderung erblich bedingt sei.

Nach der Universität kehrte ich nach Seattle zurück und nahm mir eine eigene Wohnung. Das sonntägliche Abendessen mit Mutter und Sumner wurde zu einem festen Ritual. Obwohl wir alle genau wußten, daß wir den Nachmittag und Abend zusammen verbringen würden, ließ sich meine Mutter nicht von dem Zeremoniell abbringen, mich jede Woche am Montag oder Dienstag anzurufen, um mich einzuladen und mich zu fragen, was ich gerne essen würde.

Meine Mutter war eine talentierte, intelligente Frau, deren einziges Betätigungsfeld darin bestand, die Familie zu versorgen und zu bekochen. Es war traurig genug, daß die sonntäglichen Essen für sie oft das einzige soziale Ereignis der Woche waren. Mir wurde schmerzlich bewußt, daß diese Essen für mich nicht ein Vergnügen bedeuteten, sondern eine Verpflichtung. Denn meine Mutter zählte darauf, daß sie mit mir Gespräche führen und, was noch wichtiger war, in mir einen Zuhörer finden konnte für all die Gedanken, die sie die Woche über in ihrer Einsamkeit mit Sumner nicht hatte äußern können.

Das Leben der beiden schien geruhsam zu verlaufen. Meine Mutter meinte sogar, daß sie als Witwe nun über mehr Sicherheit verfüge als während ihrer mehr als vierzigjährigen Ehe. Aber es war ein einsames Leben. Sie hatte zwar meinen Bruder als ständigen Begleiter, auch als Hilfe bei der Hausarbeit. Er trug ihr die schweren Einkaufstüten und half ihr beim Schälen, Schneiden, Putzen und was sonst noch beim Kochen notwendig war. Aber er konnte weder eine Frage stellen noch einen Witz erzählen oder eine Antwort geben. Das einzige war, daß er ein paar Worte nachplapperte, wenn sie etwas zu ihm sagte. Als junger Mann hielt ich das alles für ganz selbstverständlich. Ich gab mich gerne dem Glauben hin, daß sie mit ihrem ruhigen Leben zufrieden sei. Gelegentlich spürte ich ihre Wehmut, wenn sie von Ferienreisen unserer Verwandten erzählte, von Fahrten an Orte, die sie mit Sumner nicht besuchen konnte, oder von Veranstaltungen, die sie versäumt hatte, weil sie sich nicht so frei bewegen konnte wie andere Witwen. Wir lachten gemeinsam, wenn sie erzählte, wie sie in der Kirche von Männern angesprochen wurde, oder wie Freunde aus ihrer Jugendzeit die Beziehung zu ihr wieder auffrischen wollten. Wir lachten, weil wir beide ja unser Geheimnis kannten – ganz gleich, wie bezaubernd wir auf andere Menschen wirken mochten, niemand, der von Sumner wußte, würde mit uns sein Leben teilen wollen.

Bereits vor der letzten Bitte meines Vaters, ich solle für meine Mutter und für Sumner sorgen, war mir klar gewesen, daß ich dieses Band der Liebe und des Verantwortungsgefühls niemals würde durchschneiden können. Zwischen uns herrschte eine Vertrautheit wie damals in meiner Kindheit, als wir zu dritt zusammenlebten.

Ich versuchte, etwas Freude in ihr Leben zu bringen, indem ich ihre Wohnung in ihrer Lieblingsfarbe, einem Rosaton, strich, die alten Möbel restaurierte und ihr dabei half, Standuhren zu sammeln, deren Ticken die Gespräche ersetzen sollte, die sie mit Sumner nicht führen konnte.

Wenn ich sie dann sonntags abends wieder verließ, fühlte ich mich jedesmal schuldig, weil ich wußte, daß ich ein Alltagsleben führte, an dem sie nicht teilnehmen konnten, ein Leben, das ich von ihrem getrennt haben wollte, damit mich ihre Probleme nicht überallhin verfolgten.

Als ich noch in Harvard war, fünftausend Kilometer entfernt, war es leichter gewesen, mein Familienleben und mein eigenes Leben voneinander getrennt zu halten. Aber in Seattle wurde ich wieder ständig daran erinnert, daß wir durch unser Schicksal aneinander gebunden waren. Mit vierundzwanzig wollte ich eine eigene Familie gründen. Aber wie meiner Mutter war auch mir klar, daß Sumner ein Hindernis für jede andere Beziehung darstellte. Wie könnte ich es riskieren, eine Frau zu bitten, mit mir eine Bürde zu teilen, die abzulegen mir die Kraft fehlte? Ich hatte Angst, zurückgewiesen zu werden.

Ganz plötzlich und unvorhersehbar brachte ich dann doch den Mut dazu auf. 1965 schrieb ich mich für das Graduiertenstudium ein und übernahm einen Nebenjob als Tutor in einem Studentenwohnheim für Graduierte. Für mich als älteres Semester war es das Paradies. Die Zahl attraktiver, intelligenter Frauen übertraf die der männlichen Studenten bei weitem. Freizeitveranstaltungen, studienbedingte Treffen und das gemeinsame Essen im Wohnheim verschafften mir ständig Kontakt zu begehrenswerten Frauen. Nach ein paar Wochen vereinbarten ein Freund von mir und ich, uns mit zwei Mädchen zu treffen. Am Ende des Abends wußten wir beide, daß uns die Begleiterin des jeweils anderen mehr interessierte als die eigene, und so verabredete ich mich von nun an mit Sara Richards.

Noch nie zuvor hatte ich mich in der Gesellschaft einer Frau so völlig entspannt und wohl gefühlt. Bereits vom Beginn unse-

rer Beziehung an gingen wir wie selbstverständlich völlig ungezwungen miteinander um. Da wir im selben Wohnheim lebten, sahen wir einander beim Frühstück, beim Mittag- und beim Abendessen. Wenn ich mich rasieren ging oder sie sich die Haare waschen wollte, liefen wir uns über den Weg. Wir stritten uns über alberne Fragen und verteidigten einander, wenn jemand anderer einen von uns beiden kritisierte.
Unsere Freunde spöttelten, daß wir bereits wie ein Ehepaar seien, und es dauerte nicht lange, da war uns dies wie selbstverständlich. Als ich Sara schließlich fragte, ob sie mich heiraten wolle, zweifelten wir beide keine Sekunde daran, daß sie mit ja antworten würde.
Schließlich nahm ich sie mit zum sonntäglichen Abendessen. Obzwar ich ihr so gut ich konnte meine familiäre Situation geschildert hatte, machte ich mir Sorgen, wie sie reagieren würde. Aber für Sara war meine Mutter eine bezaubernde, gastfreundliche Frau mit einem behinderten Sohn. Sara ermöglichte es mir als erste, meine Familie so zu sehen, wie sie sie sah, nämlich nicht als problematische Menschen, sondern als Menschen, die ein Problem haben.
Wir planten eine traditionelle Hochzeit im Juni, die nach dem ersten Jahr unseres Graduiertenstudiums stattfinden sollte. Im Laufe der nächsten Monate lernte ich fast ihre ganze Familie kennen; mir lag sehr viel daran, daß sie mich mochten.
Ein Gefühl der Peinlichkeit wegen Sumner und seinem unerklärbaren Verhalten hatten mich, so lange ich mich erinnern konnte, immer belastet. Wie meine Eltern, so versuchte auch ich, ihn zu verstecken oder zumindest seine Behinderung nicht sichtbar werden zu lassen. Ich meinte, wenn die anderen Menschen ihm aus dem Weg gingen, würden sie auch mir aus dem Weg gehen, sobald sie die Verbindung, die zwischen uns beiden herrschte, entdeckt hatten. Sumner, für den ich mich verantwortlich fühlte, war schuld, wenn ich in Ungnade fiel.

Alles, was ich von Saras Familie erfuhr, war für mich sehr einschüchternd. Es waren allesamt gebildete und begabte Leute, deren Leben nicht durch leidvolle Erfahrungen geprägt zu sein schien. Ihr Vater war ein erfolgreicher Architekt, der zahlreiche berufliche Auszeichnungen erhalten hatte. Sein Einkommen ermöglichte seiner Familie einen Lebensstil, der mir völlig unbekannt war.
Sie wohnten in einem großzügig angelegten Haus in Saratoga, einer der schicksten Gemeinden ganz Kaliforniens. Von der Straßenseite aus blickte man auf einen historischen Friedhof, und rückseitig grenzte das Haus an eine Schlucht. Stattliche immergrüne Bäume spendeten dem Anwesen Schatten, und die Gärten waren terrassenförmig in den steilen Hügel eingefügt, der das Gebäude von dem im Tal liegenden Dorf abschirmte. Die geschmackvolle Einrichtung zeugte von einem reichen kulturellen Hintergrund und soliden mittelständischen Werten. An dem großen Klavier im Wohnzimmer hatte der Klavierunterricht von Sara und ihren vier Schwestern deutliche Spuren hinterlassen. Kunstgegenstände, Bücher und Erbstücke der Familie schmückten den öffentlichen Bereich des Hauses. In den Privaträumen verwiesen gerahmte Zertifikate und Auszeichnungen auf Erfolg und Anerkennung. Ein solches Leben hatte ich mir immer erträumt. Doch je näher der Hochzeitstermin rückte, um so mehr wuchs in mir die Furcht, daß ich hier fehl am Platze sei. Je besser ich die Familie kennenlernte, um so genauer nahm ich die Unterschiede wahr, die zwischen uns lagen. Sie schienen eben keine Probleme zu haben, weder mit Alkoholismus noch mit körperlichen und geistigen Behinderungen, weder mit Armut noch mit beruflichem Versagen. Selbst ihre religiösen und politischen Ansichten waren »korrekt«, korrekt wie die Kleidung, die sie in den besseren Geschäften unten im Tal und in San Francisco kauften.

In der ältesten Bischofskirche von San Jose arrangierte Saras Mutter eine standesgemäße Trauung. Wir gaben uns das Jawort vor einer Schar von Leuten, die ich nie zuvor gesehen hatte. Nach der Trauung fuhren wir zurück zum Haus der Familie, tranken Champagner-Punsch und tanzten zur Musik einer Band, die auf der Terrasse unterhalb des Hauses aufspielte.

Aus Seattle kamen meine Schwester Frances, ihr Mann und deren beide halbwüchsigen Söhne, um die Hochzeit mitzufeiern. Meine Mutter reiste ebenfalls an, teils um die selten sich bietende Gelegenheit zu sozialen Kontakten nicht zu versäumen, teils aus mütterlichem Stolz. Tante Corintha, die verwitwete Schwester meines Vaters, kam aus Oakland herüber, zusammen mit ein paar weiteren Verwandten, die in der Nähe lebten.

Während wir bis weit in die Nacht hinein feierten, saß Sumner allein in einem Hotelzimmer unten im Dorf.

Obwohl meine neuen, angeheirateten Verwandten ihn selbstverständlich aufgenommen hätten, wußten meine Mutter und ich, daß wir die Feier nicht so hätten genießen können, wenn er dabeigewesen wäre. Wir brauchten einfach einen Abend, an dem wir unbeschwert fröhlich sein konnten, und das war nur möglich, wenn wir ein paar sorgenfreie Stunden lang vergaßen, daß es ihn gab.

Am Tag nach unserer Hochzeit fuhren Sara und ich nach Seattle zurück, um dort unser Leben als graduierte Studenten, die nur über ein knappes Budget verfügten, wiederaufzunehmen. Wir arbeiteten beide als Lehrbeauftragte an der Universität von Washington, sie im Fachbereich Französisch, ich in der Abteilung für Englisch. Mit Freunden aus der Universität und einigen meiner früheren Studienkollegen aus Harvard pflegten wir einen regen gesellschaftlichen Umgang.

Das sonntägliche Abendessen mit meiner Mutter und Sumner

fand auch weiterhin statt. Manchmal war Sara etwas ärgerlich wegen der Abhängigkeit, die meine Mutter mir gegenüber zeigte, aber insgesamt akzeptierte sie unser Verhältnis. Ich war überrascht, wie wenig sich Sara am Verhalten meines Bruders störte.

Sara reagierte auf Sumner viel zwangloser, als ich es je getan hatte. In ähnlicher Weise schien der Mann von Frances Sumner relativ leicht tolerieren zu können. Wir Geschwister jedoch, die mit ihm zusammen aufgewachsen waren und uns seit unserer Kindheit an zahllose peinliche Situationen erinnern konnten, blieben auch als Erwachsene befangen. Die Menschen aber, die unsere Lebenspartner wurden, akzeptierten Sumner mit Langmut. Gesten, die auf meine Schwester und mich demütigend wirkten, waren für unsere Partner nur ein Grund zum Lachen.

Wenn wir zum Beispiel zu spät zum Essen kamen, empfing uns Sumner gewöhnlich mit Stirnrunzeln und mit Grimassen und unterließ auch sonst nichts, um uns wortlos seine Mißbilligung zu demonstrieren. Häufig zerschlug er Teller auf dem Tisch, und während des Essens stand er manchmal sogar auf und begann zu furzen, und zwar so, daß uns die Wirkung seiner Blähungen nicht entging.

Als ich sah, daß meine Frau sich dadurch nicht von Sumner abschrecken ließ, wurde es auch mir leichter, ihn zu tolerieren. Als ich anfing, ihn mit ihren Augen zu sehen, bemerkte ich allmählich bestimmte Muster, nach denen er handelte. Wie alle Menschen mußte auch er seinen Gefühlen der Ungeduld, der Enttäuschung und Frustration irgendwie Ausdruck verschaffen. Seine Gefühle waren nicht unangemessen; er konnte sie nur einfach nicht sprachlich äußern.

Nach meiner Heirat wuchsen meine Sympathie und Zuneigung für meinen Bruder. Aber diese Gefühle wurden überschattet von Schuldempfinden und Angst. Schuld empfand ich,

weil ich wußte, daß ich es nicht ertragen könnte, ihn ständig um mich zu haben, und Angst hatte ich, weil ich ahnte, daß nach dem Tod meiner Mutter genau dies auf mich zukommen würde.
Schließlich quälte mich eine neue Befürchtung, daß nämlich eines meiner eigenen Kinder dieser tragischen, vertrackten Behinderung zum Opfer fallen könnte.
Für Sara stand es außer Frage, daß sie Kinder haben wollte. Von Beginn unserer Liebesbeziehung an war für uns beide selbstverständlich gewesen, daß wir eines Tages eine Familie gründen wollten. Nach drei Jahren Ehe meinte Sara, daß nun der richtige Zeitpunkt gekommen sei. Sie wußte zwar, daß ich besorgt war, hielt meine Bedenken aber für unbegründet. Wir einigten uns schließlich darauf, daß ich mich in der Frage unserer Familienplanung einer Entscheidung stellen mußte, und so beschlossen wir, mit unserem Hausarzt über Sumners Behinderung zu sprechen.
Der Arzt war sehr zuversichtlich. Er sah keinen Grund zu der Annahme, daß die Behinderung meines Bruders erblich bedingt sei. Sumners Behinderung sei vermutlich auf einen spezifischen Gehirnschaden zurückzuführen, der wahrscheinlich durch die anstrengende und lange Arbeit meiner Mutter oder durch eine später aufgetretene Kinderkrankheit verursacht worden sei. Die Chance, daß in derselben Familie diese Krankheit noch einmal auftauche, sei äußerst gering. Nach der statistischen Wahrscheinlichkeit sei mit dieser tragischen Krankheit eher bei einer Familie zu rechnen, die bisher noch nicht »vom Schicksal getroffen« wurde. Nach dieser Zusicherung freute ich mich darauf, Vater zu werden.
Sara und ich feierten ein Fest, als sie schwanger wurde. Wir hatten großen Spaß daran, Möbel für das Kinderzimmer zu besorgen, Vornamen auszuwählen und all die üblichen Vorbereitungen für die Geburt unseres Kindes zu treffen. Das Kind,

das sie in sich trug, ließ mich hoffen, daß auch ich endlich eine »normale« Familie haben würde. Da schon meine Schwestern durch ihre Kinder Zuversicht und Selbstvertrauen gewonnen hatten, freute auch ich mich, ein Kind zu bekommen, auf das ich stolz sein konnte.

Die Schwangerschaft verlief normal. Sara und ich achteten peinlich genau darauf, daß sie sich richtig ernährte, sie gab auch das Rauchen auf und vermied alles, was ihrem Baby hätte schaden können. Als der Entbindungstermin näherrückte, gab es für uns keinen Grund zur Besorgnis.

Am 25. November 1970 brachte sie einen rundum gesunden Sohn zur Welt. Die Wehen hatten bereits zehn Stunden gedauert, als der Arzt sich zu einem Kaiserschnitt entschloß. Ich wartete schon gespannt auf den Gynäkologen, weil ich ihm die Frage stellen wollte, die mich neun Monate lang geplagt hatte: »Ist irgend etwas mit dem Baby nicht in Ordnung?«

»Keiner der Tests hat etwas ergeben, was Anlaß zur Sorge sein müßte, außer vielleicht, daß das Kind seinem Vater ähnlich sehen wird.«

Das war das erlösende Wort, auf das ich gewartet hatte. Mir war noch ganz schwindlig, weil ich die Nacht zuvor nicht geschlafen hatte. Ich ging aber trotzdem auf die Station, um meinen Sohn zu bewundern. Als ich unser wunderhübsches Kind sah, waren meine Befürchtungen endgültig verflogen.

Wie für alle Väter, unabhängig von Generation und Nationalität, war auch für mich dieses Kind mehr als der Erbe meiner bescheidenen Hinterlassenschaft und der meiner Frau. Es war das Versprechen auf eine bessere Zukunft, die zerbrechliche Hoffnung, daß sämtliche unserer besten Eigenschaften und keine einzige unserer schlechten in diesen perfekten Menschen eingehen würde, der er eines Tages sein würde.

KAPITEL 5

Wir waren nicht beunruhigt darüber, daß seine sozialen Fähigkeiten sich so langsam entwickelten, weil er so viele andere Talente zeigte.

Wir gaben ihm den Namen Edward Richards Hart und riefen ihn Ted, nach einem Freund aus Harvard, den ich immer bewundert hatte. Nachdem ein Bekannter von uns, ein promovierter Kinderpsychologe, gemeint hatte, daß gemusterte Bettücher und visuelle Stimulation die Intelligenz steigern könne, besorgten wir uns die entsprechenden Hilfsmittel. Ich tapezierte sogar Teds Zimmer mit kühnen Mustern, die aus den Primärfarben zusammengesetzt waren.

Sara und ich waren mächtig stolz auf dieses fotogene Kind und freuten uns über die Komplimente, die wir von Freunden und Verwandten erhielten. Ich kontrollierte seine Fortschritte ständig anhand der Tabellen, die in der Arztpraxis aushingen oder die ich in Büchern über Kinderentwicklung fand. Mir fiel jedesmal ein Stein vom Herzen, wenn ich feststellte, daß seine physische und geistige Entwicklung den beschriebenen Standards voll entsprach. Manchmal wurde meine Frau ärgerlich, weil ich immer noch Befürchtungen hegte. Sie freute sich über das Baby, auf das sie so viele Jahre gewartet hatte, und brauchte keine Bestätigung, daß es zu einem ebenso gesunden, talentierten Kind heranwachsen würde wie ihre Nichten und Neffen.

Den ersten Geburtstag feierten wir zusammen mit zwei anderen Ehepaaren und deren Kindern. Bunte Bänder und Ballons hingen von der Decke in unserem Wohnzimmer, und den Teppich hatten wir mit einem Plastiktischtuch abgedeckt, damit die Kleinen sich bedenkenlos über ihr Eis und ihren Kuchen hermachen konnten. Wir alberten mit unseren Freunden herum und wußten wohl, daß den größten Spaß an der ganzen Sache nicht die Kinder, sondern die Erwachsenen hatten. Die Babys waren offensichtlich allesamt mehr an ihren Müttern interessiert als an ihren Altersgenossen.

Die Kleinen bekamen Eiskrem in Tüten, und wir mußten lachen, als wir sahen, wie sie sich bemühten, mit ihrer Nachspeise zurechtzukommen... außer Ted. Während die anderen gierig und genußvoll das Eis verschlangen und es sich dabei ins Gesicht und auf die Kleider schmierten, saß unser Sohn verdutzt da und fing an zu weinen. Er schien sich vor der Eiskrem zu fürchten, die zu schmelzen begonnen hatte und ihm nun von der Tüte über die Hand lief.

Sara zeigte ihm, wie er die Tüte zum Mund führen und am Eis lecken sollte. Obwohl sein Verhalten im Vergleich zu dem seiner Altersgenossen schon recht ungewöhnlich war, vermuteten wir, daß er nur verwirrt war, weil er gewohnt war, mit dem Löffel zu essen.

In den folgenden beiden Jahren beobachteten wir gelegentlich Verhaltensweisen an ihm, die von denen anderer Kinder abwichen. Obwohl er eine Kindertagesstätte und die Vorschule besuchte, spielte er nicht mit seinen Kameraden. Anscheinend war ihm die Gesellschaft von Erwachsenen lieber.

Wir machten uns keine Sorgen darüber, daß Teds soziale Fähigkeiten sich so langsam entwickelten, weil er so viele andere Talente zeigte. Wir kamen zu dem Schluß, daß er nur etwas reserviert sei, auch ein wenig eigensinnig vielleicht, aber intelligenter als andere Kinder seines Alters. Ich staunte, als er bereits mit zweieinhalb Jahren das Alphabet aufsagen konnte.

1973 war Sara mit unserem zweiten Kind schwanger. Zu dieser Zeit war gelegentlich ihre Mutter zu Besuch. Als wir einmal mit Ted spazierengingen und am Wilsonian Hotel vorbeikamen, über dessen Eingang riesengroß das Monogramm des Hotels prangte, rief Ted voller Stolz: »Das ist ein ›W‹!« Meine Schwiegermutter lachte und meinte: »Die Sesamstraße hat wieder mal zugeschlagen.«

Wir glaubten nicht, daß Ted irgendwelche Probleme habe, da er ja so intelligent wirkte. Vielmehr meinten wir, seine Gleichgültigkeit anderen Kindern gegenüber beweise lediglich, daß er zu klug oder zu reif sei, um sie interessant zu finden. Trotzdem machten wir uns Sorgen, weil er einfach zu passiv war. Wenn er zum Beispiel am offenen Kamin herumspielte oder in der Küche die Stellage mit den Töpfen ausräumte, wie das jedes normale zweijährige Kind tut, mußten wir nur ein einziges Mal »Nein« sagen, und schon ließ er für immer die Finger davon. Zwar fanden wir seine Folgsamkeit ungewöhnlich, aber wir waren auch erleichtert, daß wir ein so einfach zu erziehendes Kind hatten.

Sara arbeitete als Französischlehrerin in einem College in der Nähe. Etwa zu selben Zeit, als Ted geboren wurde, hatte auch eine von Saras Kolleginnen ein Kind zur Welt gebracht. Die beiden jungen Mütter zeigten einander immer wieder Fotos von ihren Sprößlingen und erzählten sich von den neuesten Erlebnissen mit ihren Kindern. Eine Zeitlang verlief die Entwicklung der beiden Kleinen nahezu parallel, wenn man miteinander verglich, wann sie ihre Zähne bekamen und wann die sonstigen Entwicklungsstufen einsetzten.

Kurz nachdem Ted zwei Jahre alt geworden war, machte Sara einen deprimierten Eindruck. Ich fragte sie, was denn nicht in Ordnung sei, und sie antwortete: »Heute hab ich mit Barb gesprochen, und sie erzählte mir, wie Kali ihr ständig Löcher in den Bauch fragt.«

Ich verstand nicht so richtig und wartete auf weitere Erklärungen. »Warum hat dich das beunruhigt?« fragte ich sie schließlich.

»Es hat mir mit einem Mal klargemacht, daß Ted überhaupt keine Fragen stellt«, sagte sie. Ein paar Minuten saßen wir nur schweigend da, völlig ratlos, wie wir mit dieser Situation umgehen sollten.

Wir wußten ja, daß Kleinkinder in dem »schwierigen Alter« von zwei Jahren einen normalerweise ständig mit Fragen überschütten. Viele Eltern beklagen sich oder scherzen über das unaufhörliche »Warum? Warum? Warum?«, mit dem sie gelöchert werden, wenn ihre Kinder dieses Alter erreicht haben.

Unsere besten Ratgeber, wie man Kinder großzieht, unsere Mütter nämlich, versicherten uns, daß kein Grund zur Beunruhigung vorliege. Also schoben wir unsere Zweifel beiseite und machten es uns zur Gewohnheit, uns gegenseitig in Beisein von Ted mit Fragen zu bombardieren, um ihn auf diese Weise anzuregen.

Kurz vor Teds drittem Geburtstag geschah etwas Seltsames. Wir waren mit ihm einkaufen gegangen, er sollte Schuhe bekommen. Während wir darauf warteten, daß unsere Lieblingsverkäuferin uns bedienen kam, saß Ted lustlos auf einem Fußschemel. Ein asiatisch aussehendes Kind, das kleiner war als Ted, kam auf ihn zu und starrte ihn an. Das fremde Kind schien von Teds blondem Haarschopf fasziniert zu sein und griff nach seinem Kopf. Unser Sohn zeigte keine Regung, als das andere Kind mit den Fingern durch Teds wellige blonde

Locken strich und anfing, an seinen Haaren zu ziehen und zu zerren.
Sara und ich erschraken, nicht über die Neugier des anderen Kindes, sondern weil Ted überhaupt keine Reaktion zeigte. Als der Kleine immer heftiger zerrte, liefen Ted Tränen über die Wangen, aber er unternahm nichts, um sich zu befreien oder zu verteidigen.
Wir konnten Teds Unfähigkeit, sich selbst zu schützen, weder erklären noch übersehen. All die bereits früher aufgetretenen Unterschiede zwischen ihm und anderen Kindern hatten wir leicht akzeptieren oder rationalisieren können. Aber dies war etwas, das uns erschreckte. Daß ihm eine normale Neugier fehlte und daß er anderen Kindern gegenüber gleichgültig war, konnten wir als eine Entwicklungsphase ansehen, aus der er herauswachsen würde. Aber daß er einem kleineren Kind hilflos ausgeliefert war, alarmierte uns. Wir fingen an, uns Sorgen zu machen, daß unser Sohn wirklich anders sei als die anderen, und daß dieses Anderssein ihm Leid bereiten würde.
Die erste fachlich fundierte Warnung erhielten wir von der Direktorin der Tagesstätte, die Ted besuchte. Eines Nachmittags fuhren wir zu dem großen alten Haus, das sich »Virginia's Preschool« nannte, um Ted abzuholen. Virginia hatte uns um ein privates Gespräch gebeten. Wir erwarteten, etwas über die Erweiterung des Unterrichts zu hören oder über eine neue Umgehensweise mit folienverpackten Nahrungsmitteln. Stattdessen fiel sie gleich mit der Tür ins Haus: »Ich unterrichte jetzt schon seit zehn Jahren, und selten habe ich so etwas Schlimmes sagen müssen.«
Wir waren wie gelähmt, als Virginia fortfuhr. »Die ärztliche Untersuchung, die wir bei Dreijährigen durchführen, ist bei Ted bald fällig, und ich glaube, daß Sie sich wegen seiner Entwicklung ein paar Gedanken machen sollten.« Ich versuchte, von Virginia Genaueres zu erfahren, aber entweder wollte

sie mir ausweichen, oder sie war sich selbst nicht sicher. »Ich weiß nicht genau, wo das Problem liegt, aber es steht fest, daß mit Ted irgendwas nicht stimmt, und ich weiß auch nicht, was man dagegen tun kann.«

Am Abend jenes Tages grübelten Sara und ich über Virginias Warnung nach. Es waren so viel einander widerstreitende Gefühle in uns, daß wir nicht wußten, welchem wir nachgeben sollten. Zuerst einmal wollten wir Ted gegen jede Kritik verteidigen. Aber wir mußten auch anerkennen, daß Virginia sicherlich nicht unüberlegt so etwas gesagt hatte, daß sie fachlich qualifiziert war und daß sie über reichlich Erfahrung mit kleinen Kindern verfügte. Wir kamen zu dem Ergebnis, daß Ted in dieser – vorübergehenden – Phase Hilfe brauchte, und vereinbarten einen Termin beim Kinderarzt.

Am 7. November 1973 gebar Sara unseren zweiten Sohn, Nicholas Clark Hart. Vier Tage danach holte ich die beiden aus dem Krankenhaus ab, brachte sie nach Hause und fuhr dann mit Ted zur Tagesstätte, zum Termin mit dem Arzt. Obgleich ich immer noch nicht wußte, was für ein Problem Ted eigentlich hatte, versuchte ich dem Arzt unsere Befürchtungen zu verdeutlichen.

Ich erwähnte Virginias Ratschlag und die banalen kleinen Dinge, die uns aufgefallen waren. Der Arzt runzelte die Stirn und meinte, es sei wohl besser, wenn ein Psychiater Ted untersuche. Dann warnte er mich: »Ich weiß, es ist schwer, für die Familie zu sorgen, wenn die Mutter berufstätig ist.« Er erzählte mir, daß seine Frau ebenfalls praktiziere und sie deshalb hatten Kompromisse schließen müssen.

»Intelligente, gebildete Menschen wie Sie sollten Kinder haben, die wie ein Cadillac oder ein Rolls-Royce sind«, sagte er. »Aber wenn Sie Ihre Kinder in die Obhut anderer Leute geben, die sie großziehen, dann bekommen Sie am Ende nur einen Chevrolet oder einen Jeep.«

Wir kamen überein, daß ich mit dem Kinderpsychiater einen Termin vereinbarte. Dann fuhr ich mit Ted nach Hause, wo Sara und sein frischgeborener Bruder warteten. Ich hatte Angst, Sara zu erzählen, daß nach Ansicht des Arztes unser erstes Kind an ernsten Problemen leide und wir daran schuld seien.

Als Ted und ich nach Hause kamen, stillte Sara gerade das Baby. Mit Sorge wartete ich darauf, wie Ted auf seinen kleinen Bruder reagieren würde. Würde er überrascht sein? Oder eifersüchtig? Oder erfreut? Oder bloß neugierig? Aber er zeigte überhaupt keine Reaktion. Das Baby, das sich an die Brust seiner Mutter schmiegte, hätte ebensogut ein Kissen oder ein Wäschebündel sein können.

»Appe«, murmelte Ted, um mir zu sagen, daß er einen Apfel wollte. Sara und ich versuchten, ihn für das Baby zu interessieren, aber wir gaben es bald wieder auf und ließen Ted auf sein Zimmer gehen, wo er spielen konnte. Wir fragten uns, ob ihm das Baby wirklich völlig gleichgültig war oder ob er vielleicht einen traumatischen Eifersuchtsschock erlitten hatte, der eine normale Reaktion verhinderte.

Wir hofften, daß der Psychiater uns zeigen würde, was wir falsch gemacht hatten, damit wir es wieder ausbügeln konnten. Obwohl wir nicht gerne zugaben, daß wir Fehler begangen hatten, waren wir bereit, alles nur Mögliche in unserem Leben zu verändern, wenn es unserem Sohn half, wieder »richtig« zu werden.

Der Psychiater erwies sich als ein einfühlsamer und behutsamer Mann. Nach vier Sitzungen, in denen er mit Ted spielte oder Sara und mich befragte, gestand er, daß es ihm schwerfalle, eine Diagnose zu stellen. Er überwies uns daher an die Kinderpsychiatrische Klinik der Universität von Washington, wo eine Gruppe von Spezialisten Ted beurteilen könnte.

Wir nahmen seinen Rat an. Während wir auf Teds Zulassung für das vierwöchige Programm der Klinik warteten, versuchten wir, optimistisch zu bleiben und versicherten unseren Verwandten, daß wir nur den bestmöglichen ärztlichen Rat einholen wollten.

KAPITEL 6

Was um Himmels willen versuchte uns die Kinderärztin zu erklären? Wußte sie denn nicht, daß wir dieses Kind liebten und wir ihm all das wenige beigebracht hatten, was es konnte?

Die Morgensonne strömte durch die Fenster der Kinderpsychiatrischen Klinik. Von draußen, vom Spielplatz, wo sich Betreuer mit Kindern beschäftigten, waren Stimmen zu hören. Drinnen saßen wir, schweigend. Die Zeit schien stillzustehen, eingefroren, wie ein Alptraum, der nie zu Ende geht. Ich hörte mich selbst sprechen.

»Glauben Sie das wirklich?«

Mir schien, als habe eine andere Person die Kinderärztin gebeten, ihre Behauptung zu wiederholen. Wie in einer Falle saßen Sara und ich zusammen mit der Ärztin und einem Sozialarbeiter im Konferenzraum.

»Wie kommen Sie zu einer solchen Feststellung?« fragte ich noch einmal. Die achtmonatige Odyssee von einem Arzt zum anderen, die mit einer Untersuchung des dreijährigen Ted begonnen hatte, hatte uns in die Ambulanz der Psychiatrischen Klinik der Universität von Washington geführt.

Die Kinderärztin sprach freundlich und geduldig, als rede sie mit einem kleinen Kind. »Alle aus unserem Team haben Ted mehrmals gesehen, und in der Konferenz haben wir Videoaufzeichnungen von ihm begutachtet. Wir glauben zwar mit Sicherheit, daß bei ihm ein Gehirnschaden vorliegt, aber wir sollten uns zunächst einmal seine Stärken ansehen...«

Diese Worte bestätigten meine düstersten Befürchtungen. Eine schreckliche Prophezeiung bewahrheitete sich. Sämtliche Ängste, die mich seit meiner Jugend verfolgt hatten, alle Befürchtungen, seien sie nun ausgesprochen worden oder nicht, wurden mit dieser Diagnose bestätigt.

Mein Schicksal schien besiegelt. Die Demütigung, der Gram und die Enttäuschung, die die Behinderung meines Bruders gebracht hatte, würden nun für immer auf mir lasten. Unser hübsch anzusehendes Kind war keine Quelle der Hoffnung und des Stolzes mehr. Es war vielmehr zu einer Quelle des Schmerzes geworden, zu einer Bürde, die mit der Zeit immer schwerer lasten würde. Ich malte mir sofort das Schlimmste aus, stellte mir vor, wie Ted unerziehbar und vernachlässigt heranwachsen würde, verunstaltet und von der Gesellschaft ausgestoßen.

Sara und ich hörten schweigend zu, als die Kinderärztin aus ihren Aufzeichnungen vorlas, um uns mit ihrem Bericht über Teds Fähigkeiten wieder Mut einzuflößen. Sie meinte, es sei bemerkenswert, daß ein Kleinkind mit seinem Intelligenzquotienten, den sie bei 51 einschätzte, so gut funktioniere. Sie fragte uns, ob wir wüßten, daß er mit einem Dreirad fahren könne. Ich starrte sie verständnislos an.

Ich begriff nicht, worauf sie hinaus wollte. Was wollte sie uns denn sagen? Wußte sie denn nicht, daß wir uns um dieses Kind gekümmert hatten, daß wir ihm beigebracht hatten, mit dem Dreirad zu fahren, sich beim Essen nicht vollzukleckern und sich anständig zu benehmen?

Sara saß völlig steif da. Sie zitterte leicht und blieb still, als ich die Ärztin drängte, mir doch noch mehr zu sagen. »Warum

haben wir das nicht schon früher erkannt? Und was können wir dagegen machen?«
Die Ärztin ließ mich reden. Sie hörte mir ruhig zu, wirkte dabei sogar freundlich, obgleich klar war, daß nichts, was sie antworten konnte, unseren Schmerz würde lindern können. Sie vertrat die Ansicht, daß Teds Probleme mit der Sprache und seiner sozialen Entwicklung – das also, was uns in die Klinik geführt hatte – durch eine »emotionale Überlagerung« oder durch die Frustration über seine Behinderung hervorgerufen wurde. Sie meinte, die emotionalen Schwierigkeiten ließen sich beheben, wenn wir ihm mehr Geduld entgegenbrachten, nicht zuviel von unserem Sohn erwarteten und die richtige Schule für ihn fänden.
Vier Wochen lang hatten wir Ted täglich in die Klinik gebracht, wo er von einem Team von Psychologen, Psychiatern und Sozialarbeitern therapiert und untersucht worden war. Das hatte uns ein kleines Vermögen gekostet. Dennoch willigten wir sofort ein, als die Ärztin vorschlug, ihn weitere zwölf Wochen lang hierher zu bringen.
In einem Zustand dumpfer Schicksalsergebenheit vereinbarten wir die folgenden Termine und holten Ted aus der Kinderstation ab.
Wir schnallten Ted auf seinem Kindersitz fest und machten ihn für die Fahrt nach Hause fertig. Er nahm unsere Hilfe teilnahmslos und ohne zu murren hin und beschäftigte sich mit den Spielsachen, die er aus seiner Tasche zog. Wenn ich ihn so ansah, konnte ich die Diagnose kaum glauben. Er sah so vollkommen aus. Für sein Alter war er schon sehr groß, er hatte kräftiges gelocktes Haar und blaue Augen. Sara kaufte ihm gerne Hemden und Hosen, die ihm genau paßten, so daß er immer perfekt gekleidet war. Aber selbst mit vier Jahren war ihm seine Kleidung scheinbar völlig gleichgültig, er zog, ohne eine Regung zu zeigen, immer das an, was man ihm gab.

Ted saß auf dem Rücksitz und spielte mit einem Lego-Baustein und einem Teil eines Brettspiels herum. Obwohl er nie etwas mit den Lego-Steinen baute und auch keine Freude an seinen Spielen hatte, trug er immer einige Teile mit sich herum. Er prüfte sie immer wieder und setzte einzelne Stücke zu Kombinationen zusammen, die ihm offenbar Spaß machten, für uns aber keinen Sinn ergaben.

Während dieser Fahrt erschien mir unser Kind wie ein Fremder. Ich merkte, daß ich ihn ansah, wie ich es zuvor noch nie getan hatte, als sei er ein Wechselbalg und nicht das Baby, das aus unserer Liebe entstanden war. Andererseits änderte sich aber nichts daran, daß ich mich mit ihm verbunden fühlte und ihn liebte. Er war ja unser Ted, zwar nicht das Kind, das wir in ihm gesehen hatten, aber dennoch unser Kind.

Das Viertel, in dem wir wohnten, lag ganz in der Nähe der Universität und ihres weitläufigen Klinik-Komplexes. Die steil ansteigenden Hügel der malerischen Halbinsel Laurelhurst, die auf drei Seiten vom Washington-See umgeben war, vermittelten den Eindruck, in einer Vorstadt zu leben, obwohl man nahe dem Zentrum wohnte. Die Anwohner bezeichneten ihr Viertel liebevoll als »Ghetto mit dem hohen IQ«, weil eine ganze Reihe von Universitätsangehörigen und anderen Akademikern hier wohnte.

Auch meine Schwester Frances lebte hier mit ihrer Familie. Wir beiden hatten uns dieses Viertel wegen seiner guten Schulen und seiner altehrwürdigen, vom Wohlstand geprägten Atmosphäre ausgesucht. Diese in ruhigen Straßen gelegenen Häuser mit ihren immergrünen Bäumen waren für uns so etwas wie Zufluchtsstätten nach einer ärmlichen Kindheit, in der wir ständig hatten umherziehen müssen.

Aber an jenem Nachmittag war meine Welt aus den Fugen geraten. Teds Diagnose hatte alte Wunden aufgerissen. Als ich an den im Kolonial- und Tudor-Stil gebauten Häusern vorbeifuhr, war mein Wohlempfinden dahin. Ich fühlte mich wie ein Eindringling, der sich unbefugt in dieser friedvollen Gemeinde aufhält, wo jedermann erfolgreich und zufrieden zu sein schien. In dem aufgewühlten Zustand, in dem ich mich befand, kam mir wieder jedes einzelne der Stigmata meiner Kindheit in Erinnerung, und ich sah meine Familie schon der Armut, dem Alkoholismus und der Schande zum Opfer fallen.

»Es gibt nur eine Möglichkeit, dich und Nick zu entlasten.« Ich erklärte Sara, daß ich sie vor dem Schicksal, das meine Familie erlitten hatte, bewahren wolle. Für mich selbst und für Ted schien es keinen Ausweg und kein Heilmittel zu geben. Die schrecklichen Erinnerungen an meinen Vater und meinen Bruder waren mir noch zu deutlich im Bewußtsein. Die beste Lösung wäre es, wenn wir weggingen, Ted und ich.

Als ich Ted betrachtete, wie er in seinen makellosen Kleidern dasaß, kam mir der Gedanke, daß ich ihm ein qualvolles Leben der Erniedrigung und des Versagens ersparen könnte, wenn ich ihn tötete. Aber vor meinem Gewissen hätte ich dies nie rechtfertigen können, auch wenn ich ihn damit nur vor einer grausamen Zukunft bewahrt hätte.

Im Kopf legte ich mir einen Plan zurecht. Wir könnten ja mit einer der Fähren, die hier verkehrten, einen Ausflug unternehmen. Wenn das Schiff in den tiefen Gewässern des Puget Sound kreuzen würde, würde ich meinen Sohn ganz fest an mich drücken und über Bord springen. Wir würden nicht lange zu leiden haben, und Sara als junge Witwe wäre wieder frei. Sie und Nick könnten dann ein Leben führen, das sie vielleicht glücklich machte.

Diese »Lösung« schockierte und erschreckte Sara. Sie verlangte, daß ich mit einer unserer Freundinnen reden solle, die in einer Beratungsstelle arbeitete. Obwohl mir mein Plan vernünftig und leicht durchführbar erschien, ließ ich mich auf Saras Bitte ein.

In dem mit Büchern überfüllten Büro unserer Freundin versuchte ich ihr die Logik meines Selbstmordplans darzulegen, in der Hoffnung, sie davon zu überzeugen, obwohl ich Sara nicht hatte überzeugen können. Es lag doch auf der Hand, daß Ted von der Gesellschaft abgelehnt und ausgestoßen werden würde, daß ich unter seiner Abhängigkeit zu leiden hätte, daß Sara und Nick durch ihre Beziehung zu uns ihrer Lebensfreude beraubt, erniedrigt und stigmatisiert werden würden.
Während ich die Geschichte meiner Familie, die von Verzweiflung und Hoffnungslosigkeit geprägt war, so ausführlich schilderte wie noch nie zuvor, geschah etwas Seltsames. Je mehr ich der Beraterin alles erklärte, je mehr ich versuchte, ihr klarzumachen, daß unser Dilemma hoffnungslos war, um so mehr veränderte sich meine Sichtweise.
Ich erinnerte mich wieder an ein rätselumwobenes Ereignis vor langer Zeit, an den »Unfall« meines Vaters, der fast tödlich geendet hatte und vor meiner Geburt geschehen war. Das Auto meines Vaters war mitten auf den Eisenbahnschienen stehengeblieben. Die heranrasende Lokomotive versuchte noch zu bremsen, um ihn nicht zu zermalmen, aber es war zu spät. Durch den Zusammenprall wurde das Auto völlig zerstört und mein Vater schwer verletzt. Zum Glück mußte er nicht amputiert werden, aber es dauerte mehrere Monate, bis er völlig wiederhergestellt war. Es war unglaublich, daß einem erfahrenen Eisenbahningenieur so etwas passieren konnte.
Mein Vater sprach nie ein Wort über diesen Unfall, aber Vada erzählte von der langen Rekonvaleszenz, während der sie meiner Mutter dabei half, immer wieder Daddys Rücken zu massieren und ihn gesundzupflegen. Als wir noch klein waren, hörten Frances und ich öfter, wie von diesem Unfall erzählt wurde. Aber erst als wir erwachsen waren und uns über die Familie eine eigene Meinung bilden konnten, fragten wir uns, wie es nur dazu hatte kommen können. Daddy war

einfach sitzengeblieben, als sein Wagen vor einem herannahenden Zug auf den Schienen stehen blieb. Eine tragische Fehleinschätzung der Situation, die ihm so gar nicht ähnlich sah.

Als ich diese Fehlleistung erklären wollte, begann ich, meinen Vater zu verteidigen. Wie verzweifelt mußte er gewesen sein; er war hochgradiger Alkoholiker, trug Verantwortung für kleine Kinder und für eine Frau, die versorgt sein wollte, und die Gefühle des Versagens und der Schuld hatten sein Selbstwertgefühl völlig zerstört.

Ich redete in einem fort, erklärte, wie meine Mutter den Zustand meines Bruder geradezu verdrängen mußte. Die Christliche Wissenschaft hatte ihr eine Fluchtmöglichkeit geboten; sie war des Glaubens, daß eines Tages eine Wunderheilung geschehen und ihr ältester Sohn so normal werden würde wie ihre übrigen Kinder. Während sie auf das große Ereignis wartete, versteckte sie ihren Sohn vor der Öffentlichkeit. Auch meine Schwestern und ich hatten gelernt, Sumner zu verstecken, und nach und nach gaben wir ihm für alle Probleme unserer Familie die Schuld.

Inmitten meines Kummers fing ich an, Sumner als das Kind zu begreifen, das er gewesen war. Sechzehn Jahre vor meiner Geburt muß auch er ein reizendes, unschuldiges Kind gewesen sein, das Probleme hatte, genauso wie Ted. Diese Erkenntnis versetzte mir einen Schock. Ich konnte mir mein Kind, das ich so liebte, nicht als einen Dämon vorstellen, als jemanden, der das Familienleben zerstört, oder als Fluch, der immerzu auf einem lastet. Ted war einfach ein Kind, das all die Unterstützung brauchte, die ihm seine Eltern, die Ärzte und Lehrer nur geben konnten. Auch Sumner war ein solches Kind gewesen, aber fünfzig Jahre erzieherischer Versäumnisse und familiären Chaos hatten ihn handlungsunfähig gemacht und fast zum Verstummen gebracht.

Als ich mir vorstellte, wie Sumner als Kind gewesen war, regten sich meine elterlichen Instinkte. Ich dachte daran, was er alles gebraucht hätte und was das Leben ihm versagt hatte. Diese Gedanken halfen mir zu erkennen, wieviel Sara und ich unserem Sohn geben konnten. Nach und nach fand ich den Mut, Teds Behinderung als Herausforderung anzunehmen und auch Sumners Rolle in meiner Familie neu zu bewerten. Mit einem Mal waren die alten Klischeevorstellungen und die bis dahin festen Überzeugungen über meine Familie relativiert, und ich konnte die Vergangenheit in einem neuen Licht sehen. Ich erkannte, daß nicht Sumner an all meinen Problemen und denen meiner Eltern schuld war. Genau das Gegenteil war richtig. Sumner war der Passivste und Unschuldigste von uns allen, aber auch der Sündenbock der Familie. Unsere Probleme entstanden nicht *durch* ihn, sie entstanden durch unser Verhalten ihm gegenüber. Dieses Verhalten hatte unser Empfinden dafür, welchen Teil der Verantwortung wir selbst trugen, vermindert und unseren Unwillen gegenüber den besonderen Bedürfnissen von Sumner verstärkt.
Als ich begriffen hatte, daß Teds Leben nicht wie das seines Onkels verlaufen mußte und daß wir nicht alle denselben verzweifelten Weg der Enttäuschung und der Schuldzuweisung einzuschlagen brauchten, war ich erleichtert. Wir standen zwar vielleicht vor demselben Problem, aber wir waren eine andere Familie. Und was noch wichtiger war: Fünfzig Jahre sozialen Fortschritts und medizinischer Forschung boten unserem Sohn im Jahre 1974 eine bessere Chance, als mein Bruder sie 1924 gehabt hatte.
Meine Frau und ich vereinbarten, daß wir gemeinsam unserem Sohn helfen würden. Es gab vieles, was uns dabei zum Vorteil gereichen würde. Wir hatten eine stabile, partnerschaftliche Beziehung. Beide verfügten wir über pädagogische Erfahrung, was es uns leichter machen würde, die Fachli-

teratur kritisch zu lesen und die Ratschläge der verschiedenen »Experten«, denen wir künftig begegnen sollten, richtig einzuschätzen. Und schließlich lebten wir in einer Stadt, deren medizinische Forschungseinrichtungen im Bereich der entwicklungsbezogenen Behinderungen einen guten Ruf hatten. Die Beschränkungen, unter denen unser Sohn litt, erfüllten uns zwar mit Trauer, doch wir verspürten auch ein Gefühl der Zuversicht, daß sich für ihn die Lage besser entwickeln könnte als für meinen Bruder.

Die Geschichte mußte sich nicht wiederholen. Dieses Mal würden wir es »richtig« machen.

Als ich nach Hause fuhr, war ich erleichtert wie jemand, der eben dem Tod oder noch Schlimmerem entronnen ist. Vom Wohnzimmerfenster aus blickte ich hinüber zum See und zu den Bergen, die jenseits der gestutzten Rasenflächen von Laurelhurst lagen. Ich wußte, es würde sie auch morgen noch geben, und uns auch.

KAPITEL 7

Verschiedene Tests ergaben, daß sein IQ zwischen 20 – bei sprachlichen und sozialen Fähigkeiten – und 120 bei theoretischen Fertigkeiten rangierte.

Wir brachten Ted weitere zwölf Wochen lang in die Klinik für Kinderpsychiatrie, wo er sein tägliches Programm absolvierte. Es war für uns ermutigend zu sehen, daß er unter der Anleitung einer erfahrenen Kinderbetreuerin mehr soziale Fertigkeiten und ein besseres Konzentrationsvermögen entwickelte. Evelyn, so hieß die Betreuerin, brachte uns bei, wie man mit simplen Spielen Teds Entwicklung fördern konnte, etwa indem man ihn aufforderte, seine Nase zu berühren, dann unsere Nasen, und so weiter mit allen möglichen Körperteilen. Mit viel Geduld und mit Hilfe der Imitationstherapie konnten einige Fortschritte erzielt werden, obschon Ted in seinen sozialen Fähigkeiten zurückblieb und sich seine Sprechfertigkeit so gut wie nicht verbesserte.

Bei einem Spaziergang über den Spielplatz stellte ich Evelyn schließlich doch die Frage, vor deren Beantwortung ich Angst hatte: »Was wird mit ihm sein, wenn er erwachsen ist?«

Evelyns Antwort verblüffte mich. Sie schien sich fast zu ärgern: »Warum müssen Sie eine solche Frage stellen?« Für mich lag es auf der Hand; jeder Vater und jede Mutter hätte gern eine Antwort auf diese Frage gehabt. Evelyn meinte: »Niemand kann mit Sicherheit sagen, wie ein Kind sich entwickeln wird. Es gibt niemals irgendwelche Gewißheiten. Was Sie jetzt tun, ist das beste, was Sie für Ted überhaupt tun können. Das sollte genügen.«

Daraufhin erzählte ich ihr von meinem Bruder und von meiner Hoffnung, meinem Sohn ein besseres Leben zu ermöglichen. Ich hatte zwar den Eindruck, daß die Monate, die Ted nun schon in der Klinik verbracht hatte, seiner Entwicklung förderlich waren, aber ich fragte mich auch, ob die Fortschritte wohl andauern und nicht allmählich nachlassen oder sogar auf einem voraussagbaren Niveau stagnieren würden.

Evelyn gab mir eine freimütige Antwort: »Ich bin daran gewöhnt, zu beobachten, wie Kinder sich verändern. Darum arbeite ich hier, und darum glaube ich an das, was ich tue. Manchmal gibt es innerhalb kürzester Zeit dramatische Veränderungen, besonders dann, wenn ein Kind zum ersten Mal von Fachleuten betreut wird. Einer unserer Ärzte hat mich deshalb gewarnt: ›Evelyn, Sie sehen diese Kinder nicht mehr, wenn sie die Klinik verlassen oder wenn sie einmal erwachsen sind. Sie können deshalb nicht sagen, wie ihr Leben als Erwachsene aussehen wird.‹«

Ihre Aufrichtigkeit ehrte sie, aber es war hart, diese Worte zu hören. Sara und ich mußten Ted auf eine Zukunft vorbereiten, die kaum vorauszusehen war und rätselhaft blieb. Wir versuchten, einander darüber hinwegzutrösten, aber die Unsicherheit verschlimmerte noch unseren Kummer.

Über viele Wochen hinweg hinterließen unsere regelmäßigen Termine beim Psychiater immer dasselbe Gefühl. Uns war einfach nicht klar, warum die Klinik auf diesen Sitzungen mit einem Arzt bestand, der unseren Sohn, den Mittelpunkt all unserer Sorgen, kein einziges Mal zu Gesicht bekam. Meinte er denn, wir seien schuld an Teds Behinderung? Oder wollte er uns beibringen, wie man mit dieser familiären Krise zu Rande kommt? Wir verließen seine Praxis immer völlig verwirrt.

Nach jeder dieser Sitzungen zeigten sich bei mir Gedächtnislücken, wie nach einem Schock. Phasenweise konnte ich mich nicht mehr an bestimmte Ausdrücke erinnern, die der Arzt gebraucht hatte. Ich mußte dann Sara fragen: »Hat er gesagt *signifikant* zurückgeblieben oder *sicherlich* zurückgeblieben?« Das ging soweit, daß wir anfingen, an unserer Zurechnungsfähigkeit zu zweifeln. Aber zumindest machten wir diese Erfahrung gemeinsam.

In unserem Kummer fühlten wir uns miteinander verbunden, aber Saras Verhalten unterschied sich von meinem. Wenn sie unter der Anspannung litt, war sie immer sehr still, und es war für sie schwierig, ihre Gefühle zu äußern. Aber sie gab mir auch zu verstehen, daß sie die Sache optimistischer sah als ich. Ihr Optimismus war mir jedoch kein Trost. Ich fürchtete vielmehr, daß gerade eine optimistische Haltung zu Versäumnissen verleiten könnte. Fünfzig Jahre passiven Hoffens hatten meine Mutter und Sumner zerstört. Ich wollte nicht, daß sich die Fehler der Vergangenheit wiederholten. Handeln, nicht glauben – das war mein Motto.

Einige Verwandte bekundeten ihre Anteilnahme, aber die meisten hielten Abstand zu uns, entweder weil sie unsere Privatsphäre respektieren wollten oder weil sie einfach nicht wußten, wie sie den Kummer, der auf uns lastete, lindern konnten.

Saras Schwester Laurie wohnte seit Teds Geburt in Seattle. Obwohl sie wenig Zeit hatte, versuchte sie uns zu helfen, zusätzliche Entwicklungsmöglichkeiten für Ted zu finden. Sie bot sich an, an ihrem freien Tag mit ihm auf den Spielplatz in ihrer Nachbarschaft zu gehen, wohl ein wenig in der Hoffnung, daß sich auf diese Weise seine sozialen und spielerischen Fähigkeiten verbessern würden.

Ein paar Stunden später brachte sie ihn wieder nach Hause. Sie hatte jetzt besser begriffen, worin Teds Probleme lagen und daß er an einer Behinderung litt, die sich nicht durch ein paar Stunden im Park beheben ließ. Nach und nach begriffen auch die übrigen Familienmitglieder, daß die Probleme von Ted in ihm selbst lagen und nicht durch die Unwissenheit seiner Eltern oder deren Unerfahrenheit verursacht wurden.

Meine Mutter zeigte die seltsamste Reaktion auf Teds Diagnose. Sie wollte sie einfach nicht akzeptieren. Ihre Weigerung war so entschieden, daß sie es sogar ablehnte, mit uns darüber zu reden.

Wir hatten eigentlich erwartet, daß sie diese Neuigkeit an ihre zahlreichen Verwandten, an meine Vettern und Cousinen, Tanten und Onkel weitergeben würde. Statt dessen verlor sie kein Wort über die Angelegenheit. Nachdem wir die Verwandten schließlich per Weihnachtskarten informiert hatten, schrieb ihnen meine Mutter wiederum, daß »Charles und seine Frau ›der Meinung sind‹, daß mit Ted etwas nicht stimme, aber das alles ist nur Einbildung«.

Ihr Verhalten enttäuschte uns. Wir hatten geglaubt, daß gerade sie mehr als alle anderen Leute unseren Schmerz und unser Bedürfnis nach Verständnis und Unterstützung durch die Verwandten begreifen würde. Von ihrem Standpunkt aus gesehen verhielt sie sich aber durchaus sinnvoll.

Sie hatte nämlich Ted bei sich zu Hause versorgt, und zwar in der Zeit vor seinem ersten bis kurz vor seinem zweiten Geburtstag. Sie war für dieses eine Jahr die ideale Tagesmutter, denn sie liebte das Kind wie ihr eigenes und freute sich an seinen ersten Gehversuchen und an jedem einzelnen Entwicklungsschritt, bis er schließlich mit zwei anderen kleinen Jungs in eine reguläre Tagesstätte wechselte. Für meine Mutter war es unvorstellbar und völlig ausgeschlossen, daß ihr geliebtes Enkelkind nicht mit zunehmendem Alter aus seinen sozialen Problemen herauswachsen würde, Problemen, die ihren eigenen Sohn in den vergangenen fünfzig Jahren so schwer belastet hatten.

Trotz der skeptischen Haltung meiner Mutter hörten Sara und ich auf die Empfehlungen der Klinik, und so stürzten wir uns in eine hektische Suche nach Hilfe. Wir machten die beste Schule in der Stadt ausfindig und kümmerten uns um neue Bücher und Spielsachen, die ihn vielleicht fördern konnten. Ich tapezierte sogar sein Zimmer neu. Die farbenfrohen Muster, die wir ausgewählt hatten, als wir unserem ersten Kind noch größtmögliche optische Reize vermitteln wollten, schienen jetzt für Ted ungeeignet zu sein, denn er ließ sich aufgrund seiner sensorischen und geistigen Probleme leicht ablenken. An die Stelle der kühnen Primärfarben setzte ich ein beruhigendes Grau mit blauen Streifen.

Den größten Gewinn brachte uns der Beitritt zur Association for Retarded Citizens (Vereinigung für zurückgebliebene Menschen). In dieser Vereinigung schlossen sich Eltern zusammen, die die Behinderung ihrer Kinder akzeptiert hatten und sich gegenseitig unterstützen wollten. Daß andere Eltern ohne Scham oder Verlegenheit über ihre behinderten Söhne und Töchter sprachen, war für mich ermutigend. Die Jahre, in denen ich versucht hatte, meinen behinderten Bruder zu verstecken, schienen vergeudete Zeit gewesen zu sein. Die Isolation meiner Eltern gegenüber Familien mit ähnlichen Problemen hatte nicht nur meinen Bruder von möglicher Hilfe abgeschnitten, sie hatte uns auch glauben lassen, unsere Situation sei einzigartig und niemand könne unsere Probleme verstehen.

Bei unserem ersten Treffen mit der ARC beschrieb einer der Väter das Problem mit sehr treffenden Worten. Er verglich geistige Unterentwicklung mit Alkoholismus und anderen sozial geächteten Familienproblemen. »Wenn wir wollen, daß unsere Kinder Fortschritte machen«, sagte er, »dann müssen wir raus aus unseren vier Wänden und über die Probleme reden.«

Nach ein paar Monaten bat mich die ARC, in ihren Bezirksvorstand einzutreten. Daraufhin gaben Sara und ich all unsere sonstigen gesellschaftlichen Aktivitäten auf und konzentrierten uns auf die Betreuungsarbeit für behinderte Menschen. Wir nutzten alle unsere Kontakte, um die ARC öffentlich bekannt zu machen. Auch gaben wir die Einwilligung zu einem Fernsehspot mit Ted und seinem Paten, der im Bundesstaat Washington Minister war.

Diese öffentliche Darstellung von Teds Behinderung schmerzte meine Mutter sehr, uns aber vermittelte sie neues Zutrauen. Es stand zwar nicht in unserer Macht, unseren Sohn zu heilen, aber wir konnten zumindest alle vorhandenen Mittel, die die Gesellschaft zur Verfügung stellte, ausschöpfen und zugleich nach neuen Wegen suchen.

Ich konnte nur staunen, daß andere Familien mit Kindern, die oft noch schwerer behindert waren als Ted, deren Behinderung gleichsam akzeptierten und sich zu den Problemen ihrer Kinder ohne weiteres bekennen konnten, ohne sie vor der Welt verstecken zu müssen. Eine solche Einstellung stand in krassem Gegensatz zu meinem eigenen Verhalten, das ich als Sumners kleiner Bruder eingeübt hatte. Es war für mich eine Herausforderung, meine antrainierte Verlegenheit zu überwinden und öffentlich über meinen behinderten Sohn zu sprechen.

Nach dem Informationsspot im Fernsehen über die ARC, in dem Ted und sein Pate aufgetreten waren, überraschte es uns, zu erfahren, wie viele unserer Bekannten Verwandte mit geistigen Fehlentwicklungen hatten. Nachbarn und Kollegen suchten den Kontakt zu uns. Viele Leute wollten sich uns anvertrauen.

Die Kontaktaufnahme lief, wie wir bald feststellten, meist nach dem gleichen Muster ab. Der Einstieg war häufig: »Ich habe Ihren Sohn im Fernsehen gesehen«, oder: »Ich habe erfahren, daß Sie für die Association for Retarded Citizens tätig sind.« Der oder die Betreffende hatte zumeist nach dem Kirchgang oder im Büro nach einer passenden Gelegenheit für ein privates Gespräch mit uns gesucht, das in der Regel so weiterging: »Ich hatte eine Schwester…«, oder: »Wir haben einen Enkel…« Dann folgte die traurige Geschichte über einen geliebten Menschen, der in einer Anstalt leben mußte oder aufgrund medizinischer Komplikationen vor längerer Zeit gestorben war.

Je mehr uns andere ihren Kummer anvertrauten, um so stärker fühlten wir uns. Jede dieser Leidensgeschichten bewies, daß wir nicht allein waren. Viele andere Leute, mit den unterschiedlichsten Lebenswegen, hatten dieselben Sorgen erlebt. Aber wie die Verwandten von Geisteskranken, Alkoholikern und sonstigen Menschen, die an »unaussprechbaren« Krankheiten litten, hatten sie sich bisher still verhalten und geschwiegen.

Das Problem beim Namen zu nennen, vermittelte Sara und mir Kraft. Und mit jeder Bestätigung, die wir erfuhren, wurde es leichter. Wir sahen aber auch, daß viele Eltern, ähnlich wie meine Mutter, den harten Begriff »geistige Zurückgebliebenheit«, die offensichtliche Hoffnungslosigkeit und die Mauer des sozialen Unverständnisses nicht akzeptieren konnten.

Durch die Association for Retarded Citizens lernten wir zahlreiche Familien kennen, die unsere Ansicht teilten. Sie akzeptierten den Zustand ihrer Kinder, ob diese nun an einem Gehirnschaden, am Down-Syndrom oder an einer anderen Form geistiger Zurückgebliebenheit litten. Sie vergeudeten ihre Energie nicht damit, die Behinderung ihrer Kinder zu verbergen oder auf eine wunderbare Heilung zu hoffen. Statt dessen traten sie für die ihnen gemeinsame Sache ein und kämpften für bessere Schulen und Hilfseinrichtungen und für eine stärkere Anerkennung der Kinder und der Erwachsenen, die sie liebten, durch die Öffentlichkeit.

Wir lernten auch viele Leute kennen, die den Begriff »geistige Zurückgebliebenheit« vermieden oder ablehnten. Einige dieser Leute, darunter auch meine Mutter, warnten uns, daß die Verwendung dieses Begriffs unseren Sohn in ungerechter Weise abstempeln und ihn sozialer Diskriminierung aussetzen würde.

Eine Frau aus unserer Nachbarschaft hatte eine Tochter, der von Geburt an ein wichtiger Teil des Gehirns fehlte. Weil das Gehirn nicht in der Lage war, grundlegende Körperfunktionen zu steuern, litt das Kind immer wieder an anfallartigen Störungen und anderen Komplikationen; es benötigte daher ständige medizinische Betreuung.

Als wir die Mutter kennenlernten, gab sie zwar zu, daß ihre Tochter an einer ganzen Reihe von Entwicklungsstörungen litt – sie krabbelte zu langsam, hatte Schwierigkeiten beim Essen, konnte weder gehen noch sprechen. Doch kaum hatte sie diese Entwicklungsstörungen aufgezählt, beeilte sie sich, uns zu versichern, daß ihre Tochter *nicht* zurückgeblieben sei. Die Eltern hatten zwar gelernt, die Störungen ihrer Tochter anzunehmen, aber sie weigerten sich, diese auch beim Namen zu nennen, da der entsprechende Begriff durch mißbräuchliche Verwendung und falschverstandene Komik so negativ besetzt war, daß dadurch Kinder wie ihres von vornherein abgewertet wurden.

Angst und Stolz hatten meine Eltern und viele andere davon abgehalten, sich an Organisationen zu wenden, die sich zur Aufgabe gemacht hatten, ihnen zu helfen. Je mehr ich über solche Eltern erfuhr, um so mehr verstand ich die Geheimnistuerei meiner eigenen Eltern und begriff, warum sie meinen Schwestern und mir beigebracht hatten, nie über unseren Bruder zu reden, ebensowenig wie über die Trunksucht unseres Vaters. Obwohl wir im Chaos lebten, obwohl unsere miserable Lage viel Elend und viele Enttäuschungen mit sich brachte, durften wir diese angstbesetzten Wörter nicht aussprechen.

»Raus aus den vier Wänden« – dieses Motto, das Homosexuelle benutzen, um damit das Gefühl der Befreiung zu beschreiben, das ein Mensch erlebt, wenn er sich zu seiner sexuellen Orientierung bekennt, drückt auch das Vertrauen aus, das ich gewann, als ich beschloß, Teds Behinderung nicht mehr verbergen zu wollen. Zu wissen, daß Sara und ich uns offen mit den Problemen unseres Sohnes auseinandersetzen konnten, anstatt ein Geheimnis daraus zu machen, bedeutete sehr viel. Doch wir durchlebten auch eine erneute Phase der Niedergeschlagenheit, als wir – wie meine Eltern zuvor – erkannten, daß unseren Möglichkeiten, Teds Behinderung zu überwinden, Grenzen gesetzt waren.

Der frühere Optimismus und der Glaube, daß wir Ted helfen könnten, sich weiter zu entwickeln als Sumner, begann nachzulassen. Durch den Austausch mit anderen Eltern erkannte ich, daß meine Mutter und mein Vater vermutlich ebenfalls eine Zeitlang entschlossen alle möglichen Bemühungen unternommen hatten. Dies lag aber schon lange zurück, als Sumner zwanzig wurde und ich zur Welt kam. Von da an hatte meine Mutter eine Art Stoizismus entwickelt, mit dem einzigen Ziel, daß ihr Sohn überlebte. Für sich selbst hatte sie nur die Hoffnung, genügend Durchhaltevermögen aufzubringen. Im Grunde wußten wir, daß viele Jahre vergehen würden, bevor Teds Behinderung voll ausgeprägt wäre. Erst dann würden wir abschätzen können, wie sehr eine spezielle Erziehung und ein sicheres Zuhause diesem Kind zugute kommen würden, das auf erschreckende Weise dem Jungen ähnelte, der sein Onkel gewesen war, bevor er zu einem verkrüppelten und stummen Erwachsenen wurde.

Im Alter von fünf Jahren war Ted noch ein hübscher kleiner Junge, der durch sein Verhalten die meisten Leute in Erstaunen versetzte. Er schien völlig normal zu sein und lernte das Lesen fast im gleichen Alter wie nichtbehinderte Kinder. Aber das, was er sagte, wurde immer absonderlicher. Er murmelte Unsinniges vor sich hin oder wiederholte ständig sinnlose Sätze wie »blauer Bär, blauer Bär« oder »Baby Maus, Baby Maus«, rein zum eigenen Vergnügen.

Er begriff nicht, was Pronomen sind, und sprach, wenn er sich selbst meinte, immer von »Ted«. Anstatt zu sagen: »Ich will einen Apfel« oder »Gib ihn mir«, sagte er: »Ted will einen Apfel« oder »Gib ihn Ted«. Auch bei anderen Personen konnte er die Fürwörter nicht korrekt anwenden, so sagte er etwa: »Großmutter hat sich seinen Fuß verletzt«, als sie sich den Knöchel verstaucht hatte.

Obwohl Ted es sichtlich genoß, wenn seine Eltern oder andere Erwachsene ihn liebkosten, antwortete er nie darauf mit Zärtlichkeiten oder anderen Gesten, die sein kleiner Bruder schon früh gezeigt hatte. In Gesellschaft von Erwachsenen fühlte er sich wohl, doch an anderen Kindern hatte er kein Interesse, mehr noch, er schien sich vor ihnen sogar zu fürchten. Ihm fehlte das Verständnis für ihre Spiele und für die Signale, die Kinder einander geben. Ted hatte keine Freunde. Durch den Kontakt mit anderen Eltern und Fachleuten gewannen wir schließlich den Eindruck, daß Ted kein typisches gehirngeschädigtes Kind sei. Nachdem er ein Jahr lang eine private Vorschule besucht hatte, schlug die Direktorin vor, Ted in einem anderen Diagnosezentrum noch einmal untersuchen zu lassen. Ihr Vorschlag überraschte uns. Eine erneute

Beurteilung seiner Entwicklung könnte sehr aufschlußreich sein. Doch es war für uns schon schwer genug gewesen, die erste Diagnose hinzunehmen. Was wäre, wenn durch eine neue Diagnose eine Verschlechterung festgestellt würde?
Unser Kinderarzt spottete darüber, daß wir eine zweite Fachmeinung einholen wollten. Er gab uns zu verstehen, daß er uns emotional für unreif halten würde, wenn wir die erste Diagnose nicht akzeptierten, und er drohte uns, Ted nicht mehr zu behandeln, wenn wir weiterhin die Behinderung unseres Kindes mit »Leuten von der Straße« diskutierten.
Dennoch entschlossen wir uns zu einer weiteren Untersuchung. Zwei Tage lang waren Ärzte und Therapeuten damit beschäftigt, unser Kind zu messen, zu wiegen, zu testen, zu analysieren und die Ergebnisse zu diskutieren. Ein Psychologe faßte schließlich die verschiedenen Resultate zusammen und legte eine neue Diagnose vor. Die Experten hielten Ted nicht für gehirngeschädigt. Sie bezeichneten ihn als ein »atypisches Kind mit einer durchgängigen Entwicklungsverzögerung«.
Dieses neue Etikett machte uns noch ratloser als das erste. Die Ergebnisse der verschiedenen Tests faszinierten uns aber auch. Denn der Psychologe hatte erklärt, Ted zeige »eines der in sich widersprüchlichsten Entwicklungsprofile«, die er je gesehen habe.
Ted hatte elf verschiedene Geschicklichkeitstests durchlaufen, die zum Ergebnis hatten, daß sein Intelligenzquotient zwischen 20 Punkten bei der Sprachentwicklung und in den sozialen Fertigkeiten und 120 Punkten bei den theoretischen Fertigkeiten lag. Es ergab sich eine sehr geringe Wechselbeziehung zwischen den grobmotorischen Fähigkeiten, dem sozialen Verhalten, den Fähigkeiten zur Selbsthilfe, der Sprache und der schulischen Reife.
In Kenntnis dieser Ergebnisse fragten wir uns, was wir wohl für die Zukunft unseres Kindes erwarten konnten und worauf

wir überhaupt unsere Anstrengungen konzentrieren sollten. Mehr denn je benötigten wir Anleitung und Rat. Zum Glück fanden wir einen neuen Arzt, Dr. Albert Reichert, der sich bereit erklärte, uns regelmäßig zu treffen und uns in einer unbekannten Zukunft zur Seite zu stehen.

Wir meldeten Ted in einem speziellen Kindergarten an, der »Kommunikationsunterricht« anbot. Dieser war gerade für solche Kinder konzipiert, deren Behinderung vor allem die Sprachentwicklung und soziale Interaktion betraf. Als es Zeit wurde, Ted einzuschulen, besuchte Dr. Reichert verschiedene Klassen dieses Kindergartens und empfahl uns schließlich den Kurs für »neurologisch Geschädigte«.

Auf Anraten des Arztes besuchte ich die Klasse, bevor ich Ted anmeldete. Die Lehrerin beeindruckte mich sehr. Anne Habegger unterrichtete acht Schüler, alle mit bestimmten Entwicklungsschäden, Kinder, die in einer Klasse mit dreißig normalen Schülern verloren gewesen wären. Doch sie hatte gerade für diese besondere Klasse Methoden entwickelt, mit deren Hilfe ihre Schüler all die sozialen Erfahrungen machen konnten, an denen auch normale Schüler Spaß haben.

Ich sah gebannt zu, wie sie die Unterrichtsstunde mit einem Gruppenvortrag des Treueschwurs auf das Vaterland eröffnete. Da es zu wenig Kinder für einen schwungvollen Chorgesang waren, nahm sie eine Schallplatte mit kräftigen Kinderstimmen zu Hilfe, so daß ihre Schüler beim »Star-Spangled Banner« mitsingen konnten.

Auf einer Tafel an der Stirnseite des Klassenzimmers waren die Namen der Kinder verzeichnet. Jeden Tag stand ein anderer Name ganz oben auf der Tafel, wodurch der jeweilige Schüler zum »Anführer« des Tages wurde. Der Betreffende hatte dadurch das Privileg, bei jeder Unternehmung der erste sein zu dürfen, er führte die anderen in die Pause, in den Speisesaal und brachte sie zum Schluß des Unterrichts an die Tür.

Die Erfindungsgabe der Lehrerin rührte mich zu Tränen. Ohne ihre Hilfe hätten diese Kinder niemals die Erfahrung gemacht, was es heißt, Anführer zu sein. Ganz gleich, wie für Ted die medizinische Diagnose lautete und was die Zukunft für ihn bereithielt – diese Schule würde ihm die Chance geben, mit Würde und Anerkennung großzuwerden, eine Chance, die Sumner nie gehabt hatte.

KAPITEL 8

Wir lernten, geduldig hinzunehmen, daß er vieles nicht konnte, aber wir waren beunruhigt über die Dinge, die er machte, seltsame Verhaltensweisen, die für uns keinen Sinn ergaben.

Ted blühte in der neuen Schule richtig auf. Zwischen ihm und seiner Lehrerin herrschte ein enges Verhältnis. In die Schule zu gehen machte ihm Spaß, und seine Lehrerin schickte uns oft Mitteilungen nach Hause, in denen sie seine Fortschritte im Lesen und Zeichnen lobte. In Anne Habeggers sorgsam geführter Klasse entwickelte er neue soziale Fähigkeiten. Er lernte, sich mit anderen abzulösen, zu teilen und auf Anweisungen zu reagieren.

Bei unseren vierzehntäglichen Besuchen bei Dr. Reichert besprachen wir die familiären Probleme und die Frage, wie wir im häuslichen Leben für unseren Sohn ein besseres Lern- und Erfahrungsfeld gestalten könnten. Bei jedem dieser Treffen beschäftigte sich der Arzt kurz mit Ted und Nick und unterhielt sich dann mit Sara und mir.

Nick zeigte schon früh Anzeichen für eine außergewöhnliche Begabung. Kurz vor seinem dritten Geburtstag begann er, Vorschulkurse für besonders begabte Kinder zu besuchen, die an der Universität von Washington stattfanden. Wir waren sehr erleichtert, daß unser zweiter Sohn sich so gut entwickelte, und wir bemühten uns, ihm die beste Ausbildung zu ermöglichen, die wir uns leisten konnten, wobei wir ebensoviel Energie darauf verwandten, Ted zu helfen. Die Unterschiede im Können der beiden schufen aber neue Probleme.

Mit eineinhalb Jahren war Nick bereits der Dominierende. Noch bevor er imstande war, logisch zu denken, wußte er, wie er seinem älteren Bruder Spielsachen wegnehmen konnte. Wenn Besucher kamen, war er als erster bei ihnen, er bestimmte, was im Fernsehen geguckt wurde, und wenn die beiden miteinander spielten, so zumeist auf sein Betreiben hin.

Nicks Entwicklung war uns eine große Freude und Erleichterung. Andererseits ließen Nicks Fähigkeiten Teds Probleme noch augenfälliger werden. Während Nick rasch und spontan von seiner Umgebung lernte, mußten wir Ted anhand eines sorgsam durchdachten Planes jede simple Aufgabe einzeln beibringen.

Als Ted sechs Jahre alt war, entschieden wir, daß er nun wissen müßte, wie man im Auto den Sicherheitsgurt befestigt und wieder löst. In seinem Alter war diese Fähigkeit ein entscheidender Schritt zur Unabhängigkeit. Daß Nick, der das Temperament eines Dreijährigen und den Verstand eines Fünfjährigen besaß, selbständig mit dem Gurt hantierte, wollten wir aber nicht.

Nachdem zahllose Versuche, es Ted beizubringen, fehlgeschlagen waren, versuchte ich es, indem ich meine Hand über seine legte und so seine Finger lenkte. Ich zeigte ihm die nötigen Handgriffe unzählige Male, und schließlich entdeckte er von alleine, wie man die Schnalle einrasten läßt und wieder löst. Zu meinem Ärger aber hatte mir Nick vom Rücksitz aus über die Schulter gelugt und alles, was ich getan hatte, genau beobachtet. Und so ließ er triumphierend seinen Sicherheitsgurt aufschnappen, Wochen bevor Ted in der Lage war, dasselbe zu vollbringen. Ich brauchte Monate, um Nick einzutrichtern, daß er während der Fahrt den Sicherheitsgurt geschlossen lassen mußte.

Die unterschiedlichen Bedürfnisse und Lernfähigkeiten unserer Kinder schufen zahlreiche Probleme. Während das eine Kind ständig ermuntert und angeleitet werden mußte, brauchte das andere Schutzmaßnahmen und Warnungen. Unsere beiden Söhne gemeinsam großzuziehen glich dem Versuch, einen Kaktus und eine Sumpfpflanze in einem Blumentopf halten zu wollen. Die beiden benötigten völlig unterschiedliche Umgebungen, um sich richtig zu entwickeln.

Verwandte und Freunde, die die Rivalität der beiden Kinder miterlebten, nahmen Partei für den einen oder den anderen. Oft erfuhren wir ihre Meinung erst hintenherum, wenn eine dritte Person uns erzählte, daß andere sich darüber Sorgen machten, wie Nick Ted dominierte, oder daß unsere Bemühungen um Ted dazu führen könnten, daß wir Nick vernachlässigten. Meine Mutter stellte sich eindeutig auf Teds Seite. Er war der Enkel, für den sie Vergnügungen plante und einkaufte, obwohl sie anstandshalber auch Nick immer etwas schenkte.

1978 kam Vada auf einen kurzen Besuch nach Seattle. Sie war seit mehreren Jahren nicht mehr in den Vereinigten Staaten gewesen und hatte auch unsere Kinder noch nicht gesehen, die damals vier und sieben Jahre alt waren. Vada gab sofort und deutlich Nick den Vorzug und zeigte sich verstimmt darüber, daß Ted der Liebling meiner Mutter war. In Nick sah sie das Kind, das sie einst gewesen war, frühreif und vielseitig begabt, das ausgemachte Opfer der Behinderung, an der der ältere Bruder litt.

Meine Schwester, die in ihrer Kindheit so oft den Spott ihrer Schulkameraden hatte ertragen müssen, hätte gerne Nick vor den Problemen ihrer eigenen Jugendzeit bewahrt. Sara und ich versuchten sie zu überzeugen, daß Nick keineswegs mit diesen Problemen konfrontiert sein würde. Weder Alkoholismus noch finanzielle Sorgen würden sein Leben oder das von Ted prägen. Doch ihr Lebensweg – die Erinnerung an einundzwanzig verschiedene Schulen, die sie besucht hatte, und die ständigen Enttäuschungen ihrer Kindheit – weckte Befürchtungen, die wir nicht zerstreuen konnten.

Zum Glück schienen die Kinder es nicht zu beachten, als meine Mutter und meine Schwester ihre Differenzen offen austrugen. Durch diesen Streit zwischen meinen engsten Familienangehörigen erkannte ich, welche Veränderungen sich in meinem Leben vollzogen hatten, aber ich sah auch die gespenstische Wiederkehr bestimmter Umstände. Keiner meiner beiden Söhne lief Gefahr, in seiner Erziehung vernachlässigt zu werden oder in einer zerrütteten Familie zu leben. Doch die Grundkonstellation war nicht viel anders als in meiner eigenen Kindheit. Unser Erstgeborener hatte, wie Sumner, besondere Bedürfnisse, die von seinen Eltern außerordentliches Engagement und Hingabe verlangten. Unser zweites Kind, das zu talentiert war, um sich mit gleichaltrigen Kindern abzugeben, hatte soziale Probleme, die durch die Behinderung seines Bruders noch verstärkt wurden.

Bevor Vada wieder nach Ägypten fuhr, versicherte ich ihr, daß auch ich mich durchaus in Nicks Dilemma einfühlen könne und daß aufgrund meiner eigenen Erfahrungen meine Beziehung zu ihm stärker werden würde. Sara und ich beschlossen, daß unsere Kinder niemals dieselben Schulen besuchen sollten. Das würde sie beide vor unfairen Vergleichen in der Klasse oder auf dem Schulhof bewahren. Wir würden also zwei Elternbeiräten beitreten, immer zwei Elternabende besuchen und an zwei Schulfesten teilnehmen.

Beim Elternabend in Nicks Schule saßen wir auf Kinderstühlchen an Kunststofftischen und lauschten den Lehrern und

Schulpsychologen, die darlegten, welche Fortschritte die Kinder gemacht hatten. Sie zeigten uns Nicks Zeichnungen und erläuterten, welche Ergebnisse er bei den Entwicklungstests erreicht hatte. Wie seine Klassenkameraden gehörte er bei jedem Test zu dem obersten einen Prozent.

Die Lehrer erklärten, welche Bewandtnis es mit den verschiedenen Spielsachen habe, die verstreut im Zimmer herumlagen, und wie das Spielen ebenso wie der fachliche Unterricht die Entwicklung der Kinder fördere. Sara und ich waren zufrieden und freuten uns, daß Nick so mühelos lernte und daß er ein positives Lernumfeld hatte.

Die Einstellung einiger anderer Eltern verblüffte uns. Manche fragten, welche Bücher sie für ihre drei- oder vierjährigen Kinder kaufen sollten. Einige wollten über Vorbereitungskurse für das College informiert werden, und andere fragten sogar, wann mit Hausarbeiten begonnen werde. Wiederum andere sprachen von den Zulassungstests für die Harvard- oder Stanford-Universität. Als stolzerfüllte Eltern prahlerisch oder halb im Scherz, halb ernst von einer möglichen Karriere ihrer Kinder im medizinischen Bereich oder am Obersten Gerichtshof sprachen, fühlten wir uns schrecklich fehl am Platz.

Nicks Welt könnte einmal so aussehen. Wenn er beschließen sollte, gegen andere zu konkurrieren, hätte er bessere Chancen als die meisten, ein prestige- und erfolgreiches Leben zu führen. Aber wir hofften, daß ihm auch noch andere Wahlmöglichkeiten offenstünden. Denn Teds Behinderung hatte unseren Glauben an ein Wertesystem zerstört, das nur auf den Kenntnissen, dem beruflichen oder finanziellen Erfolg eines Menschen beruht.

Eine Woche danach waren wir am Tag der offenen Tür in Teds Schule zu Gast. Wir gingen den langen Korridor entlang, dessen hölzerner Boden intensiv poliert war und nach fünfzig

Jahren Bohnerwachs und Pinesol roch. In einem abgelegenen Winkel des Gebäudes, von dem aus man leicht den Spielplatz erreichen konnte, fanden wir das Klassenzimmer von Anne Habegger. Wir quetschten uns dort in eine Schulbank von der Sorte, die uns vor dreißig Jahren, zu unserer eigenen Schulzeit, schon altertümlich vorgekommen war.

Die meisten Plätze blieben leer, ganz anders als beim Elterntag in der Vorschule für die Begabten. Als unser Blick auf die Wandtafel fiel, mußten wir lächeln, weil Ted für den nächsten Tag als Anführer vorgesehen war.

Nach der Begrüßung der Eltern gab Anne zu jedem einzelnen Kind individuelle und positive Anmerkungen. Wir hörten nichts von erzielten Punktwerten, Hausarbeit oder Vorschulen zum College. Aber wir erfuhren von individuellen Zielen, die für unser Kind gesetzt wurden und die von sorgfältigen Aufzeichnungen über die Fortschritte und von Listen begleitet wurden, auf denen jedes neu erreichte Ziel mit einem Stern gekennzeichnet war.

Wir stimmten Annes Auffassung völlig zu, daß ihre Schüler Respekt verdienten, und zwar weil sie vor allem Menschen waren, auch wenn sie nicht gegen andere konkurrieren konnten. Aber wir waren auch überrascht, daß sich Teds Arbeiten sehr von denen seiner Klassenkameraden unterschieden.

Bei weiteren Besuchen in der Schule erfuhren wir, daß die meisten Kinder der Klasse für neurologisch Geschädigte an schwerer Dyslexie (Lesestörung) litten. Keines konnte so gut lesen wie Ted, und keines konnte so gut malen. Teds Bilder waren ausgewogen und zeugten von guter räumlicher Wahrnehmung. Dafür konnten die anderen Kinder aber reden. Unermüdlich bombardierten sie die Lehrerin mit Fragen, plapperten mit Besuchern und kommentierten jede Aktivität, mit der sie beschäftigt waren.

Obwohl Ted im Schreiben und Buchstabieren besser war als

die meisten anderen, zeigte sich an bestimmten Abnormalitäten beim Schreiben, daß er mit der gesprochenen Sprache Schwierigkeiten hatte. Er konnte zum Beispiel keine einzelnen Wörter schreiben, nur Sätze ohne Zwischenraum zwischen den Wörtern.

Eines Tages fragte er mich: »Wie buchstabiert man ›roter Hund‹?« Überrascht antwortete ich: »Das sind zwei Wörter, und du weißt, wie man sie buchstabiert. Nämlich r-o-t-e-r, roter, und H-u-n-d, Hund.« Ich sah ihm über die Schulter und las, daß er »roterhund« geschrieben hatte.

Seine Lehrerin versuchte ihm die Trennung zwischen den Wörtern beizubringen, indem sie ihn Sätze abschreiben ließ und ihm jeweils zwei seiner rundlichen Finger neben das zuletzt geschriebene Wort legte, damit er so den Abstand zum nächsten Wort einhielte. Immer wenn es so aussah, als könne er von alleine weitermachen, beschäftigte sie sich mit einem anderen Kind. Doch jedesmal wieder mußte sie feststellen, daß er sofort in seine alte Gewohnheit zurückfiel, die Wörter zusammenzuschreiben.

Wenn Ted versuchte, sich zu unterhalten, kam etwas Unpassendes, oft sogar Absonderliches dabei heraus. Zu Beginn des zweiten Schuljahres freute er sich nach langen Ferien sehr, Anne an der Bagley-Schule wiederzusehen. Er lief mit offenen Armen auf sie zu und rief: »Pferde sind aus Brause gemacht!« Als Anne uns von diesem Vorfall erzählte, war sie den Tränen nahe. »Ich wußte, daß er mich begrüßen oder mir was Nettes sagen wollte, aber er hatte einfach seine Sprache nicht unter Kontrolle.« Der Arzt hingegen ließ sich von Teds seltsamen Äußerungen scheinbar wenig beeindrucken. Er nannte uns auch die Fachbegriffe für diese Sprache ohne Sinn, die wir so oft hörten: »Echolalie« für das Nachsprechen der Wörter und Sätze anderer, und »Idioglossie«, das heißt Sprache der Idioten, für Teds eigene, aber sinnlose Sätze.

Es ließ sich nie voraussehen, wann Ted uns mit einer seiner sinnlosen Bemerkungen überraschen würde. Einmal – Sara war verreist, und ein Babysitter war auch nicht aufzutreiben – nahm ich Ted mit, als ich den Abgeordneten unseres Wahlkreises sprechen wollte. Ich hatte vor, mit ihm über die Gründung von Schulen für behinderte Kinder zu sprechen, also paßte es ganz gut, wenn ich meinen Sohn gleich mitbrachte.
Ich stellte meinen schön herausgeputzten, unschuldig dreinblickenden achtjährigen Sohn dem Abgeordneten vor und begann, mein Anliegen darzustellen. Nach einigen Minuten gelangweilten Schweigens unterbrach mich Ted plötzlich, um dem Abgeordneten die Frage zu stellen: »Welche Farbe hat der Penis eines Seepferdchens?«
Der Abgeordnete überhörte geflissentlich Teds Frage und folgte geduldig, wenn nicht sogar wohlwollend, meinen Ausführungen. Was auch immer er sich gedacht haben mag, er sagte nichts, was mich oder mein Kind in Verlegenheit gebracht hätte. Die meisten Erwachsenen reagierten auf diese Weise; sie ignorierten einfach jede Äußerung und jegliches Verhalten, das von Teds Behinderung herrührte. Andere Kinder hingegen zeigten weniger Toleranz.
An Teds neuntem Geburtstag organisierten wir eine kleine Feier und luden dazu die drei Klassenkameraden ein, die ihm, wie wir annahmen, die liebsten waren. Wir schmückten das Eßzimmer mit Ballons und Papierschlangen, besorgten Gebäck und bereiteten einen Besuch im Kino vor.
Die anderen Eltern lieferten ihre Kinder bei uns ab, und wir erwarteten eigentlich, daß Ted sich über den Besuch seiner Freunde freuen würde. Aber schon nach wenigen Minuten hatten wir unseren Irrtum erkannt. Denn die übrigen Kinder beschäftigten sich miteinander und spielten gemeinsam, aber Ted ignorierte sie oder machte belanglose Bemerkungen wie zum Beispiel: »Es gibt keine blauen Lichter an der Ampel.« Die

Kinder kicherten und wiederholten einander das, was Ted gesagt hatte. Selbst unter den neurologisch Geschädigten blieb Ted ein Außenseiter. Die Kleinen wußten, daß Ted anders war als sie, und jetzt wußten auch wir es.
Der Kontakt mit anderen Eltern, sowohl an der Schule als auch in der ARC, brachte uns Trost und Unterstützung, aber es quälte uns auch, daß niemand anderer ein Kind hatte, das genauso wie unseres war, und daß uns niemand sagen konnte, was wir für die Zukunft erwarten konnten. War er denn wirklich einzigartig, dieser kleine Junge mit seiner seltsamen Sprache, der ohne weiteres fünfsilbige griechische Bezeichnungen für Dinosaurier lesen und buchstabieren konnte, aber unfähig war, sich die Schnürsenkel zu binden?
Nein, er war nicht einzigartig. Ich war mit einem aufgewachsen, der wie er gewesen war. Es quälte mich schrecklich, immer mehr Ähnlichkeiten zwischen Ted und Sumner zu entdecken. Sie machten nicht nur dieselben Fehler in der Sprache und im Verhalten, auch in ihren Stärken, dem guten Erinnerungsvermögen und den räumlichen Fertigkeiten waren sie einander sehr ähnlich. Beiden fiel es leicht, Puzzles zusammenzusetzen, und Teds Zeichnungen von Dinosauriern erinnerten auf erschreckende Weise an die mit leichter Hand verfertigten Eisenbahnbilder von Sumner, die er vor fünfzig Jahren an die Ränder unserer Familienalben gezeichnet hatte.
Andere Eltern kennenzulernen, deren Kinder geistig zurückgeblieben waren, half uns, manche der Beschränkungen, unter denen Ted litt, zu akzeptieren. Wir lernten, Geduld zu haben gegenüber dem, was er *nicht* tun konnte, aber wir waren weiterhin beunruhigt über das, was er *tatsächlich* tat.
Wie schon mein Bruder vor ihm, hatte Ted damit begonnen, gegen bestimmte Nahrungsmittel schwere Phobien zu entwickeln und sich seltsame Formen des Spielens und Sprechens auszudenken, die uns manchmal verblüfften, manchmal peinlich berührten.

KAPITEL 9

»Autismus«. Dieses Wort war der erste Schlüssel zum Verständnis von Sumner und Ted. Aber warum hatte es achtundfünfzig Jahre gedauert, bis wir diesen Begriff entdeckten?

Im Herbst 1978 kam Ted in die zweite Stufe, er war nun das dritte Jahr in der Klasse von Anne Habegger. Allmählich wurde eine Antwort auf das Rätsel sichtbar. Ein paar Wochen nach Schulbeginn erhielt ich einen Anruf von Anne, die mich zu einem Seminar am Samstag einlud. »Ich glaube, es wird interessant werden«, meinte sie, »und Sie werden vielleicht etwas erfahren, was Ted helfen könnte.«
Ich traf mich mit ihr in einem Konferenzzentrum, das in einem ehemaligen Schulgebäude eingerichtet worden war. Wir meldeten uns in der schäbig aussehenden Eingangshalle an, und ich fragte mich, was wohl die Lehrerin meines Sohnes dazu bewogen haben mochte, ihren freien Samstag zu opfern und mich einzuladen, einen wunderschönen Herbsttag in diesem heruntergekommenen Haus in der Nähe des Flughafens zuzubringen. Zur Begleichung der Teilnahmegebühr stellte ich einen Scheck aus zugunsten der Autismus-Gesellschaft in Washington, einer Organisation, von der ich noch nie etwas gehört hatte.

Alles, was ich über Autismus wußte, war, daß er zu den komplizierteren Entwicklungsstörungen gerechnet wurde, wobei ihm immer der Ruch von Geisteskrankheit anhaftete. »Autismus« galt als eine so abstoßende Form von Behinderung, daß schon die bloße Erwähnung des Begriffs Leute erschreckte oder zurückstieß. Zu meiner Überraschung traf ich am Kaffeeautomaten ein paar Leute, die ich kannte, darunter auch einen Kollegen aus dem Vorstand der ARC.

Wir nahmen die Konferenzunterlagen in Empfang und gingen in den Versammlungsraum. Auf dem Weg dorthin begrüßte ich einige mir bekannte Elternpaare, wobei ich mich insgeheim fragte, ob nun persönliches Interesse oder krankhafte Neugier sie hierher geführt hatte. Ich kannte sie als die Eltern zurückgebliebener Kinder. Waren sie denn in Wirklichkeit Betrüger, die ein finsteres Geheimnis hüteten, das Geheimnis nämlich, daß ihre Töchter und Söhne an einer unaussprechlichen Krankheit litten, sozusagen an der Lepra unter den geistigen Behinderungen?

Anne und ich ließen uns auf unseren Klappstühlen nieder, und ich blätterte in den Materialien meines Ordners. Ein Blatt, auf dem in schematisierten Zeichnungen typische »autistische Verhaltensweisen« illustriert wurden, ließ mich innehalten. Als ich die Liste der Symptome, die mit Autismus in Verbindung gebracht werden, durchlas, war ich schockiert, weil mir davon soviel bekannt vorkam.

Die Stimme des Redners und alles andere um mich herum war wie weggewischt, als ich mich auf die kleinen Strichzeichnungen konzentrierte, die die verschiedenen Verhaltensweisen darstellten, Verhaltensweisen, die ich nur zu gut kannte. Als ich zu dem Punkt »ritualisierte Verhaltensweisen und Widerstand gegen Veränderungen« kam, stand mir deutlich vor Augen, wie Sumner sich auszog und seine Kleidungsstücke zusammenfaltete und seine Eßgewohnheiten nie veränderte.

Der nächste Punkt handelte von »Furchtlosigkeit gegenüber wirklichen Gefahren« und »irrationaler Furcht vor harmlosen Objekten«. Sumner hatte keinerlei Angst vor großen Höhen oder vor wilden Pferden, aber er brach in Panik aus, wenn der Motor unseres Wagens abstarb oder wenn er auf seinem Teller Butter entdeckte. Ähnlich war es mit Ted. Er ignorierte einfach den Verkehr, wenn er die Straße überquerte, aber der Anblick von Hühnersuppe, Spielzeugdrachen und Duschvorhängen versetzte ihn in Angst und Schrecken.
Je weiter ich die Liste autistischen Verhaltens durchging, die Dr. Leo Kanner 1943 aufgestellt hatte, um so mehr Symptome entdeckte ich, die nicht nur auf meinen achtjährigen Sohn, sondern auch auf meinen fünfzigjährigen Bruder zutrafen. Hier also hatte ich zum ersten Mal die Antwort auf die Frage in Händen, die meine Eltern vor so langer Zeit beschäftigt hatte: »Was stimmt mit Sumner nicht?«
Bis zu jenem Tag hatte niemand in meiner Familie diese verblüffende Ähnlichkeit zwischen meinem Bruder und meinem Sohn erklären können, die sich beide ja so sehr unterschieden von den Menschen, die man zurückgeblieben nennt. Die Informationsblätter der Autismus-Gesellschaft zeigten, wie viele Leute an diesen mysteriösen Beschwerden litten: An der ungleichen Entwicklung der grob- und feinmotorischen Fähigkeiten, den merkwürdigen Sprachmustern und – was die schwerste Behinderung darstellte – der sozialen Isolation.
Endlich hatte ich einen Namen für den Zustand, der sich so viele Jahre lang jeglicher Diagnose entzogen hatte, und obgleich das Wort »Autismus« furchteinflößend und vielleicht sogar schimpflich klang, bot es einen ersten Schlüssel zum Verständnis. Während der Vorträge an jenem Tag wunderte ich mich immer mehr. Wie war es möglich, daß so viele Leute über diese seltsamen Verhaltensmuster Bescheid wußten, die ich achtunddreißig Jahre lang gesehen und erlebt hatte?

Aber was noch wichtiger war: Wie war es nur möglich, daß ich, mit meiner Ausbildung und meinen sozialen Kontakten, so lange blind gewesen war und nicht gewußt hatte, daß die Probleme meines Bruders und meines Sohnes von einer Krankheit herrührten, die andere Leute bereits benannt und untersucht hatten?

Meine Familie hatte Sumners Probleme stets als einzigartiges und privates Mysterium behandelt, das mit anderen nicht besprochen werden konnte. Nun saß ich in einem Raum voller Leute, die über einander fast identische Menschen diskutierten.

Einer der Redner, der als Spezialist für Kommunikationsstörungen vorgestellt wurde, wies darauf hin, daß das primäre Problem bei Autismus das Fehlen oder die Störung der Kommunikation sei. Die Probleme mit der Verständigung beträfen nicht nur die gesprochene Sprache, sondern den gesamten Bereich des sozialen und kommunikativen Verhaltens.

Allmählich wurde mir der Unterschied zwischen geistiger Behinderung und Autismus klar. Während ein Gehirnschaden oder andere übliche Formen geistiger Behinderung die Lerngeschwindigkeit eines Menschen oder seine allgemeine Entwicklungsmöglichkeit einschränken, treten beim Autismus in manchen Bereichen sehr spezifische Schwächen zutage; die betreffende Person kann jedoch ihre übrigen Fähigkeiten in normalem oder sogar überragendem Maße ausbilden.

Sowohl die Fachleute als auch die Eltern sprachen von der erstaunlichen Vielfalt, in der Autismus auftritt. Manche der am schwersten davon Betroffenen schafften es nicht, sprechen zu lernen. Andere wiederum, die eine fast normale Intelligenz bewiesen, konnten zwar sprechen, hatten aber ständig Schwierigkeiten, die Absicht ihres Gegenübers oder den üblichen Gebrauch der Sprache zu begreifen.

Eine Mutter berichtete, daß ihr erwachsener Sohn weder Wörter akzeptieren könne, die mehr als eine Bedeutung haben, noch Wörter, die gleich klingen. Er sei der Meinung, daß »Thai food« (thailändisches Essen) aus »neck-ties« (Krawatten) hergestellt werde, und deshalb weigere er sich, es zu essen. Einmal ging er nach einem Spiel, das er sich angesehen hatte, zehn Kilometer weit zu Fuß nach Hause, weil er keine Vierteldollarmünze hatte, um zu Hause anzurufen, damit man ihn abholte; dabei trug er fast einen Dollar in anderen Münzen bei sich. Als seine Mutter ihn daraufhin fragte, warum er denn nicht angerufen habe, meinte er nur: »Du hast mir gesagt, daß man zum Telefonieren einen Vierteldollar braucht.«
In ihrer Familie bemühte man sich, Ausdrücke zu vermeiden, die zwar allgemein üblich sind, aber ihren Sohn verwirren könnten, wie zum Beispiel »geistige Nahrung«. Sein Gehirn funktionierte anscheinend mehr wie ein Computer, der darauf programmiert ist, nur eine einzige Bedeutung oder Definition eines Wortes zu akzeptieren. Daher hatte sich die Mutter angewöhnt, »fünfzehn Minuten nach drei« statt »Viertel nach« zu sagen. »Viertelpfünder« von McDonald's waren ein beliebter Scherz in der Familie.
All die Vorträge und Erzählungen hatten eine gemeinsame Aussage: Menschen, die an Autismus leiden, haben schwere Probleme, sich verständlich zu machen. Ganz gleich, welche anderen Fähigkeiten sie entwickeln mögen – da ihnen der gesunde Menschenverstand oder die Fähigkeit, rational zu denken, fehlt, fallen sie ständig irgendwelchen Mißverständnissen zum Opfer.
Es war mir zu peinlich, davon zu erzählen, aber ich erinnerte mich wieder an den Schrecken, den ich als Kind erlebte, als man mir aufgetragen hatte, meinen älteren Bruder zu beaufsichtigen, während er badete. Nachdem er aus der Wanne

gestiegen war, reichte ich ihm ein Handtuch und sagte ihm, er solle sich »abwischen«. Als er sich daranmachte, sich mit dem sauberen Handtuch den Hintern abzureiben, begriff ich, daß ich ihm das falsche Stichwort gegeben hatte. Ich hätte besser das sagen sollen, was meine Mutter ihm in solchen Fällen auftrug, nämlich: »Trockne dich ab.« Er war verwirrt, weil sie nur dann »wisch dich ab« sagte, wenn er Toilettenpapier benutzen sollte.

Viele Geschichten, die ich an diesem Tag hörte, waren erschreckend. Eltern berichteten von Kindern, die so schwer behindert waren, daß sie nicht sprechen konnten, von Kindern, deren Frustration sich in gewalttätigen oder schockierenden Handlungen Luft machte.

Einige der Eltern berichteten von schlaflosen Nächten, in denen sie versucht hatten, ein hyperaktives Kind davon abzuhalten, die Tür aufzuschließen und in die Nacht hinauszulaufen. Sie sprachen von Selbstverstümmelung aus unerklärbaren Gründen, von Angriffen auf Familienangehörige und von sinnlosen Anfällen von Zerstörungswut. Das Traurigste daran war, daß diese Eltern allesamt frustriert waren, weil sie keinerlei Hilfe fanden, die ihnen das Großziehen ihrer schwierigen Kinder erleichtert hätte.

Offenbar verstanden nur sehr wenige Ärzte oder Erzieher die Probleme dieser Kinder. Wenn die Versuche, ihr Kind zu schulen oder auszubilden, fehlschlugen, wandten sich viele Eltern – als letzten Ausweg – an entsprechende Heime.

Die Berichte über das Leid, das diese Familien erdulden mußten, erschreckten mich, doch es erleichterte mich auch, endlich mehr über die rätselhaften Einzelheiten der seltsamen Behinderung meines Sohnes zu erfahren. Ich ertappte mich dabei, wie ich mir wünschte, Ted wäre »nur« geistig zurückgeblieben oder blind oder litte an einer anderen, kalkulierbareren Behinderung.

Nach der Konferenz fuhr ich nach Hause. Ich hatte Angst, mit Sara über meine neuen Kenntnisse zu reden. Wir warteten, bis die Kinder im Bett waren, damit wir freimütig miteinander über das Thema sprechen konnten, das uns am meisten schmerzte – Ted.

Es war immer schwierig für uns, eine gemeinsame Einstellung gegenüber der Behinderung unseres Sohnes zu finden. Unsere Haltung war sehr unterschiedlich. Saras größte Angst – die ihr von den Psychiatern vermittelt wurde – rührte von ihrer Überzeugung her, sie habe irgendwie Teds Behinderung verschuldet. Nicht seinen Gehirnschaden, wie wir zuerst fälschlicherweise annahmen, sondern seine sozialen und sprachlichen Defizite. Ich indessen fühlte mich schuldig, weil ich glaubte, daß die Behinderung unseres Kindes durch schadhafte Gene von mir verursacht worden sei.

Die neuen Informationen über Autismus schienen meine Befürchtungen zu bestätigen und die ihren zu widerlegen. Die Ängste, die mich und meine Schwestern geplagt hatten, schienen Wirklichkeit geworden zu sein. Es war tatsächlich etwas nicht in Ordnung, nicht nur mit Sumner, sondern mit unserer ganzen Familie. Der Beweis dafür, auf den ich gerne verzichtet hätte, war die erstaunliche Ähnlichkeit zwischen meinem Bruder und meinem erstgeborenen Sohn!

Zum Glück reagierte Sara auf unsere neuen Erkenntnisse über Autismus anders als ich. Es wäre verständlich gewesen, wenn sie mir und meiner Familie die Schuld an Teds Problemen gegeben hätte, aber sie tat es nicht. Sara und ich beschuldigten einander niemals für diese Tragödie, statt dessen gaben wir uns jeweils selbst die Schuld, wenn von Schuld überhaupt die Rede sein konnte. Aber wir hofften auch, neue Informationen zu bekommen, die uns von der Schuld befreien würden, und, was noch wichtiger war, uns befähigen könnten, unserem Kind zu helfen.

Ungeduldig warteten wir auf das nächste Treffen mit Dr. Reichert, mit dem wir über die Konferenz reden wollten. Wir hatten so viele Fragen. Ob auch er der Meinung war, daß Ted autistisch sei? Kannte er sich mit dieser Krankheit aus? Und, wenn ja, warum hatte er bis jetzt nichts davon erwähnt?

KAPITEL 10

Niemand kann Ihr Kind gesund machen. Niemand kann Ihnen genau sagen, was Sie zu erwarten haben.

»Ja«, sagte Dr. Reichert, »ich weiß über Autismus Bescheid. Bestimmte Etikettierungen für etwas haben an sich keine Bedeutung«, meinte er mit warnendem Unterton. »Etikettierungen können den Menschen mehr schaden als nützen.«
Er holte einige Bände aus dem Bücherregal hinter seinem Schreibtisch, lugte über seine Brille hinweg und las uns die medizinische Definition von Autismus vor. So vieles lag noch im dunkeln! Die Ursachen, die Behandlung, die Heilungschancen, sogar die Zahl der Menschen, die von dieser Störung betroffen sind, konnten nur vage genannt werden. Nahezu eine Stunde lang referierte Dr. Reichert die gängigen Theorien über Autismus, und wir hörten ihm gebannt zu.
Es schien, als gebe es ebenso viele Theorien über Autismus, wie es Experten für dieses Thema gibt. In der medizinischen Fachwelt galt eine Handvoll von Forschern als anerkannt, aber weitaus mehr hatten auf der Basis reiner Spekulation über dieses Thema geschrieben.

»Wenn Sie etwas über Autismus lesen möchten«, schlug der Arzt vor, »sollten Sie sich die Arbeiten von Ritvo, Schopler und vielleicht auch von Ruttner und Lorna Wing in England vornehmen. Was ich Ihnen aber auf keinen Fall empfehlen kann, sind Schriften von betroffenen Eltern.«
Dann erklärte er uns, warum er in unseren Gesprächen vermieden hatte, das Etikett »Autismus« zu verwenden; dieser Terminus schrecke die Eltern oft ab oder verwirre sie. Selbst Fachleute, die einigermaßen Kontakt zu autistischen Kindern hätten, würden mitunter gefährliche Vermutungen anstellen und Ratschläge erteilen, die die Familien entmutigten oder zu unrealistischen Erwartungen verleiteten.
Die Kinder, die von dieser Behinderung betroffen sind, weisen in der Regel ein solch breites Spektrum an Fähigkeiten und Krankheitsbildern auf, daß sich die verschiedenen Spezialisten oft nicht auf eine einheitliche Diagnose einigen können. Im Falle von Ted, erklärte uns Dr. Reichert, hatten einige Mitglieder des Diagnoseteams Autismus vermutet, andere aber nicht. Weil die Ärzte an der Universität sich nicht einigen konnten, hatte der Verantwortliche in seinem medizinischen Bericht den uneindeutigen Befund einfach mit dem rätselhaften Satz abgetan: »Das Team glaubt nicht, daß das Kind autistisch ist.«
»Das ist ja die Höhe! Meinen die denn, wir haben kein Recht, das zu erfahren?« fragte Sara den Arzt.
Ich wußte genau, was Sara dachte. Wir waren Menschen mit Bildung, und es war nicht nötig, uns Informationen vorzuenthalten, vermeintlich als Schutz davor, daß wir sie mißverstehen könnten. Sara hatte zwölf Jahre als Lehrerin gearbeitet, und ich hatte meine Vorarbeiten für die Promotion in Erziehungswissenschaften abgeschlossen. Wir waren keineswegs der Meinung, daß Fachleute sich ein Urteil darüber erlauben sollten, ob wir unser Kind oder seine Behinderung verstehen konnten oder nicht.

»Ich möchte Sie vor etwas warnen.« Dr. Reichert beugte sich über seinen ausladenden Mahagoni-Schreibtisch. »Es gibt Leute, die Ihnen nur schlechte Ratschläge erteilen können. Diese Leute werden Sie drängen, bestimmte Diäten oder Therapien zu versuchen, um Ihr Kind zu ›heilen‹. Sie vergeuden aber nur eine Menge Hoffnung und Energie, wenn Sie sich auf Theorien einlassen, die zu keinen nachweisbaren Ergebnissen geführt haben.«
Er verwies dabei auf ein vielverkauftes Taschenbuch, das von einem Kind handelte, dessen sprachliche und soziale Probleme »unerschlossen« waren, bis ein Therapeut den »Schlüssel« fand.
»Es gibt keinen ›Schlüssel‹, mit dem Sie Ihr Kind aus seiner Behinderung befreien könnten. Es versteckt sich kein normales kleines menschliches Wesen hinter der Maske des Autismus. Aber Fortschritte sind nicht ausgeschlossen, ebensowenig wie die Hoffnung auf ein zufriedenstellendes Leben, vorausgesetzt, Sie lassen nicht zu, daß seine Behinderung Ihre Gefühle ihm gegenüber beeinträchtigt.«
Wir kämpften tatsächlich mit unseren Gefühlen und versuchten, die positive Seite seines Ratschlags ebenso gut wie die negative zu erfassen. Dann aber kam die bedeutendste Warnung.
»Die Zukunft Ihres Sohnes liegt in Ihren Händen, das ist wichtiger als alles andere. Niemand kann ihn für Sie ›reparieren‹, und niemand kann genau vorhersagen, was Sie erwartet.« Dann erzählte er von seinem außergewöhnlichen Werdegang.
Während des Holocaust war Dr. Reichert zum Waisen geworden. Er und seine Schwester wurden von einem Mitglied des französischen Widerstandes gerettet und tauchten in einer Provinzstadt unter, bevor sie in den Vereinigten Staaten Angehörige ihrer Familie wiederfanden. Als einziger jüdischer

Junge in einem kleinen katholischen Dorf hatte er Zurücksetzung und Diskriminierung kennengelernt. Später dann, als Direktor einer Klinik mit fünfzehnhundert Betten, hatte er unzählige Leute mit allen nur denkbaren Formen von Behinderung gesehen.
Seine Erfahrungen hatten ihn zu dem Glauben geführt, daß alle menschlichen Wesen erstaunlich ähnliche Bedürfnisse und Wünsche haben, daß aber die Gesellschaft oft diese allgemein-menschlichen Züge ignoriert und statt dessen die Unterschiede hervorhebt und sie sogar durch ungleiche Behandlung noch verstärkt.
»Ich habe Menschen getroffen, die an drei verschiedenen Formen der Behinderung litten«, sagte er. »Einmal gibt es die natürlichen Beschränkungen, die aus der physischen und geistigen Ungleichheit herrühren. Dann gibt es in der Regel Beschränkungen, die vom sozialen Umfeld ausgehen, wenn etwa andere entscheiden, daß eine Person bestimmte Chancen und Möglichkeiten nicht haben soll oder nicht wahrzunehmen braucht.«
Der Arzt griff zu seiner Pfeife. An seinem stärker werdenden Akzent merkten wir seine emotionale Betroffenheit. »Und schließlich haben wir das, was ich als ›tertiären‹ Effekt der Behinderung bezeichne, wenn der behinderte Mensch zu der Überzeugung kommt, er sei nichts wert. Von allen Folgen einer Behinderung ist die dritte Phase die gravierendste. Mehr als alles andere«, hob er hervor, »müssen Sie Ihrem Kind helfen, mit sich selbst im Einklang zu leben.«
Dies war ein weiser Ratschlag, aber auch ein undurchführbarer. Wie sollten wir denn einem Kind helfen, mit sich selbst »in Einklang« zu sein, wenn es von seinen Klassenkameraden verspottet und aus dem Kreis der Nachbarskinder ausgeschlossen wurde?
Unser Besuch bei Dr. Reichert endete wie üblich damit, daß er

kurz mit Nick und Ted sprach. Dann verließen wir seine altertümliche, im Edwardianischen Stil eingerichtete Praxis und fuhren für ein schnelles Abendessen mit den Jungs zu McDonald's.

An jenem Abend wollte ich mit Sara sprechen, ich wollte ihr schildern, welche Gefühle die Ratschläge des Arztes bei mir hinterlassen hatten, über meine Wut und meine Schuldgefühle reden. Ich verstand jetzt, wie enttäuscht mein Vater über Sumner gewesen sein mußte, und wie wütend er darüber war, daß niemand seinem Sohn helfen konnte. Aber am meisten erzürnte mich die Erkenntnis, daß dieses behinderte Kind mehr und nicht weniger Stimulation seitens seiner Eltern nötig gehabt hätte.

Die Ungerechtigkeit des Daseins ließ mich fast verzweifeln. Ich fand, es sei ungerecht, ein solches Kind zu haben, noch ungerechter aber sei es, ein solches Kind zu sein.

Sara wirkte niedergeschlagen und verzweifelt, als ich versuchte, ihr meine Gefühle gegenüber Sumner und Ted zu erklären. Durch ihre Reaktion fühlte ich mich isoliert. Mehr denn je zuvor erkannte ich, welchen Einfluß Sumner auf mein Leben genommen hatte und auf die Art, wie ich meinen Sohn sah.

Die Worte des Arztes klangen mir noch in den Ohren, besonders der Satz: »Beschränkungen, die vom sozialen Umfeld ausgehen, wenn etwa andere entscheiden, daß eine Person bestimmte Chancen und Möglichkeiten nicht haben soll oder nicht wahrzunehmen braucht.«

Sumner war nicht nur der Schulbesuch versagt worden, ich und alle übrigen Familienmitglieder hatten ihn auch in kränkender Weise behandelt. Wenn es uns, wie so oft, schlecht ging, war er der letzte, der neue Kleider bekam, er mußte im Keller schlafen, wenn das Haus voll war, er durfte auch an Familienfeiern, wie etwa meiner Hochzeit, nicht teilnehmen. Bevor ich einschlief, schwor ich mir, alles in meiner Macht

Stehende zu tun, um Ted die Chancen zu gewähren und die Aufmerksamkeit zu schenken, die Sumner verwehrt gewesen waren. Über viele Jahre hinweg war dieser Schwur das bestimmende Ziel in meinem Leben.

In den folgenden Monaten wurden Sara und ich im Landesverband Washington der Autism Society of America (Amerikanische Autismus-Gesellschaft) tätig. Wir lernten Familien kennen, die mit ähnlichen Problemen zu kämpfen hatten wie wir, und informierten uns über die wenigen Einrichtungen, die uns helfen konnten, diese rätselhafte Behinderung zu verstehen und mit ihr umzugehen.

Schon bald begriffen wir, was Dr. Reichert mit seiner Warnung gemeint hatte. Jedesmal, wenn wir einen neuen Artikel über Autismus entdeckten, fanden wir darin eine Theorie dargelegt, die sich von der zuvor gelesenen völlig unterschied. In einer Woche fand ich eine Abhandlung, in der Autismus als »Unfähigkeit, seine Aufmerksamkeit zielgerichtet zu lenken« beschrieben wurde, und einen weiteren Artikel, in dem behauptet wurde, daß autistische Menschen »sich zu intensiv auf isolierte Phänomene konzentrieren und dabei die übrigen Signale aus ihrer Umgebung übersehen«.

Die Forschung schien ihre theoretischen Gebäude auf Treibsand zu errichten. Erzieher und Psychologen versuchten, Autismus dadurch zu verstehen, daß sie bestimmte Verhaltensmuster beobachteten und dann über die zugrundeliegenden Ursachen spekulierten. Sobald eine neue Therapie oder ein neues Erziehungsprogramm sich bei einigen wenigen Patienten als erfolgreich erwiesen hatte, bastelten die Forscher sofort eine neue Theorie zusammen, die die Nützlichkeit dieser Therapie oder dieses Programms beweisen sollte. Viele Eltern verließen sich blind auf solche Theorien und griffen in ihrer verzweifelten Suche nach einem Heilmittel zum scheinbar rettenden Strohhalm.

Die siebziger Jahre waren auch eine Zeit des Experimentierens mit neuen Medikamenten, Diäten und anderen Heilmitteln. Manchmal kamen wir in Dr. Reicherts Praxis, um ihn zu einem neuen »Wundermittel« zu befragen, von dem wir gehört hatten. In der Regel riet er uns davon ab, noch in der Erprobung befindliche Medikamente zu verwenden, aber gelegentlich war er einverstanden, bestimmte Labortests für Ted zu beantragen.

Einer dieser Tests sah eine »Fäkalfett-Bestimmung« vor, was für uns bedeutete, daß wir drei Tage lang Proben von Teds Stuhl sammeln mußten. Wir folgten den Anweisungen des Labors und bewahrten die Proben im Kühlschrank auf, bis sie in die Klinik gebracht werden konnten. Als die biologischen Tests negativ ausfielen, legte sich unsere Begeisterung für weitere Experimente.

Je mehr wir uns mit Autismus beschäftigten, um so besser verstanden wir das Logogramm der Autismus-Gesellschaft. Es stellte das Gesicht eines Kindes als Puzzlespiel dar, bei dem einige Teile fehlten. Wenn auch die Mitgliedschaft in der Gesellschaft keine eindeutigen Antworten auf unsere zahlreichen Fragen bedeutete, so bot sie doch zumindest die Gemeinschaft mit anderen Familien, die vor dem gleichen Rätsel standen.

In dem Wissen, daß andere sich vor uns mit diesem Problem beschäftigt hatten und daß viele weitere Menschen bereit waren, uns bei unserer Suche nach Hilfe zu unterstützen, fanden wir ein Gefühl der Sicherheit. Bestimmte Bezeichnungen für etwas haben an sich tatsächlich keine Bedeutung, wir entdeckten vielmehr, daß unsere Stärke in der Arbeit an der gemeinsamen Sache lag.

KAPITEL 11

Jahrelang wurde Autismus als eine rein psychische Störung angesehen. Man nahm an, sie werde durch die unbewußte Ablehnung des Kindes durch seine Eltern in der frühen Kindheit hervorgerufen.

Der Begriff »Autismus« verstärkte noch unsere Unsicherheit gegenüber Teds Problemen. Er half uns zwar, den Unterschied zu verstehen zwischen ihm und Kindern, die geistig zurückgeblieben waren oder an anderen Lernbehinderungen litten, aber er half uns nicht, Aussagen über seine Zukunft zu machen oder zu verstehen, warum er sich so und nicht anders verhielt.

Es war uns schon seit langem aufgefallen, daß Ted viele Fähigkeiten in normalem Umfang entwickelte und daß seine größten Schwächen im Gebrauch der Sprache und in der sozialen Entwicklung lagen. Aber die Gründe für diese Defizite waren uns nach wie vor nicht klar. Er zeigte eine so hohe Gedächtnisleistung, er konnte so gut lesen und buchstabieren, wieso konnte er dann, was offensichtlich war, nicht vernünftig sprechen? Seine Zeichnungen bewiesen einen unglaublichen Blick für Details, doch einfache Schlußfolgerungen, wie etwa die Feststellung, ob jemand älter oder jünger war als er selbst, konnte er nicht ziehen.

Unsere Freunde aus der Autismus-Gesellschaft hatten Kinder, die uns oft erschreckten oder verwirrten. Bei Treffen mit anderen Familien sahen wir in sich gekehrte Erwachsene, die eine ständige Beaufsichtigung durch einen Betreuer benötigten. Und dieser wirkte meist angespannt und vermittelte den Eindruck, als sei er ständig auf der Hut vor einer plötzlichen Attacke. Und wir sahen Kinder, die überhaupt nichts von ihrer Umgebung wahrzunehmen schienen.

Die meisten dieser Eltern waren am Ende ihrer Kräfte, hinter ihrer Freundlichkeit verbarg sich der Streß, in dem sie lebten. Waren ihre Kinder mit dabei, so wurde es für diese Mütter und Väter schwierig, auch nur ein einfaches Gespräch zu führen. Sie mußten jederzeit mit einer Störung rechnen, und sie mußten darauf gefaßt sein, einem Kind hinterherzulaufen, das plötzlich aus dem Zimmer stürmte, das schrie oder fremde Sachen beschädigte.

Ein behinderter Heranwachsender hatte entdeckt, wie er mit seinem Kot seine Mutter terrorisieren konnte. Sie erzählte uns, wie es ihm gelang, jedes Geschehen zu stören, indem er sich oder ein Möbel mit seinen Fäkalien beschmierte.

Ein anderer junger Kerl, der als hyperaktiv galt, sprang ständig zwanghaft umher. Er war unfähig, länger als ein paar Minuten ruhig zu stehen oder zu sitzen. Nach einer kurzen Phase der Selbstbeherrschung fing er plötzlich an, zu brabbeln und hochzuspringen und seinen ihm eigenen Tanz fortzuführen, an dem niemand teilnehmen und den niemand verstehen konnte.

Im Jahre 1978 waren die neurologischen oder chemischen Bedingungen noch unerforscht, aufgrund derer sich diese Kinder so seltsam verhielten. Die meisten über Autismus veröffentlichten Artikel enthielten kaum mehr als Anekdoten über merkwürdige Fähigkeiten und groteske Verhaltensweisen.

In fünfunddreißig Jahren medizinischer Forschung war es nicht gelungen, ein Heilmittel oder auch nur eine Ursache für diese Behinderung zu entdecken. Die Aura des Sensationellen, die dem Autismus anhaftete, faszinierte Journalisten und Autoren, für die autistische Menschen zwingende Symbole des menschlichen Rätsels darstellten, weil sie als unberechenbar, fehlgeleitet, in sich verschlossen und immer mißverstanden galten.

Selbst die am schwersten Behinderten zeigten manchmal Ansätze zu erstaunlichen Fertigkeiten, die auf normale oder sogar außergewöhnliche Begabungen schließen ließen. Seit der Entdeckung dieser Behinderung gab es Berichte über Autisten, die über das absolute Gehör verfügten, die computerähnliche mathematische Fertigkeiten, ein fotografisches Gedächtnis und andere außergewöhnliche Fähigkeiten besaßen.

Die unerklärlichen Gegensätze zwischen den Stärken eines Autisten und seiner Unfähigkeit in bestimmten Bereichen stürzte die Familien, die Ärzte und die Lehrer gleichermaßen in Ratlosigkeit und verleitete zu Spekulationen, daß ein solcher Mensch zu sehr viel mehr fähig sei, als er zeigen wollte, wenn ... Wenn was? Wenn er nur wie jeder andere Mensch sein wollte? Wenn die Lehrer den Schlüssel finden könnten, um das gesamte Potential zu erschließen und die vergeudeten Energien in die richtige Richtung zu lenken? Wenn die Eltern ihn nur mehr lieben würden oder sich in der Kindheit mehr um ihn gekümmert hätten? Diese Fragen, auf die es keine endgültige Antwort gab, verfolgten uns, so wie sie viele Eltern vor uns schon verfolgt und ihnen Gefühle der Schuld, der Scham und der Enttäuschung beschert hatten.

Die meisten Eltern autistischer Kinder, die in den fünfziger und sechziger Jahren nach Hilfe gesucht hatten, mußten schmerzhafte und bittere Erfahrungen machen. Eine der bereits älteren Mütter meinte einmal, ich könne mich glücklich schätzen, daß Ted nicht zu der Zeit auf die Welt gekommen ist, als ihr Sohn geboren wurde. Die Ärzte waren der Ansicht gewesen, daß Autismus eine rein psychische Störung sei, und hatten angenommen, sie werde durch die unbewußte Ablehnung des Kindes in seiner frühen Kindheit hervorgerufen. Obgleich diese Theorie der späteren empirischen Überprüfung nicht standhielt und im Widerspruch stand zur Entdekkung neurologischer Abweichungen bei Autisten, bildete sie zwanzig Jahre lang die Basis für sämtliche Therapien.

Unsere Bekannte erzählte weiter: »Ich mußte Harry zu Ärzten und Lehrern schicken, die ihm nicht nur nicht geholfen haben, sondern mir und seinem Vater auch noch die Schuld gaben, während wir wirklich genauso litten wie unser Sohn.«

Als ihr Sohn das Teenage-Alter erreichte, fand sie einen Psychiater, der zwar auch der Meinung war, daß Harrys Behinderung auf das Versagen der Mutter zurückzuführen sei, aber zumindest praktische und einfühlsame Hilfe anbot, um mit dem Problem zurechtzukommen. »Schließlich«, erzählte sie, »fragte ich den Arzt: ›Angenommen, Sie haben recht und ich habe mit meinem Jungen wirklich etwas falsch gemacht. Können Sie mir dann aber sagen, was das war? Wenn jemand wirklich wollte, es wirklich *versuchte*, aus einem normalen Jungen so jemanden wie Harry zu machen, was würde man da tun müssen?‹«

Der Psychiater ließ sich ihre Frage eine Zeitlang durch den Kopf gehen, bevor er antwortete. »Sie haben völlig recht, Mrs. Johnson. In der medizinischen Literatur ist kein Fall bekannt, daß jemand es jemals geschafft hätte, durch bestimmte Maßnahmen aus einem normalen Menschen so jemanden wie Harry zu machen.« Harry hatte gezeigt, daß er über das absolute Gehör und über mathematische Fähigkeiten verfügte, die bei weitem die seiner normalen Brüder übertrafen.

Theoretisch hätte ein psychisches Trauma seine sozialen und sprachlichen Probleme erklären können, aber nicht seine sonstigen Talente.
Bestimmte Leute reagierten auf Ted, als sei er ein seltenes, fast mythologisches Wesen wie eine Sphinx oder ein Einhorn, etwas, von dem sie zwar gehört hatten, aber nie erwartet hätten, es einmal zu Gesicht zu bekommen.
Meine Mutter weigerte sich nach wie vor, anzuerkennen, daß es mit Teds Entwicklung Probleme gebe. Saras Familie hingegen hörte bereitwillig zu, wenn wir ihr die wenigen Informationen, die wir hatten, weitergaben. Dennoch war es schwierig für uns, auf ihre Besorgnisse einzugehen, da wir selbst so viele Fragen hatten, die uns niemand beantwortete.
Ein Brief an Teds Patin, Saras Schwester Laurie, bringt die Ratlosigkeit zum Ausdruck, in die uns Teds Verhalten stürzte, als er sieben oder acht Jahre alt war:

> Es gibt keine gesicherte oder eindeutige Diagnose über Teds Behinderung. Man weiß nicht, was kommen wird, und die Ärzte bezeichnen ihn gerne als »atypisches Kind«, um ihm nicht ein bestimmtes Etikett geben zu müssen. Obwohl er noch immer viel vor sich hinbrabbelt, hat sich seine Sprachfähigkeit doch so weit verbessert, daß wir jetzt öfter herausfinden können, was er will, was er denkt usw. Es ist schwierig, jemandem Ted richtig zu beschreiben, denn wir haben selbst kein klares Bild von ihm. Jeder Experte beschreibt Ted von seinem jeweiligen Standpunkt aus. Die physikalischen Therapeuten äußern sich nur über seine mangelnde Koordination, über die Tatsache, daß er kein normales Gleichgewichtsempfinden hat beziehungsweise eben dann nicht schwindlig wird, wenn ein normales Kind es werden würde, oder daß ihn laute Geräusche erschrecken oder ihm weh tun.

Aus medizinischer Sicht gibt es nach wie vor keine Antwort auf die Frage nach dem Ursprung seiner Behinderung oder nach den Aussichten für die Zukunft. Vom Standpunkt der Ferienbetreuer, der Busfahrer, der Lehrer in der Sonntagsschule und der Nachbarn aus ist Ted ein wirkliches Problem. Er zieht sich aus allen Gruppenaktivitäten heraus, manchmal hält er sich die Ohren zu, manchmal schaltet er einfach nur ab. Er interessiert sich weder für Sport noch für Spiele. Mit Spielsachen beschäftigt er sich nicht so, wie man es eigentlich erwarten würde. Statt dessen trägt er aus irgendeinem geheimen Grund Teile eines Spielzeugs oder eines Spiels mit sich herum. Wir beobachten ihn oft dabei, wie er versucht, ohne erkennbaren Zweck Teile eines Puzzles, Plastikpferde und Flaschenkorken zusammenzufügen.

Positiv ist zu vermerken, daß er anscheinend ein gutes Auge für Details und ein außergewöhnliches Gedächtnis hat. Eine Anekdote soll das illustrieren: Vor kurzem ging ich mit Ted, Nick und einem vierjährigen Jungen aus der Nachbarschaft ins Seattle Center, wo es ein Karussell und andere Fahrgeschäfte gibt. Alle drei wollten nur Autoskooter fahren. Abends dann fing Ted plötzlich an, von diesem Erlebnis zu sprechen, und er wiederholte mehrere Male: »Ich war im Seattle Center, und ich fuhr mit einem grünen Auto.«

Ich erinnerte mich, daß er in einem grünen Auto gesessen hatte. Um sein Gedächtnis zu testen, fragte ich ihn, welche Farbe das Auto von Nick gehabt habe. Ohne zu zögern sagte er es mir. Dann fragte ich ihn nach der Farbe von Chris' Auto. Und wieder wußte Ted die richtige Antwort. Daran erkannte ich, daß Ted wohl eine Menge Informationen aufnimmt, die andere Leute in der Regel ignorieren oder einfach übersehen.

Unglücklicherweise scheint er aber unfähig zu sein, Informationen zu filtern oder die Realität von der Phantasie zu unterscheiden. Wenn er ein Buch sieht, in dem ein blauer Hund abgebildet ist, will er einen blauen Hund haben – kein *Spielzeug*, sondern einen richtigen blauen *Hund*. Wenn in einem Comic ein Frosch mit einem Regenmantel zu sehen ist, sagt er: »Frösche tragen Regenmäntel«, und er scheint dies auch zu glauben.

Wir meinen, daß der Eindruck, den Ted vermittelt, weitestgehend die Art und Weise bestimmt, wie die Leute ihn behandeln. Wenn er ein Gesicht macht wie ein Idiot, dann behandeln ihn die Leute meistens wie einen Idioten. Wenn er relativ normal dreinschaut, wird er in der Regel auch so behandelt. Dann erwarten die Leute auch mehr von ihm, und diese höheren Erwartungen bewirken wiederum, daß er sich besser benimmt.

Als ich am Telefon gesagt habe, daß er jetzt autistischer erscheine als früher, meinte ich damit, daß er jetzt verschiedene Verhaltensmuster zeigt, die man dem Autismus zurechnet. Wir sagen zu ihm immer: »Sieh uns in die Augen, Ted«, um auf diese Weise sicherzugehen, daß er uns auch zuhört. Es ist nicht nur so, daß seine Fähigkeiten, sich zu äußern, sehr dürftig sind, daß er merkwürdige Spiele betreibt und vor sich hinkichert, er hat auch starke Ängste vor völlig harmlosen Gegenständen entwickelt.

Vor nicht allzu langer Zeit machten wir am Pioneer Square einen Sonntagsspaziergang. Auf einmal blieb Ted abrupt stehen und weigerte sich, auch nur einen Schritt weiterzugehen. Als wir ihn drängten, fing er an, hysterisch zu werden. Sein Verhalten war uns völlig unbegreiflich, bis wir sahen, daß ein Stück entfernt von uns ein Laden war, wo Drachen verkauft wurden. Wir mußten bis an die nächste

Ecke zurückgehen und die Straße überqueren, um ans andere Ende des Blocks zu kommen.

Wirkliche Gefahren jedoch scheinen ihn überhaupt nicht zu kümmern. Er würde ohne weiteres fahrenden Autos in den Weg laufen, wenn wir auf Parkplätzen oder an Straßenecken nicht auf ihn aufpassen würden. Vor kurzem haben wir ihn zumindest soweit gebracht, daß er uns sagen konnte, wann er gefahrlos die Straße überqueren kann. Er ist stolz, wenn er Verantwortung übernehmen kann, und wir glauben, daß er nun begonnen hat, eine wichtige Regel zu begreifen.

Zum Schluß möchte ich noch ein wenig erzählen, wie unser Arzt und wir selber versuchen, eine Behandlungsform zu finden. Der Behinderung einen Namen zu geben ist nicht gleichbedeutend mit der Entdeckung eines Heilmittels gegen die Behinderung, deshalb ist auch die Beschäftigung mit dem Phänomen Autismus an sich noch kein Durchbruch. Außerdem besteht die bekannteste Therapie für autistische Kinder genau darin, was der Arzt, die Lehrerin und wir die letzten drei Jahre getan haben, nämlich in der Verhaltenssteuerung. Gutes Benehmen zu belohnen, schlechtes Benehmen zu ignorieren oder »unbelohnt« zu lassen, zu versuchen, daß Ted sich für sein Verhalten verantwortlich fühlt, und ihm nicht eine Blankoentschuldigung für abnormales Verhalten ausstellen. Normales Verhalten kann vielleicht sein Gehirn so »prägen«, daß es anfängt, mehr so zu funktionieren wie das von anderen Leuten. Unser Nahziel ist, einen glücklichen kleinen Jungen zu haben, der über mehr Selbstbewußtsein verfügt, als dies bisher der Fall ist, der in der Lage ist, vieles zu lernen, und der nicht mehr so oft auf Ablehnung stößt.

Beim Wiedersehen dieses Briefes Jahre später erkannte ich, wie wenig sich geändert hatte, sowohl an unseren Befürchtungen als auch an Teds Behinderung. Unsere größte Sorge war nach wie vor, daß unser Kind sozial anerkannt würde.

KAPITEL 12

Die Sprache, die autistische Menschen sprechen, scheint dem Weg des geringsten Widerstandes zu folgen.

Da natürliche Freundschaften und soziales Leben mit Kindern aus der Nachbarschaft oder Schulkameraden sich nicht entwickelten, suchten wir nach anderen Möglichkeiten, wie Ted mit Leuten in Kontakt kommen konnte. Für diesen kleinen Jungen, der so dringend Geduld und Akzeptanz benötigte, schien uns die Kirche die gastfreundlichste Einrichtung zu sein.

Als Ted älter und seine Probleme, sich zu äußern, deutlicher wurden, gingen ihm die anderen Kinder entweder aus dem Weg oder hänselten ihn. Aber die Sonntagsschule bot wöchentlich einmal eine Stunde lang die Gelegenheit zu sorgsam beaufsichtigtem Kontakt mit normalen Kindern, in einer Umgebung, in der es niemandem gestattet wurde, sich über ein Kind wie unseres lustig zu machen oder es auszuschließen. Dennoch wirkten die freiwillig dort arbeitenden Lehrer nervös, wenn sie einen Jungen vor sich hatten, den sie nicht verstehen konnten, der bei Gruppenaktivitäten versagte und der jederzeit die Arbeit mit der Klasse durch einen unsinnigen

Kommentar oder durch einen schrillen Schrei unterbrechen konnte.

Es dauerte nicht lange, und Ted war auch in der Kirche derjenige, der am meisten auffiel. Für sein Alter war er bereits großgewachsen, und diese Körpergröße machte seine Unreife und seinen Mangel an sozialen Fähigkeiten nur noch deutlicher. Einmal in der Woche trafen sich die Gemeindemitglieder im Erdgeschoß des Kirchengebäudes zu einer Plauderstunde bei Kaffee und Kuchen. Wenn die Sonntagsschule zu Ende war, kamen die Kinder zu den Erwachsenen an den Tisch.

Jedesmal war Ted der erste unter den hereinstürmenden Kindern, wobei er immer direkt auf den Kuchen zusteuerte. An die hundert Leute jeden Alters standen oder schlenderten um den leinenbedeckten Tisch herum, auf dem das silberne Kaffeegeschirr stand. Die meisten jonglierten in der einen Hand ihre Tasse mit dem heißen Getränk, und in der anderen eine Handtasche, eine Serviette oder irgend etwas anderes, und Ted verursachte nicht nur zahlreiche Fast-Zusammenstöße, sondern peinlicherweise rannte er manchmal auch wirklich Leute über den Haufen.

Man hatte den Eindruck, daß das Verlangen nach dem Kuchen seine ganze Konzentration in Beschlag nahm und er die Anwesenheit oder die Bewegung der anderen Leute überhaupt nicht wahrnahm. Sara und ich zuckten jedesmal zusammen, wenn wir sahen, wie er sich zwischen den Leuten hindurchdrängte, die plaudernd beieinanderstanden, während die anderen Kinder, selbst wenn sie jünger waren als er, automatisch um die in Gruppen beisammenstehenden Erwachsenen herumgingen.

Sara und mir war es besonders peinlich, wenn unser robuster, normal aussehender Sohn ältere Damen mit dem Ellbogen beiseite drängte, um an den Tisch zu kommen. Wir entschuldigten uns so häufig, daß wir schon glaubten, irgendwann würden uns diese peinlichen Vorfälle nichts mehr ausmachen. Das war aber ein Irrtum. Statt dessen reagierten wir immer empfindlicher auf Teds Verhalten in der Öffentlichkeit.

Wir begriffen, daß Ted eine besondere Beaufsichtigung brauchte, und zwar nicht nur bei dieser Plauderstunde, sondern auch während des Unterrichts in der Sonntagsschule. Also boten wir uns den Lehrern als freiwillige Hilfskräfte an. Mehrere Jahre lang wechselten Sara und ich uns als Hilfslehrer in der Sonntagsschule ab, damit Ted auch weiterhin am Unterricht teilnehmen konnte.

Für manche Leute ist das Unterrichten in der Sonntagsschule ein Vergnügen oder eine willkommene Gelegenheit, sich sozial oder geistig zu betätigen. Für mich aber war es eine Last und nur eine weitere Arbeit im Dienst für meinen behinderten Sohn. Wenn ich Kreide und Punsch verteilte, konnte ich die Unterschiede zwischen Ted und den anderen Kindern beobachten. Ich konnte kaum mitansehen, wie er in deutlichem Abstand zu den anderen Kindern dasaß oder gleichmütig beobachtete, wie sie ihre Stühle von ihm wegrückten. Die Lehrer konnten zwar verhindern, daß er gehänselt oder ausgelacht wurde, aber es gab keine Möglichkeit, diese stille Form der Distanzierung oder gelegentliche mißtrauische Blicke auf Ted zu unterbinden.

Als Ted acht Jahre alt war, wurden den Kindern in der Sonntagsschule allwöchentlich Filme über die Propheten des Alten Testaments gezeigt. Nach den Vorführungen stellten die Lehrer jeweils Fragen, um eine Diskussion in Gang zu bringen und die wichtigen Punkte der Geschichte deutlich zu machen. Geduldig versuchten sie, Ted in diese Diskussion miteinzubeziehen. Während sie den anderen Kindern Fragen stellten wie: »Warum versteckte die Mutter von Moses ihn in einem Korb aus Binsengeflecht?« oder »Wie reagierte der Pharao, als Moses für die Israeliten die Freiheit forderte?«, dachten sie sich für Ted einfache Detailfragen aus wie: »Welche Farbe hatte das Pferd?«

Doch sogar diese simplen Versuche scheiterten. Ted saß in seiner Ecke, zeichnete gedankenverloren Dinosaurier und Reptilien und war unfähig oder nicht willens, auf eine einfache, konkrete Frage zu antworten.

Schließlich verlor ich die Geduld und meinen guten Willen. Ich dachte an das Opfer, das ich brachte, an die vielen Sonntage, die ich im Keller der Kirche mit dem offenbar nutzlosen Versuch vergeudete, Teds Interesse zu wecken, anstatt lieber mit den anderen Erwachsenen der Messe beizuwohnen. Wir wußten ja, daß Ted gerade für Details einen guten Blick hatte. Sein Versagen in der Sonntagsschule bewies also sein Desinteresse, nicht sein Unvermögen.

Am nächsten Sonntag warnte ich ihn eindringlich: »Ted, hör mir zu. Ihr werdet heute einen Film ansehen, und ich möchte, daß du aufpaßt, weil ich dir hinterher eine Frage zu dem Film stellen werde!«

Er sah mich verblüfft, aber mit offener, unschuldiger Miene an, als könne er durch mich hindurchblicken, und zitterte leicht. Ich brachte ihn in den Gemeindesaal zu den anderen Kindern, und wir setzten uns in den hinteren Teil des Raumes, damit wir schnell hinauskönnten, falls er wieder anfing zu schreien oder darauf bestehen sollte, einen seiner überflüssigen Ausflüge auf die Toilette zu unternehmen.

Die Lichter erloschen und der Film begann. Ein Erzähler kündigte das Thema an, die Geschichte von Abraham und Isaak, die viertausend Jahre alte Legende vom Stammvater des hebräischen Volkes. Ich fragte mich, wie weit Ted wohl der Geschichte würde folgen können, und hoffte, er würde nicht stören.

Je länger der Film lief, desto unwohler fühlte ich mich. Der

Erzähler erklärte, daß Abraham der Stimme Gottes gefolgt war, die ihn zwang, mit seinem einzigen Sohn auf den Gipfel des Berges zu steigen und ihn dort zu opfern. Das Drama der Rettung in letzter Sekunde, als anstelle des Jungen der Widder geschlachtet wurde, ließ die anderen Kinder vor Erleichterung aufseufzen, aber Ted blieb völlig unbeteiligt. Der Film lief weiter, entsprechend dem Text aus dem Buch Genesis. Abrahams Frau Sara wurde eifersüchtig auf die Sklavin und auf den Sohn, den diese Abraham geboren hatte. Die zornige Stammesmutter überredete Abraham, die Rivalin und deren illegitimen Sohn in die Wildnis zu vertreiben.

Schuldgefühle überkamen mich. Was hatte ich Ted nur angetan, daß ich darauf bestanden hatte, diese brutale Geschichte von Eifersucht, Bigotterie und Besessenheit anzusehen? Es war schon für mich schwierig genug, mir das Leben des Propheten rational zu erklären und daraus eine spirituelle Erlösungsbotschaft zu entnehmen. Was sollte da dieses verwirrte, autistische Kind aus der Geschichte herauslesen?

Schließlich war der Film zu Ende, und die Lichter gingen wieder an. Ted saß zusammengesunken auf seinem Stuhl, er war ruhig und scheinbar teilnahmslos gegenüber dem, was er gesehen hatte. In der stillen Hoffnung, daß er vielleicht abgeschaltet und den Film ignoriert hatte, fragte ich ihn, ob er zugesehen habe.

Er drehte sich ein wenig zu mir herüber, so daß ich in seine runden blauen Augen blicken konnte, die die gleiche Farbe hatten wie der Sweater, den er trug. Mit seinen weißen Hemdkragenspitzen sah er ein wenig wie ein Chorknabe aus – ein Abbild unschuldiger Kindheit. »Ja«, antwortete er.

»Nun gut. Wenn du den Film gesehen hast, kannst du mir auch sagen, wovon er handelte.«

Seine Antwort bestand aus dem Wort: »Kannibalen.«

Ich war sprachlos. Als er zu den anderen Kindern zurück ins

Klassenzimmer lief, schien er nichts anderes im Sinn zu haben als ein Glas Punsch und eine Schachtel Kreide. Ich aber dachte weiter über seine Reaktion auf diesen Film nach.

Ein Mensch mit begrenztem Ausdrucksvermögen, der mit der Sprache noch ökonomischer umgehen müßte als selbst der disziplinierteste Poet und der nun diese komplizierte Geschichte von Leidenschaft, Eifersucht und dem unbarmherzigen Vollzug von Blutopfern in einem Wort zusammenfassen sollte, hätte mir keine dramatischere Antwort auf meine Frage geben können.

Aber woher hatte Ted das Wort »Kannibale«? Was verstand er darunter? Hatte er dieses Wort wirklich bewußt gewählt, oder war es nur einer dieser Zufallstreffer, die manchmal ins Schwarze gingen? Mein Kind hatte mich wieder einmal in Erstaunen versetzt, und diesmal war ich über seine Behinderung mehr verblüfft denn je zuvor.

Trotz seiner offensichtlichen Defizite zeigte er gelegentlich – wie um uns zu foppen – Anzeichen von Fähigkeiten, die wir nicht weiter erschließen konnten. Seine Sprache schien, wie die meines Bruders, dem Weg des geringsten Widerstandes zu folgen; allerdings war Sumners Ausdrucksfähigkeit noch weit weniger entwickelt. Wie der elektrische Strom, der sich immer den kürzesten Weg sucht und, wenn man ihn nicht erdet, schockartige Schläge verursacht, wählten meine autistischen Familienangehörigen stets die einfachste, obgleich nicht unbedingt zutreffendste Antwort auf jede Frage.

Ich sprach mit Sara über dieses Erlebnis in der Sonntagsschule, und wir beschlossen, in Teds Schule anzurufen, um uns dort nach der schon früher erwogenen Möglichkeit einer Kommunikationstherapie zu erkundigen. Da der Anstoß hierzu von Anne Habegger ausgegangen war, verstanden wir nicht, warum bisher nichts geschehen war.

Der Schulleiter teilte uns mit, daß der Sprachtherapeut der

Ansicht sei, Ted komme für eine Therapie nicht in Frage. Auf unsere Nachfragen hin stellte sich heraus, daß diese Leute keine Erfahrung mit Kindern wie Ted hatten. Sie beschäftigten sich hauptsächlich mit Problemen wie schlechter Aussprache oder Stottern, und Teds Artikulation war immer korrekt gewesen, ganz gleich, welche unsinnigen oder unvollständigen Sätze er formulierte.

Nachdem auch ein Antrag an die Schulbehörde abgelehnt worden war, beriefen wir uns auf unsere Rechte und legten bei der übergeordneten Behörde Berufung ein; und Ted brachten wir wieder in die Universität von Washington, um dort eine Sprachuntersuchung durchführen zu lassen. Wir hatten zwar überhaupt keine Idee, wie man auf seine schwer faßbare Intelligenz Einfluß nehmen oder ihm helfen konnte, diese zu steigern, aber wir hofften, daß die Kommunikationstherapie eine Brücke schlagen würde zwischen seiner privaten Welt und der unsrigen.

Wir warteten nervös auf die bevorstehende Untersuchung. Würde die Therapie für unser Kind den Durchbruch bringen? Oder würde sie sich nur als Traum entpuppen, der wie eine Seifenblase zerplatzen würde? Dies hatten wir bei so vielen Eltern erlebt, die enttäuscht aufgaben.

Von Mitstreitern in der Autismus-Gesellschaft und in der Association for Retarded Citizens hatten wir schon so viel über die verschiedensten Behandlungsformen gehört, daß wir kaum mehr eine für seriös hielten. Ich stand den verschiedenen »Heilmitteln« und Therapien vor allem deshalb skeptisch gegenüber, weil sie mich an die deplazierten Hoffnungen meiner Mutter auf ein religiöses Wunder erinnerten, das Sumner hätte helfen sollen.

Die »Haar-Analyse«, ein experimenteller Zweig der naturheilkundlichen Medizin, hatte einige unserer Freunde auf einen aussichtslosen und enttäuschenden Weg geführt. Sie schickten

Proben vom Haar ihrer Kinder an entsprechende Kliniken, um dort chemische »Analysen« durchführen zu lassen, durch die Vitamin- und Mineralstoffmängel erkannt werden sollten. Die Klinik fertigte dann einen Bericht an, in dem die angeblichen chemischen Abnormalitäten aufgelistet und eine Reihe kostspieliger Präparate empfohlen wurde, die das Kind zusätzlich einnehmen sollte.

Die Eltern, die jedes neue Heilmittel begierig annahmen, kauften die vorgeschriebenen Vitamine und Mineralstoffe von den amtlich nicht zugelassenen Kliniken. Sie übersahen dabei, daß die Empfehlungen dieser Kliniken sich in keiner Weise auf medizinische Forschungen stützen konnten, und sie ignorierten auch den offensichtlichen Interessenkonflikt zwischen dem Anspruch der Kliniken auf objektive Analyse und ihrem ökonomischen Gewinn aus dem Verkauf der eigenen Produkte. Sämtliche uns bekannte Eltern, die die Haar-Analyse hatten durchführen lassen, verfügten über eine umfangreiche Liste von Nahrungszusätzen.

Schließlich schickten einige desillusionierte Eltern die Haarproben ihrer Kinder gleichzeitig an verschiedene Kliniken und fanden so heraus, daß die »Analysen« sehr unterschiedlich ausfielen, wobei in jedem Bericht andere Ernährungsempfehlungen ausgesprochen wurden, die jeweils andere Zusatzmittel erforderlich machten.

Einmal hielt ein berühmter Autismus-Experte in Seattle einen Vortrag. Sara und ich besuchten zusammen mit einer Gruppe von Eltern und Betreuern diese Veranstaltung, bei der der Experte über seine mehr als zwanzigjährige Forschungsarbeit berichtete, die er mit Fallstudien über das außergewöhnliche Verhalten autistischer Menschen dokumentierte.

Viele Eltern waren aber gar nicht gekommen, weil sie hören wollten, was dieser Mann über ein Fachgebiet vortrug, das ihm Anerkennung in Expertenkreisen eingetragen hatte – sie wollten ihn vielmehr nach seiner Ansicht über die Diät- und Vitamin-Therapie befragen. Als Psychologe verfügte er über keine Fachkenntnisse und keine Erfahrung mit Ernährungsfragen. Er war jedoch bekannt für seine spekulativen Theorien über die möglichen positiven Wirkungen von großen Dosen an Vitaminen auf das autistische Verhalten.

Nachdem er seinen Vortrag beendet hatte, durfte ihm das Publikum Fragen stellen. Sofort kam die Vitamin-Therapie zur Sprache. Dies war für ihn das Stichwort, um seine Lieblingstheorie darzulegen – eine Theorie, die keineswegs abgesichert war.

Im Vortragssaal wurde es mucksmäuschenstill, das Publikum wartete gespannt auf seine Ausführungen. Es herrschte eine knisternde Atmosphäre, denn die Eltern konnten es kaum erwarten, etwas über eine vielversprechende Behandlung für ihre Kinder zu hören.

Der Redner wählte seine Worte mit Bedacht und erklärte, daß die Diät-Therapie und Megavitamine den Autismus nicht »heilen« könne und daß von der medizinischen Fachwelt eine großangelegte praktische Erprobung dieser Theorie abgelehnt worden sei. Seiner Meinung nach aber schienen autistische Kinder positiv darauf zu reagieren: Es sei ein Rückgang ihrer Hyperaktivität, eine verbesserte Konzentrationsfähigkeit und eine stärkere Interaktion mit der Familie festzustellen gewesen. Als Beleg nannte er einige Fallstudien und Berichte.

Das war eine zweischneidige Aussage. Einerseits war er es seiner wissenschaftlichen Moral schuldig, einzuräumen, daß die wissenschaftliche Beweiskraft seiner Untersuchungen nur begrenzt war. Andererseits aber klammerte er sich hoffnungsvoll an eine Theorie, die vielleicht einigen jener Kinder Hilfe bringen konnte, bei denen andere Programme nicht gefruchtet hatten.

Nachdem der Redner geendet hatte, bedrängten ihn manche

Eltern lautstark, ihnen Fragen zu ihren Kindern zu beantworten. Unter den Fragestellern befand sich auch eine Mutter, von der ich wußte, daß sie ihren schwerbehinderten Sohn in eine Anstalt hatte geben müssen. Aus Gesprächen mit ihr wußte ich, daß das Kind geistig schwer zurückgeblieben war, an Anfällen litt und auch autistisch war. »Soll ich den Ärzten in der Anstalt sagen, sie sollen bei Kevin die Medikamente gegen die Anfälle absetzen, bevor ich ihm Vitamin B gebe?« fragte die Mutter. Unser Redner zuckte bei dieser Frage zusammen, denn offensichtlich spürte er, wie verzweifelt und verletzlich diese Frau war. Dann wiederholte er noch einmal seine Warnung und erklärte, daß die Vitamine allein noch kein Wunder bewirkten oder die Medikamente ersetzen könnten, die gegen spezifisch biologische Probleme wie etwa Anfälle verwendet werden. Während seiner Ausführungen betrachtete ich das Gesicht dieser verzweifelten Frau. Ihr Blick wurde stumpf, und sie schien geistesabwesend, als der Redner erneut seine Vorbehalte und Warnungen formulierte. Einzelheiten wie etwa Forschungsergebnisse und Unterschiede zwischen autistischen Kindern interessierten sie nicht. Die Fakten langweilten sie. Sie hörte nur das, was sie hören wollte, und seine Worte klangen für sie, als hätte sie den Ruf vernommen: »Hoffnung für Kevin! Hoffnung für Kevin.«
Ich verstand ihre Sichtweise, diese Bereitschaft, den Glauben der Vernunft vorzuziehen. Empirische Untersuchungen an zahlreichen Probanden und deren sorgfältige Auswertungen hatten ihrem Kind nichts genutzt. Sie fühlte sich von der FDA* und der AMA** im Stich gelassen. Jetzt wollte sie Ergebnisse sehen; und dafür war sie auch bereit, Risiken in Kauf zu nehmen.

* Food and Drug Administration: Bundesgesundheitsbehörde der USA
** American Medical Association: Bundesverband der Ärzte in den USA

Nur drei Kilometer vom Ort dieser Veranstaltung entfernt wohnte meine Mutter, die sich ja auch hartnäckig an ihren Glauben klammerte. Mehr als fünfzig Jahre lang hatte sie geglaubt, ihr autistischer Sohn könne mit Hilfe der Christlichen Wissenschaft geheilt werden. Die Hoffnung hatte viele Gesichter, und jedes davon besaß die Kraft, in uns, die wir litten oder das Leiden der uns Nahestehenden mitansehen mußten, den Glauben zu wecken und zu stärken.

KAPITEL 13

Der Teil der Behinderung, der die größten Probleme bereitete, war das fehlende Verständnis für die logische Abfolge von Ereignissen, für die Aufeinanderfolge beziehungsweise die offensichtliche Verkettung von Ursache und Wirkung.

Endlich war der Tag gekommen, an dem Teds Sprachvermögen untersucht werden sollte. Wir hatten diesen Termin mit Spannung erwartet. Würden uns die Leute Hilfe bringen? Oder hatte die Schulbehörde recht, als sie unseren Antrag auf Bewilligung einer Kommunikationstherapie abschlägig beschied? War deren fachliches Urteil besser begründet als unsere elterlichen Sorgen?

Das Team entführte unseren achtjährigen Sohn in einen Untersuchungsraum und überließ uns zwei Stunden unserem Schicksal. Zur vereinbarten Zeit trafen Sara und ich uns mit dem Team in einem kleinen Konferenzzimmer. Unser Erstaunen war groß, als wir den Bericht hörten. Es war verblüffend, daß diese Leute, die unseren Sohn vor wenigen Stunden zum ersten Mal zu Gesicht bekommen hatten, bereits eine Liste seiner besonderen Sprachprobleme vorlegen konnten.

Jahrelang hatten wir sein irrationales Verhalten mitangesehen, hatten uns seine stets unberechenbar erscheinenden Äußerungen angehört, die bestürzende Kluft zwischen seinen Fähigkeiten und tatsächlichem Können erlebt, aber wir hatten niemals eine Möglichkeit gesehen, diese tausend Widersprüchlichkeiten zu beschreiben. Diese Leute aber konnten es.

Der Bericht war zwar gespickt mit fachlichen Termini und ging vor allem auf allgemeine Problembereiche ein, doch es fiel uns nicht schwer, ihn gedanklich mit unseren eigenen Erfahrungen mit Teds Verhalten zu Hause zu verknüpfen.

»Es gelingt ihm nicht, Ereignisse in ihrer logischen Folge wahrzunehmen«, las die Gutachterin vor, und wir nickten zustimmend. »Er ist nicht in der Lage, Pronomen korrekt zu verwenden«, fügte sie hinzu, und mir fiel sofort ein, daß er immer »Ted« oder »Mr. Hart«, aber niemals »ich« sagte, wenn er von sich sprach. Selbst wenn er Possessivpronomen benutzte, waren es zumeist die falschen, wie zum Beispiel, als er einmal meinte: »Großmutter hält jetzt sein Schläfchen.«

»Er begreift nicht, daß er seinem Zuhörer eine umfassende Information geben muß.« Ted schien immer von uns zu erwarten, daß wir an seinen Augen ablesen können, worauf er sich bezog, wenn er etwa sagte: »Was ist das?«, ohne uns den betreffenden Gegenstand zu zeigen oder auch nur eine Andeutung zu geben. Manchmal fragte er mich auch: »Was heißt das?« und erwartete von mir, daß ich ihm ein Wort aus einem Buch erklärte, das er am anderen Ende des Zimmers vor seiner Nase liegen hatte.

»Insgesamt«, schloß die Gutachterin den Bericht ab, »mangelt es seiner Sprache erheblich an detaillierten Ausführungen, an beschreibenden Wörtern und Sätzen. Ihm fehlt die Fähigkeit, ein Gespräch zu führen oder sich an verbaler Interaktion zu beteiligen, ein Thema zu entwickeln oder die Nebenbedeutungen von Wörtern zu verstehen, außer es sind sehr konkrete.«

Ihre Darlegungen bewirkten bei mir so etwas wie einen

Erkenntnisschock. Mit einem Mal bekamen die grotesken und scheinbar isolierten Äußerungen Teds eine sinnvolle Erklärung. Er wiederholte Sätze oder Fragen immer wieder, weil er keine Möglichkeit hatte, sie zu konkretisieren oder ein Gespräch zu führen, das über den simplen Austausch von Informationen hinausging.

Dieser Bericht bot die spezifischste und präziseste Beschreibung von Teds Problemen, die wir je gehört hatten. Natürlich stellte sich sofort die Frage: Was folgt daraus? Dokumentierte dieser Bericht lediglich die traurige Realität seiner Behinderung, oder verwies er auch auf Möglichkeiten der Veränderung? Die Leute des Teams meinten, eine Veränderung sei durchaus denkbar, und empfahlen den sofortigen Einstieg in die Kommunikationstherapie, die zweimal die Woche stattfinden sollte.

Optimistisch wie seit Jahren nicht mehr riefen Sara und ich die Schulbehörde an, um Teds Therapie in die Wege zu leiten. Zu unserer Überraschung wiesen die zuständigen Beamten unseren Antrag und die Empfehlungen der Universität zurück. Wir wandten uns daraufhin an einen Anwalt, der uns helfen sollte, das uns zustehende, gesetzlich festgeschriebene Recht einzufordern, das jedem Kind den »freien und angemessenen Zugang zu öffentlichen Bildungseinrichtungen« garantiert.

In der Zwischenzeit schickten wir Ted bereits zu einer Einzeltherapie in die Universität. Zweimal die Woche fuhr ich ihn in die Klinik. Er verschwand dann in einem kleinen Zimmer mit Spielsachen und Schreibmaterialien, in dem eine Therapeutin für Kommunikationsstörungen wartete. Ich ging währenddessen in einen schmalen Beobachtungsraum, um unbemerkt hinter einem durchsichtigen Spiegel die Therapie mitzuverfolgen.

Was Teds Lernfortschritt am meisten behinderte, war seine Unfähigkeit, eine Reihenfolge zu erkennen oder die logische

Abfolge von Ereignissen zu verstehen. Zuerst erhielt er nur Anweisungen, die aus zwei Teilen bestanden, wie: »Komm her und setz dich«, oder: »Heb den Teddybär auf und leg ihn auf den Tisch.« Nach und nach kamen Befehle, die eine größere Zahl von Einzelschritten beinhalteten. Kakao zu kochen wurde so zu einer Übung, die eine lange Liste von Einzelaktionen voraussetzte: Nimm den Topf, gieß die Milch hinein, stell ihn auf den Ofen, schalte den Ofen ein usw.

Ich staunte über die offenkundigen Widersprüchlichkeiten. Dieses Kind hatte ein außergewöhnlich gutes Gedächtnis für Details. Doch ihm fehlte nahezu gänzlich die Fähigkeit, diese Details in die auf der Hand liegende Reihenfolge zu bringen. Sein Sinn für Ursache und Wirkung blieb unentwickelt.

Neben diesen sorgsam strukturierten Aktivitäten benutzte die Therapeutin Bildkarten, mit denen sie Teds Fortschritte beim Erkennen von Reihenfolgen prüfte. Sie zeigte ihm jeweils ein Paar von Bildern, in dem ein Zustand »vorher und nachher« zu sehen war, und fragte ihn, welches Bild zuerst kommen solle. Bei einem Bilderpaar zum Beispiel war auf dem einen Foto ein Kind zu sehen, das erwartungsvoll nach einem Glas mit Süßigkeiten greift, und das andere Foto zeigte dasselbe Kind mit traurigem Gesichtsausdruck, wie es das am Boden zerbrochene Glas betrachtet.

Anfangs war Ted nicht in der Lage, zu sagen, welches Bild der Reihenfolge nach zuerst kam. Mit Geduld und Beharrlichkeit lehrte ihm die Therapeutin, Fragen zu beantworten und auch längere Bilderfolgen gemäß ihrer logischen Abfolge zu ordnen. Dabei verwendete sie ständig Begriffe der zeitlichen Relation, etwa so kritische Wörter wie »zuerst«, »zuletzt«, »vorher« und »nachher« – Begriffe also, die grundlegend sind, wenn man eine Welt verstehen will, in der Ereignisse ablaufen, die aber diesem verwirrten kleinen Jungen rätselhaft fremd erscheinen mußten.

Nachdem uns Teds Arzt und die Kommunikationstherapeutin dazu ermutigt hatten, versuchten Sara und ich das Sprachprogramm zu Hause weiterzuführen. Wir lernten, aufmerksam auf jedes Wort zu achten, das er sprach. Wenn er etwa sagte, was uns passend erschien, zum Beispiel eine vernünftige Bitte oder einen Kommentar zu etwas, was er sah, reagierten wir mit positivem Feedback. Wenn jedoch seine Äußerungen nur Echolalie oder Unsinn waren, ignorierten wir ihn in der Hoffnung, daß er es noch einmal versuchen und einen angemessenen Satz formulieren würde, auf den wir positiv reagieren könnten.

Manchmal wußten wir aber nicht, ob wir ihn nun bestärken oder ignorieren sollten. Wir rätselten oft, ob seine Bemerkungen nun richtig waren und durchdacht, oder ob sie nur zufällig durch Echolalie zustande gekommen waren.

Eines Morgens kam Ted an den Frühstückstisch und rief: »Da ist ein Vogel.«

»Wo?« fragte ich ihn und hoffte, daß er mir eine Antwort geben könne. »Wo ist der Vogel? Sag mir alles«, drängte ich ihn.

»Da drin«, antwortete er ruhig, ohne irgendeinen Hinweis, was er damit meinte. Und machte sich an seine Cornflakes.

»Ted, Daddy weiß nicht, was du meinst. Sag Daddy, wo der Vogel ist.« Jetzt war auch Nick neugierig geworden.

»Im Zimmer«, war die einzige Antwort, die aus ihm herauszubekommen war. Schließlich aber begriff er, daß ich genauere Informationen brauchte, und so stand er auf und ging in den Flur.

»Dort ist ein Vogel«, wiederholte er und deutete dabei in eines der Schlafzimmer.

Nick und ich wollten schon vom Tisch aufstehen, um es nachzuprüfen, aber dann hielt ich doch inne und überlegte, was sich in diesem Zimmer befand. An den Wänden dort hingen große Stiche, auf denen Vögel zu sehen waren, und

Sara hatte dazu passende Kissen und Bettbezüge mit Vögeln und Blumen nähen lassen.
»Nein, Ted, ich glaube nicht, daß dort ein *Vogel* drin ist. Dort ist das *Bild* von einem Vogel.« Er blickte mich verständnislos an, darum versuchte ich ihm zu helfen: »Kannst du den Satz sagen: ›Da ist das Bild von einem Vogel‹?«
Ted wiederholte mechanisch: »Da ist das Bild von einem Vogel drin«, und setzte sich dann wieder an den Tisch zu seinen Cornflakes. Ein paar Minuten später hatte Nick sein Frühstück beendet. Er stand auf und ging in das besagte Schlafzimmer. Plötzlich rief er aufgeregt: »Dad! Da drin ist ein Vogel!« Ich lief in das Zimmer und fand dort ein Rotkehlchen, das einen verkrüppelten Flügel hatte und auf der Suche nach einer Fluchtmöglichkeit verzweifelt durch das Zimmer hüpfte. Wir öffneten das Fenster und dirigierten das verängstigte Tier vorsichtig dorthin. Nach einigen vergeblichen Anläufen hüpfte es schließlich auf das Fensterbrett. Von dort aus gelang es ihm, ins Gezweig eines nahestehenden Baumes zu flattern, und bald darauf verschwand es im Frühlingshimmel. Nick und ich sahen dem Tierchen staunend nach.
Durch dieses Erlebnis wurde der Unterschied zwischen meinen beiden Söhnen und der Art und Weise, wie sie sich ausdrückten, sehr deutlich. Denn obwohl Teds Äußerung der Wirklichkeit entsprochen hatte, hatte mich sein Tonfall und seine Haltung zu einem falschen Schluß geführt. Der beiläufige, emotionslos geäußerte Satz: »Da ist ein Vogel« klang unglaubhaft; als aber Nick dasselbe mit aufgeregter Stimme rief, war dies für mich Grund genug, der Sache nachzugehen.
Das Mißverständnis war mein Fehler gewesen, nicht Teds. Ich überlegte, wie oft ich wohl Äußerungen von ihm falsch gedeutet hatte. Von jenem Tag an versuchte ich noch stärker, mich mit meinem autistischen Sohn zu verständigen.

Da ich ja meine Kindheit zusammen mit einem autistischen Erwachsenen verbracht hatte, war ich einigermaßen geübt darin, mit Echolalie umzugehen. Ich wußte, daß ich möglichst keine Fragen stellen durfte, die mit einem einfachen Ja oder Nein beantwortet werden konnten oder die die Antwort bereits vorwegnahmen. Wenn ich etwa gefragt hätte: »Hat dir die Oma einen Schokoriegel gegeben?«, wäre die Antwort höchstwahrscheinlich ja gewesen, aber nicht, weil es die zutreffende Antwort war, sondern bloß eine einfache.

Wenn ich aber dieselbe Frage anders formulierte, etwa: »Wer hat dir den Schokoriegel gegeben?« oder: »Was hat dir die Oma gegeben?«, bekam ich eine zutreffende Information. Vielleicht war es gar nicht die Oma gewesen, sondern irgendein Nachbar. Oder es war nicht einmal ein Schokoriegel, sondern ein Apfel oder ein Plätzchen. Wenn ich meinen Sohn etwas fragte, so bestand der Dreh darin, einfache Fragen zu formulieren, die zwar mit einem oder zwei Worten beantwortet werden konnten, aber von Ted verlangten, eine Mitteilung zu geben, die nicht bereits in der Frage selbst vorgegeben war. Ted konnte Fragen nach dem Wo, dem Was und dem Wer ohne weiteres beantworten. Mit dem »Wann?« aber hatte er Probleme, weil es ihm Schwierigkeiten bereitete, Zeitbegriffe oder die Abfolge von Ereignissen zu begreifen. Aus demselben Grund stürzten ihn Fragen nach dem Warum völlig in Verwirrung. Weil er logische Reihungen nicht begriff, hatte er auch keine Vorstellung von Ursache und Wirkung, das heißt dem eigentlichen Anlaß zu einer Frage nach dem Warum.

Mit dem »Warum?« konnte er überhaupt nichts anfangen, weil er nie ein Ereignis als die Ursache eines folgenden erkannte oder als Folge eines früheren Geschehens. Sein Leben fand in einer rätselhaften Welt voller Einzelerscheinungen statt, die man sich vielleicht merken, nicht aber in einen logischen oder vorhersehbaren Zusammenhang bringen konnte.

Wenn wir ihn fragten: »Warum willst du in das Geschäft gehen?«, antwortete er: »Weil ich will.« Wenn wir aber die Frage umformulierten: »Was willst du in dem Geschäft tun?«, konnte er die Antwort geben: »Schokolade kaufen.«

Teds Schwierigkeit, das »Warum?« zu verstehen, verhinderte auch, daß er diese völlig normale, wenn auch nervtötende Phase durchmachte, in der Kinder – so auch sein kleinerer Bruder – ununterbrochen nach dem »Warum?« fragen: »Warum muß ich das tun?« – »Warum darf ich das nicht?« – »Warum ist der Himmel blau?« – »Warum fällt der Mond nicht herunter?« Dieses Nachbohren und diese Hartnäckigkeit, die Nick entwickelte, weil er die Welt um sich herum verstehen wollte, machte Sara und mir um so mehr bewußt, an welchen Defiziten Ted litt.

Wir hofften inständig, daß auch Ted eines Tages dieses magische Wort mit den fünf Buchstaben in einem richtigen Zusammenhang verwenden würde. Und schließlich, nach mehreren Monaten Gesprächstherapie, ging unser Wunsch in Erfüllung! Eines Morgens, kurz nach seinem neunten Geburtstag, sagte Ted: »Ich kann Pfannkuchen haben?« Er wußte zwar nicht, daß man bei einer Frage das Verb vor das Pronomen stellt, aber aus seinem Tonfall und aus dem Zeitpunkt seiner Frage konnte ich schließen, daß er mich bitten wollte, ihm zum Frühstück Pfannkuchen zu backen.

Kurzangebunden antwortete ich mit einem »Nein«. Wir waren alle gerade sehr in Hektik. Da fragte Ted: »Warum nicht?«

Ich wollte ihm schon eine Reihe von Gründen aufzählen, warum ich keine Zeit hatte, ihm Pfannkuchen zuzubereiten, da registrierte ich erst, was er eigentlich gesagt hatte. Ted hatte das Wort »warum« benutzt, und er hatte es im richtigen Zusammenhang verwendet!

Jetzt wäre jede noch so gut begründete Ablehnung fehl am Platze gewesen, jetzt mußte gefeiert und Ted bestärkt werden.

Wir hatten jahrelang darauf gewartet, daß dieser Junge »warum?« fragte, nun hatte er es endlich getan, und jetzt war es an uns, ihn für seine neuerworbene sprachliche Fertigkeit zu belohnen. Wir überschlugen uns fast, um in Rekordzeit Pfannkuchen zu backen.

Aber schon kurz nach diesem erfreulichen Ereignis erkannten wir, daß Ted in Wirklichkeit gar kein so riesiger Lernschritt gelungen war. Zweifellos, er wiederholte dieses »Warum nicht?« noch oft, wenn er um etwas bitten wollte, und er verwendete diese Wendung, wie es schien, im allgemeinen richtig. Aber seine Frage war lediglich ein Ersatz für das »bitte«, zum Beispiel, wenn er fragte: »Ich kann ein Plätzchen haben, warum nicht?« Nach wie vor mangelte es ihm an der Fähigkeit, die gedankliche Abfolge bei anderen Menschen zu verstehen oder sich überhaupt darum zu kümmern. Noch schlimmer, er selbst schien überhaupt nicht in der Lage zu sein, eigene Gedankengänge zu entwickeln.

KAPITEL 14

Er war nicht in der Lage, Gründe für sein merkwürdiges Verhalten zu benennen, und er schien unfähig zu sein, sein zwanghaftes Verhalten zu kontrollieren.

Allmählich begriffen wir, wie verwirrend das Zeitalter der Elektronik diesem autistischen kleinen Jungen vorkommen mußte. Obwohl nur eine kleine Zahl von Menschen tatsächlich erklären kann, wie ein Fernsehgerät, die Stereoanlage oder das Telefon eigentlich funktionieren, wissen die meisten sehr wohl – selbst wenn es Kinder sind –, daß die jeweiligen Bilder und Töne auf elektronischem Wege übertragen werden und nicht durch Geisterhand oder kleine Männchen in den Geräten entstehen.

Ted wußte das nicht.

Wir kauften ihm einen Kassettenrecorder und einige Leerkassetten, weil Dr. Reichert gemeint hatte, daß es für Ted vielleicht hilfreich sei, wenn er seine eigene Stimme vom Band höre. Als er aber keinerlei Interesse daran erkennen ließ, sich selbst auf Band zu hören, beschlossen wir, das Gerät anderweitig zu verwenden, und besorgten uns Kassetten mit Geschichten von Walt Disney.

Eines Tages fand ich in Teds Zimmer eine kaputte Kassette.

Vielleicht hatte es im Gerät Bandsalat gegeben, oder die Kassette war defekt gewesen, dachte ich mir. Das Band war in voller Länge aus dem Gehäuse herausgezogen und lag als schwarzes Gespinst wie glänzendes, aufgedröseltes Garn auf dem Boden. Als ich aber später in einem Abfallkorb eine völlig demolierte Kassette entdeckte, hegte ich schlimme Befürchtungen, daß nun eine neue Verhaltensstörung aufgetreten sei.
Versuche, Ted zu dieser Sache zu befragen, schlugen fehl. Wenn ich ihn fragte, warum er die Bänder aus dem Gehäuse herausziehe, starrte er mich mit großen Augen und ungläubigem Blick an und meinte nur: »Weiß nich«, oder: »Weil ich's tu.« Die Frage, warum er seine Lieblingskassetten kaputt gemacht habe, begriff er überhaupt nicht.
Sara und ich mußten einen anderen Weg finden, ihm Fragen zu stellen. Wir mußten die Frage so formulieren, daß er sie verstehen und, so hofften wir, auch beantworten konnte. Warum hatte er seine Lieblingsbänder demoliert und die unsrigen verschont? Es schien wenig wahrscheinlich, daß er auf die Sachen, die seinen Eltern gehörten, mehr acht geben würde als auf seine eigenen, oder daß er – falls er daran Vergnügen gefunden haben sollte, die glänzenden schwarzen Bänder herauszuziehen – nur seine Lieblingsbänder von Walt Disney zum Objekt der Zerstörung erkoren hatte.
»Ted«, fragte ich ihn schließlich, »wonach suchst du in diesen Bändern?«
Er: »Weiß nich.«
Ich versuchte es noch einmal: »Erzähl Daddy, was in der Kassette drin ist.« Ich deutete dabei auf eine Kassette, die ausgeweidet auf dem Boden in seinem Zimmer lag.
»Mickymaus!« antwortete er in dem Singsang, in den er immer dann verfiel, wenn er eines seiner Lieblingsworte aussprach.

Da begriff ich es endlich. »Nein, Ted. Mickymaus ist da nicht drin, nur die *Stimme* von Mickymaus ist da drin.« Ich saß neben ihm auf dem Boden. Gemeinsam schlugen wir mit einem hölzernen Klotz auf die Plastikkassette, bis sie zerbrach. Ich spreizte das Gehäuse auseinander und zeigte ihm die leeren Spulen, auf die das Band aufgewickelt gewesen war, bevor er es herausgezogen hatte. »Hier drinnen war die Stimme, aber du hast sie herausgezogen. Jetzt ist sie weg, und deshalb haben wir jetzt keine Stimme von Mickymaus mehr.«
»Ich will nicht, daß sie weg ist!« schrie er immer wieder.
Sara und ich hatten manchmal bemerkt, daß er außer sich geriet, wenn etwas nicht repariert oder eine Handlung nicht zurückgenommen werden konnte. Er verstand einfach nicht, daß etwas, was die Müllabfuhr mitgenommen hatte oder was im offenen Kamin verbrannt worden war, nicht zurückgeholt werden konnte. Für ihn war nichts endgültig oder unwiderruflich, er erwartete vielmehr, daß wir alles ungeschehen machen konnten, was wir nur wollten.
Ein paar Tage später fand ich ein weiteres demoliertes Band. Ich wußte, daß ich aus Ted nie herausbekommen würde, ob er diese Kassette vor oder nach unserem Gespräch kaputt gemacht hatte. Er verstand eben nicht die Begriffe »vor« oder »nach«. Stillschweigend versteckte ich die übriggebliebenen Bänder. Er hat mich nie mehr nach ihnen gefragt.
Die Zerstörung seiner Kassetten schien harmlos im Vergleich zu einem anderen Problem, das wir hatten. Ted hatte nämlich angefangen, Bücher auseinanderzureißen. Zuerst fiel uns nur auf, daß in einigen seiner Bilderbücher Seiten fehlten oder zerrissen waren. Wie schon bei den Bändern, demolierte er seine Lieblingsstücke.
Wegen unseres Mißerfolges bei dem »Warum?«-Problem versuchten wir erst gar nicht, ihn danach zu fragen. Uns fiel auch kein Dreh ein, wie wir ihn mit einer »Wer«-, »Was«- oder

»Wo«-Frage dazu hätten bringen können, sein neues destruktives Verhalten zu erklären.

Wenn wir ihm schon nicht dabei helfen konnten, den Grund zu nennen, warum er Bücher zerriß, so hofften wir doch wenigstens, ihm klarmachen zu können, daß der Schaden und der Verlust unumkehrbar seien. »Weg und für immer verloren«, sagte ich zu ihm und deutete dabei auf die fehlenden Seiten in seinem Lieblingsbuch über Dinosaurier. »Sie sind weg und für immer verloren.«

»Ich will nicht, daß sie weg sind und für immer verloren!« meinte er eindringlich, als erwartete er von mir, daß ich die Folgen eines Ereignisses umkehren und das Buch wieder in seinen ursprünglichen Zustand versetzen könne.

In seinem Zimmer fanden wir schon bald noch mehr Bücher mit zerrissenen Seiten. Manche hatten breite Risse, die er mit Heftpflaster zu reparieren versucht hatte. Man hatte den Eindruck, daß Ted bemüht war, das Problem selbst zu lösen oder zumindest den Schaden vor uns zu verbergen. Aber wir hatten noch keine Ahnung, wie zwanghaft dieses Verhalten bereits geworden war.

Wir besaßen eine alte Enzyklopädie, ein Überbleibsel aus meiner Kindheit. Onkel Scott hatte mir damals eine Reihe von *World Books* vermacht, die mir bei den Schularbeiten helfen sollten. Nick und Ted waren von diesen dreißig Jahre alten Ausgaben sehr angetan. Die Angaben zu politischen und technischen Themen waren zwar veraltet (als letzter amerikanischer Präsident war Eisenhower aufgeführt, und das Thema Raumfahrt wurde nicht einmal erwähnt), aber die Bilder und Artikel über Dinosaurier, Schlangen und andere Tierarten hatten nicht an Informationswert verloren.

Eines Morgens fragte mich Nick: »Wie groß sind Wale?«

Er bekam von mir die Standardantwort auf Fragen, die ich nicht beantworten konnte: »Hol doch mal den Band mit dem Buchstaben ›W‹.«

Er lief zum Bücherregal und kam mit einem abgegriffenen silber- und blaufarbigen Band zurück. Gemeinsam blätterten wir das Buch durch, bis wir zu dem Abschnitt über Wale kamen. Mir fiel auf, daß neben der Abbildung eines großen weißen Wales ein kleiner Riß in der Seite war.

Argwöhnisch geworden holte ich mir aus dem Bücherregal die Bände mit den Buchstaben H, D und G. Und bei den Abschnitten über Haie, Dinosaurier und Gorillas fand ich tatsächlich die verräterischen Zeichen von Teds Besessenheit. Manchmal fehlte einfach ein Teil der Seite. An anderen Stellen war der Riß mehr ein zaghaftes Anritzen oder eine Kerbe am Seitenrand, als habe er sich nur einen Fetzen Papier verschaffen wollen, das ihn mit seinem Lieblingsbild verband, und sich nicht getraut, das ganze Bild herauszunehmen.

Bald darauf beklagten sich die Lehrerin und die Bibliothekarin von Teds Schule bei uns, daß er angefangen habe, auch dort Bücher auseinanderzunehmen. Wir sprachen mit ihm darüber und wiederholten unsere Warnung, daß ein beschädigtes Buch nicht repariert werden kann, daß fehlende Seiten »weg sind und für immer verloren« und daß er aus der Bibliothek keine Bücher mehr ausleihen dürfe, wenn er nicht seine schlechte Angewohnheit aufgab.

Unser ganzes Bitten war umsonst. Obwohl Ted allmählich begriff, daß uns sein Verhalten nicht gefiel und daß ihm der Zugang zur Bibliothek verwehrt werden würde, konnte er weder den Grund für sein Verhalten nennen noch diese mysteriöse Zwangshandlung einstellen. Er schien zu glauben, daß durch das Herausreißen einer Illustration aus einem Buch das darauf abgebildete Objekt der Zweidimensionalität der Seite enthoben und in seinen Händen lebendig und greifbar werden würde.

Meiner Vermutung nach versuchte er, seine Lieblingsbilder an sich zu nehmen und sie in lebendige Wesen zu verwandeln.

Aber ich konnte auch das nicht mit Sicherheit sagen. Denn wie gewöhnlich brachte ich es nicht zuwege, ihm diesbezüglich Fragen so zu stellen, daß er sie auch verstehen und beantworten konnte.

KAPITEL 15

Die Verhaltens- und Lernstörungen erwuchsen aus dem grundlegenden Unvermögen, den Kommunikationsprozeß zwischen Menschen zu begreifen.

Das Zusammenleben mit Ted bedeutete für unsere Familie eine ständig wachsende Belastung. Nick, der mitansehen mußte, wie die liebsten Dinge, die er sein eigen nannte, verunstaltet oder zerstört wurden, wirkte chronisch wütend und frustriert. Für Sara und mich bedeutete dies alles einen doppelten Verlust – nicht nur den Verlust von irgendwelchen Gegenständen, sondern ebenso den Verlust von geistigem Potential bei unserem Kind. Jedes neu auftretende destruktive oder unsoziale Verhalten konnte weiterführende Lernmöglichkeiten zunichte machen und den Schulbesuch in Frage stellen.

Wir warteten gespannt auf das Ergebnis unserer Klage gegen die Schulbehörde. Unsere Hoffnung war, daß sie Teds Kommunikationstherapie genehmigen und wir die Hilfe bekommen würden, die wir brauchten, um dieses Kind zu verstehen und sein Verhalten in normale Bahnen lenken zu können.

Wir brachten Ted weiterhin in die Universitätsklinik und warteten derweilen auf unsere Vorladung vor Gericht. Obgleich wir nicht ganz verstanden, mit welchen Techniken die Therapeuten Teds Sprachvermögen und seine Fähigkeit, Folgerungen zu ziehen, verbessern wollten, waren allmähliche Fortschritte zu erkennen. Zu Hause wurde die Verständigung mit ihm leichter. So lange wir keine »Warum«-Fragen stellten und ihm in einfachen Worten Anweisungen gaben, schienen wir einander zu verstehen.

An einem Mittwoch nachmittag, nachdem ich Ted eben in der Klinik abgeliefert hatte, lud mich die Therapeutin ein, einer Demonstration beizuwohnen. Sie und ihre Leiterin hatten wochenlang mit Ted eine der grundlegenden Kommunikationsformen eingeübt, nämlich das Antwortgeben am Telefon. Nach wiederholten Anleitungen und der Überprüfung seiner Antworten wollten die Therapeutinnen nun Teds neuerworbenes Können seinem Vater präsentieren.

Ich begleitete die Leiterin in den Beobachtungsraum. Von dort aus konnten wir dank des durchsichtigen Spiegels Ted und der Therapeutin unbemerkt zusehen. Ted war ganz in sein Spiel vertieft. Er beschäftigte sich gerade mit einigen Bildern, die er beschreiben sollte. »Das ist ein Bär», sagte er.

Die Leiterin griff zum Telefonhörer und wählte die Nummer des Apparates im anderen Raum. Ted kümmerte sich nicht um das Klingeln, deshalb half die Therapeutin ein wenig nach: »Ted, das Telefon läutet.«

Er nahm den Hörer ab und hielt ihn sich ans Ohr. Die Frau neben mir sagte: »Hallo, hier ist Susan. Kann ich bitte mit Nancy sprechen?«

Daraufhin reichte Ted Nancy den Hörer und artikulierte korrekt: »Es ist für dich.« Nancy nahm den Hörer in Empfang und antwortete: »Danke, Ted.« Sie unterhielt sich kurz mit Susan, verabschiedete sich und legte auf.

»Wollen Sie nicht rübergehen, und ich rufe Sie an?« Susan wollte mir die Übung noch einmal demonstrieren. Ich ging also in den Übungsraum. Ted wirkte überrascht, als er mich sah, und sagte: »Auf Wiedersehen, Dad«, womit er ausdrücken wollte, daß er noch nicht abgeholt werden wollte und ich ihn bei seiner Beschäftigung nicht stören sollte.

»Ich bleibe nicht lange, Ted. Ich will nur Nancy einen kurzen Besuch abstatten«, erklärte ich ihm. Unmittelbar darauf klingelte das Telefon. Ted nahm den Hörer ab, hielt ihn sich ans Ohr und wandte sich dann an Nancy: »Es ist für dich.«

Sichtlich überrascht nahm Nancy den Hörer entgegen. Sie horchte kurz und wechselte dann, ziemlich verlegen, einige Worte mit Susan, legte den Hörer wieder auf und sagte zu mir: »Sie können jetzt wieder rübergehen, Mr. Hart.«

Im Beobachtungsraum sprachen die Leiterin und ich darüber, was geschehen war. Als Ted im Übungsraum abgehoben hatte, hatte sie gesagt: »Hier ist Susan, kann ich bitte deinen Vater sprechen?« Doch Ted hatte ganz automatisch den Hörer an Nancy weitergereicht, mit dem gut eingeübten Satz: »Es ist für dich.« Also hatte er sich zwar eine scheinbar passende Antwort auf eine Standardsituation eingeprägt, doch er hatte die wesentlichste Regel des Telefonierens nicht begriffen: Man muß zuhören, was der Anrufer sagt.

Die Therapeutinnen an der Universität brachten Sara und mir eine wertvolle Lektion bei: Teds Verhaltens- und Lernstörungen erwuchsen aus dem grundlegenden Unvermögen, den Kommunikationsvorgang zwischen Menschen zu verstehen.

Teds gutes Gedächtnis, seine Fähigkeit, Laute und grammatikalisch korrekte Sätze, die er einmal ausgesprochen gehört hatte, zu wiederholen, verschleierten die Tatsache, daß er die Grundregeln der Kommunikation nicht beherrschte – dein Gesprächspartner ist kein Gedankenleser, deshalb mußt du ihm umfassende Informationen geben, sonst wird er dich nicht verstehen, und du mußt ihm zuhören, wenn er etwas sagt, denn er sagt wahrscheinlich nicht das, was du erwartest.

Diese Probleme der Verständigung bildeten die Grundlage für Teds Unvermögen in vielen anderen Bereichen – seine Unfähigkeit, sich mit anderen Kindern zu verständigen, und seine Schwierigkeiten, Anweisungen der Lehrerin auszuführen oder einfache Erklärungen zu verstehen.

Grund für den Streit mit der Schulbehörde waren unsere unterschiedlichen Ansichten über die Art seiner Behinderung. Die Behörde argumentierte, Teds Probleme mit der Verständigung seien Folge seines geistigen Zurückgebliebenseins, während wir darauf beharrten, daß sein sprachliches Unvermögen die Hauptursache all seiner sonstigen Probleme sei.

Diese einander widersprechenden Auffassungen spiegelten subtile, aber entscheidende Differenzen in der Einstellung gegenüber der menschlichen Intelligenz und dem menschlichen Leistungsvermögen wider. Falls sich die spezifischen Fähigkeiten aus der allgemeinen Intelligenz entwickeln sollten, so würde ein niedriger Intelligenzquotient geringen Erfolg in sämtlichen Bereichen bedeuten. Dagegen stand folgende Ansicht: Falls sich Intelligenz verschiedenartig äußern kann und damit verschiedene Individuen jeweils besondere Stärken und Schwächen entwickeln läßt, würde eine Korrektur dieser Schwächen die Entwicklung der jeweiligen Person insgesamt verbessern können.

Als Ted 1970 in die staatliche Schule eintrat, gehörte er zu der ersten Generation von Kindern, denen die gesetzliche Regelung zugute kam, die sämtliche Schulbezirke verpflichtete, alle Kinder zu unterrichten, ganz gleich, an welcher Behinderung sie litten. Kinder, die wie mein Bruder vor Inkrafttreten dieses Gesetzes geboren wurden, waren nicht in den Genuß dieser speziellen Regelung innerhalb des Erziehungssystems gekommen.

Unsere Familie hatte miterlebt, welche Konsequenzen es für Sumner hatte, daß er jahrelang keine Schule besuchen durfte:

Seine Entwicklung wurde gehemmt, seine geistigen Möglichkeiten blieben unausgeschöpft und unentwickelt. Mit achtundfünfzig Jahren war seine Fähigkeit, sich zu artikulieren, immer noch auf dem Stand, den er im Alter von drei Jahren erreicht hatte. Seine manuelle Geschicklichkeit und seine feinmotorischen Fähigkeiten konnte er lediglich in häuslichen Routineaufgaben und in den Puzzles beweisen, die er unermüdlich zusammensetzte. Wir sahen, wie abhängig er von seiner Mutter war, und wir fürchteten, daß er es nicht überleben würde, falls ihr etwas zustoße.

Wir wollten für Ted etwas Besseres. Als wir darum kämpften, ihm eine Ausbildung zu ermöglichen, mußten wir jedoch mit Vorurteilen und Ignoranz fertig werden. Ähnlich wie die Führer der Bürgerrechtsbewegung, die gegen kulturelle Vorurteile und für die Kinder der Unterschicht eintraten, waren wir Vorkämpfer. Wir bestanden darauf, daß unser Kind Lehrer und Spezialisten brauchte, die sein Anderssein begriffen und die nicht standardisierte Tests als Entschuldigung dafür benutzten, ihm vorhandene Möglichkeiten zu versagen.

Die Widerstände, gegen die wir ankämpfen mußten, schienen unüberwindlich. Wir lagen im Rechtsstreit mit dem größten Schulbezirk unseres Bundesstaates und versuchten, den Untersuchungsausschuß davon zu überzeugen, daß wir als Eltern unser Kind und das Gesetz besser verstanden als die Schulbehörde und deren Anwalt. Außerdem waren wir gewarnt worden, daß neunzig Prozent der Eltern, die eine Klage anstrebten, ihren Fall verloren.

Wir konsultierten eine sympathische Rechtsanwältin namens Karen Thompson und bereiteten uns auf den entscheidenden Tag vor.

Als der Termin für die Anhörung vor Gericht näherrückte, wurden Sara und ich zusehends ängstlicher. Seit dem alptraumhaften Tag, als wir die Diagnose über Ted erfahren

hatten, hatte uns kein anderes Ereignis so mitgenommen. Wir verloren sogar etliche Pfunde an Gewicht und entwickelten auch sonst körperliche Streßsymptome.
Teds erste Lehrerin, die unseren Antrag auf Kommunikationstherapie unterstützt hatte, wollte bei der Anhörung nicht aussagen. Ihre Vorgesetzten hatten sie eingeschüchtert, und nun bedauerte sie es auch, daß sie mich damals eingeladen hatte, sie zur Konferenz über Autismus zu begleiten. Davon abgesehen war sie uns aber nach wie vor eine treue und fürsorgliche Freundin und Teds liebste Lehrerin. Wir mochten sie zu sehr, als daß wir sie unter Strafandrohung hätten vorladen lassen.
Schließlich war der Tag gekommen. In einem holzvertäfelten, langgestreckten Raum, der für die Sitzungen des Schulvorstandes und für andere offizielle Konferenzen der Schulbehörde vorgesehen war, nahmen wir mit unserer Anwältin an einem Tisch Platz. Saras Augen waren gerötet und verschwollen, und ich klammerte mich an die Armlehnen meines Sessels. Für die Zuschauer waren mehrere Reihen Stühle aufgestellt worden. Allmählich kamen zwölf bis fünfzehn Leute in den Raum und ließen sich nieder.
Unter den Zuschauern entdeckten wir eine Mutter, die ebenfalls ein autistisches Kind hatte, und einige Angehörige der Schule. Die übrigen waren uns nicht bekannt, und wir wußten nicht, ob es nun Zeugen waren, die die Schulbehörde benannt hatte, oder ob sie bloß aus Interesse zuhören wollten. Schließlich entdeckten wir auch noch ein paar vertraute Gesichter aus der Universitätsklinik, die uns aufmunternd zulächelten.
Um Punkt neun Uhr öffneten sich die Türen des Sitzungszimmers, und die beiden entscheidenden Personen kamen herein, nämlich der Anwalt der Schulbehörde und ein gebieterisch dreinschauender Mann in einem Rollstuhl. Sie kamen zu uns an den Tisch, und wir stellten uns gegenseitig vor. Als ich

dem Vorsitzenden die Hand schüttelte, blickte ich ihm in die Augen und hoffte, daß seine körperliche Behinderung ihm dabei helfen möge, die Probleme meines Sohnes zu verstehen, dessen Behinderung in einem intakten Körper und einem »normalen« Erscheinungsbild verborgen lag.

Unsere Anwältin bat mich, als erster auszusagen. Gemäß der vereinbarten Strategie wollte ich unser Familienleben schildern. In Gegenwart all dieser fremden Leute mußte ich mich für die Zukunft meines Sohnes einsetzen. Ich begann damit, unsere langen, erfolglosen Versuche mit Ärzten und Therapeuten zu beschreiben, die wir konsultiert hatten, damit sie Ted helfen sollten. Dann erklärte ich, wie wir uns alle darum bemüht hatten, Ted die einfachsten Aufgaben beizubringen.

Ich versuchte, objektiv und emotionslos zu sprechen, aber ich merkte, daß ich meine vorbereitete Rede nicht zu Ende führen konnte. Jetzt, als meine Worte mehr zählten denn je zuvor, ließen sie mich im Stich und blieben mir im Hals stecken. Zwei- oder dreimal versuchte ich weiterzusprechen, aber es gelang mir nicht.

Ich war deprimiert und fühlte mich gedemütigt. All unsere Bemühungen und unser langer Kampf, Ted zu helfen, hatten einen Höhepunkt erreicht. Zu viel hing von meiner Aussage ab; ich mußte einfach meine sonstigen Empfindungen unterdrücken. Fast vierzig Jahre lang hatte ich mich wegen meines Bruders geschämt und gelernt, seine Behinderung vor der übrigen Welt zu verbergen. Nun war ich gezwungen, vor versammeltem Publikum all das traurige Unvermögen meines Sohnes offenzulegen und um Hilfe zu bitten.

Im Sitzungsraum wurde es totenstill, und die Zeit schien stehenzubleiben. Beschämt bat ich um eine kurze Pause. Der Vorsitzende gewährte eine Unterbrechung, und ich trat hinaus auf den Flur, lehnte mich an eine Wand und begann zu schluchzen.

Ein paar Minuten später hatte ich meine Fassung wiedergewonnen. Unsere Anwältin besprach mit uns noch einmal in Ruhe die geplante Vorgehensweise, aber ich hatte den Faden verloren und sah in der Fortführung meiner Aussage keinen Sinn mehr. Mir schien, daß Sara und ich keinerlei Einfluß hatten auf das Ergebnis dieser Anhörung... oder auf die Zukunft unseres Kindes. Mutlos und wie in Trance hörten wir zu, wie andere Leute Teds Lage debattierten.

Zeugen, die die Schulbehörde benannt hatte, porträtierten Ted als ein zwar trauriges, aber absolut hoffnungsloses Beispiel für ein behindertes Kind. Sie betonten, wie weit er mit seinen schulischen Leistungen zurückliege, und lobten die Geduld und die Anteilnahme der Lehrkräfte, die Teds begrenzte Lernfähigkeit durchaus begriffen. Und sie bezeichneten unseren Antrag auf Bewilligung einer Kommunikationstherapie als Beweis dafür, daß Eltern einfach nicht in der Lage sind, die unüberwindbaren Beschränkungen zu akzeptieren, die aus der Behinderung ihrer Kinder erwachsen.

Die Zeugen, die wir benannt hatten, hoben hervor, daß es für Kinder wie Ted erst seit kurzer Zeit eine neue Form von Kommunikationstherapie gebe, die, anstatt sich auf die Behebung von Sprachfehlern wie Stottern oder Lispeln zu konzentrieren, den Gebrauch der Sprache zu fördern versuchte. Sie zitierten aus veröffentlichten Forschungsberichten und boten Testauswertungen als Belege an, aus denen ersichtlich sei, daß Teds Sprachvermögen sich nach seiner Behandlung in ihrer Klinik verbessert habe. Und sie wiesen darauf hin, daß beim ersten Test Teds Fähigkeit, sich zu artikulieren, dermaßen unterentwickelt gewesen sei, daß sie nicht einmal eine reguläre Untersuchung hatten durchführen können.

Ich hörte mir die einander widersprechenden Aussagen an und sah ängstlich dem Ausgang des Verfahrens entgegen. Wir fühlten uns eingekeilt zwischen den Ansichten der größten

Schulbehörde des Landes und der Expertenmeinung der Vertreter eines berühmten universitären Forschungsprogramms. Vierzehn Monate lang hatten wir vergeblich versucht, diese widersprüchlichen Ansichten für uns in Einklang zu bringen. Nun sollten wir in weniger als einem Tag solch komplizierte Themen wie Autismus, Kommunikationsstörungen und Wesen der menschlichen Intelligenz einem Richter darlegen, der zwar von Recht und Gesetz etwas verstand, nicht aber von Erziehung. Wie konnten wir da überhaupt gewinnen? Der Richter verkündete, daß er uns seine Entscheidung innerhalb der nächsten drei Wochen zustellen werde.

Unsere Söhne, die jetzt neun beziehungsweise sechs Jahre alt waren, hielten uns mit Alltagsaufgaben beschäftigt. Der Fahrplan des Schulbusses, die Termine für den Schwimmunterricht und andere familiäre Angelegenheiten verhinderten, daß wir nur noch an die bevorstehende richterliche Entscheidung dachten.

Es war kurz vor Halloween. Sara war ganz damit beschäftigt, die Kostüme zu nähen. Nick, der immer etwas Neues ausprobieren wollte, wollte sich als Pinguin verkleiden; Ted wollte als Ente gehen. Wir bastelten für beide Gesichtsmasken; Teds Maske bekam einen breiten und flachen Schnabel, und an Nicks Maske brachten wir einen spitzen Schnabel an. Als die Kostüme fertig waren und die Jungs sie anprobierten, sahen sie darin recht komisch aus und wirkten wie ein ungleiches Paar.

Sara gab den beiden die klare Anweisung, daß sie sich nicht weiter als einen Block von unserem Haus entfernen und auch nicht die vielbefahrene Straße davor überqueren durften.

Von unserer großen Veranda aus blickten wir den beiden nach, wie sie die Stufen zum Gehsteig hinunterwatschelten. Die Kostüme reichten bis zum Knie, so daß alles beim Gehen schlotterte und sie wie zwei linkische junge Vögel aussahen.

Diese beiden Jungs, die wir gleichermaßen liebten, hatten nur selten die Gelegenheit, ein Kindheitserlebnis miteinander zu teilen. Die Zukunft würde die Unterschiede zwischen den beiden vergrößern, und je mehr Zeit verstrich, um so weniger würden sie gemeinsam haben. Aber an jenem Abend sahen sie mehr denn je wie zwei Brüder aus, zwei einzigartige kleine Menschen in Vogelkostümen, Vögel mit unterschiedlichem Federkleid zwar, aber gemeinsam auf der Suche nach einem Abenteuer, das ihnen beiden Vergnügen bereiten, Aufmerksamkeit bescheren und Süßigkeiten einbringen würde.

Einige Wochen später rief unsere Anwältin an. Meine Neugier und Ungeduld wuchs ins Unermeßliche, als sie sagte: »Der Vorsitzende Richter wird uns demnächst eine Kopie seiner Entscheidung zusenden. Es ist sehr wichtig, sie schriftlich vorliegen zu haben, ich nehme aber an, daß Sie schon jetzt die entscheidenden Punkte in seinem Urteil erfahren möchten.«

Mit bösen Vorahnungen wartete ich auf ihre Ausführungen.

»Der Vorsitzende hat zu Ihren Gunsten entschieden. Er stimmt überein mit den Schlußfolgerungen, die der behandelnde Arzt Ihres Sohnes und das Klinikteam dargelegt haben. Das Urteil besagt, daß die Schulbehörde für mindestens zwei Stunden Kommunikationstherapie pro Woche sorgen muß. Des weiteren will der Richter sicherstellen, daß eine wirksame und qualitativ gesicherte Therapie durchgeführt wird. Das bedeutet, daß die Schule sich mit den Fachleuten zusammensetzen muß, die für uns als Zeugen ausgesagt haben, um so ein entsprechendes Programm zu entwickeln. Und zu guter Letzt verlangt er eine wissenschaftliche Bewertung dieser schulischen Maßnahmen, sobald sie in Gang gekommen sind.«

Wir hatten nicht nur Recht bekommen, sondern haushoch gewonnen! Meine früheren Befürchtungen und die nagenden Zweifel an meiner gerichtlichen Aussage waren wie weggeblasen.

Daß der Vorsitzende Richter von unserer Sache so überzeugt war, half uns darüber hinaus, unser Selbstvertrauen wiederherzustellen, das durch die Erfahrung vor Gericht erschüttert worden war. Eine Zeitlang fürchteten wir, die Schulbehörde würde Berufung einlegen, aber schließlich war die Berufungsfrist abgelaufen, und wir atmeten erleichtert auf. Von da an funktionierte die Zusammenarbeit mit den Lehrkräften sehr gut, wenn wir gemeinsam mit ihnen die Lernziele diskutierten, die Ted ansteuern sollte.
Uns war ein riesiger Stein vom Herzen gefallen, obgleich wir diese Nervenprobe mit ihren emotionalen und physischen Belastungen nicht so schnell vergessen konnten. Hin und wieder keimten unsere Ängste erneut auf, etwa bei den alljährlichen Sitzungen, bei denen Teds Ausbildungsprogramm immer neu festgelegt wurde.
Wir fanden uns damit ab, daß niemand in der Lage war, unser Kind so »hinzubiegen«, daß es sich automatisch jeder neuen Situation anpassen würde. Ted konnte allmähliche Fortschritte erzielen, aber auch nur dann, wenn wir jederzeit in der Lage waren, jedem Lehrer, der ihn noch nicht kannte, seine Bedürfnisse darzulegen.
Dieses Kind, das an Autismus litt, zu lieben, war einfach gewesen. Es zu verstehen, war schwierig gewesen. Aber die schwierigste Aufgabe überhaupt, eine Aufgabe, die ständig das Äußerste von uns abverlangte, war, seine Situation anderen Menschen begreiflich zu machen. Wir hatten ein neues Ziel: Da es nicht möglich war, Ted in ein normales Kind zu verwandeln, mußten wir die Einstellung der Gesellschaft gegenüber Leuten wie ihm verändern.

KAPITEL 16

Unser Arzt warnte uns, daß autistische Menschen dazu neigen, in das Verhaltensmuster der »angelernten Hilflosigkeit« zu verfallen und unfähig werden, auch nur die einfachsten Aufgaben zu erledigen, sobald sie nicht mehr wie gewohnt von den Eltern dazu angehalten werden.

Meine Sorge um Sumners Zukunft nahm wieder meine Aufmerksamkeit in Anspruch. Das Leben meines Bruders, der allein bei meiner betagten Mutter lebte, steuerte langsam, aber stetig auf eine langerwartete Krise zu.

In den zwanziger Jahren hatte meine Mutter keine Hilfe für Sumner bekommen. Da es an Ausbildungsprogrammen und an entsprechenden Behandlungsmöglichkeiten fehlte, hatte sie sich entschlossen, ihren Sohn für immer bei sich zu behalten. Wie so viele Eltern ihrer Generation, nahm sie die Behinderung ihres Kindes als ihre eigene Last auf sich, eine Last, die keinem anderen übertragen werden konnte. Ihre Zukunftsplanung war einfach: Sie hoffte, länger zu leben als er. Da sie in jungen Jahren geheiratet hatte, war sie erst achtzehn, als mein Bruder zur Welt kam. Unter günstigen Umständen, wenn sie sich körperlich fit gehalten und ausgewogen ernährt hätte, hätte sie vielleicht ihren Sohn überleben können, der bereits als Kind unter Anfällen litt. Aber es war ihr kaum möglich gewesen, sich angemessen um sich selbst zu kümmern. Als Witwe und Alleinstehende, die mit einem exzentrischen Sohn zusammenlebte, war sie sozial isoliert. Die kleine Wohnung wurde ihr zum Gefängnis, als Arthritis und Osteoporose (Knochengewebeschwund) ihren Bewegungsspielraum noch zusätzlich einschränkten.

Trotz seiner bewegungsarmen Lebensweise blieb Sumner, auch als er die Fünfzig schon weit überschritten hatte, gesund und sah immer noch jugendlich aus. Unserer Mutter hingegen machten zahlreiche gesundheitliche Probleme zu schaffen. Als fast Achtzigjährige war sie nicht mehr so stark und so geschickt wie früher. Schließlich begann das Kind, für das sie immer gesorgt hatte, sich um sie zu kümmern. Eine Zeitlang schien dieses Verhältnis recht gut zu funktionieren. Sumner konnte ihr zur Hand gehen, während sie ihm nach wie vor Instruktionen gab und ihn lenkte. Sie waren wirklich aufeinander angewiesen.

Diese gegenseitige Abhängigkeit konnte aber nicht ewig andauern. Es mußte etwas geschehen. Mir war klar, daß unsere Mutter bald sterben würde, und deshalb mußte ich Sumner auf diese Trennung vorbereiten. Wenn er den Verlust dieser hingebungsvollen, fürsorglichen Mutter überleben wollte, mußte er die Wohnung verlassen und ein eigenes Leben beginnen. Natürlich konnte ich mit meiner Mutter nicht frank und frei über ihren körperlichen Verfall und ihren bevorstehenden Tod reden, aber ich konnte auch nicht untätig zusehen, wie mein Bruder mit einem Mal zum Waisen würde und unvorbereitet der neuen Situation ausgeliefert wäre.

Bereits ein ganzes Jahr lang war meine Mutter nicht mehr in der Lage gewesen, die Wohnung zu putzen oder Wäsche zu waschen. Mehrere Monate lang übernahm ich diese Aufgaben und erledigte auch noch weitere Besorgungen für sie, bis ich erfuhr, daß die beiden Anspruch hätten auf einen Sozialdienst, der sich »Haushaltshilfe« nannte.

Dieser Sozialdienst, der älteren und behinderten Menschen dabei helfen sollte, in ihrer eigenen Wohnung zu leben, setzte voraus, daß Sumner sich bei einem Sozialarbeiter des Behindertendienstes anmeldete. Obwohl er ohne Zweifel Anspruch auf diese Leistungen hatte, mußten wir zuerst bei einem von der zuständigen Behörde beauftragten Psychologen ein Gutachten einholen.

Meine Mutter hatte Angst davor, daß ihr Sohn, den sie so lange beschützt und versteckt hatte, von einem fremden Menschen untersucht würde. Sie erwartete sich nichts anderes als eine weitere traumatische und nutzlose Begegnung mit einem Experten, ähnlich den Erfahrungen aus früheren Jahren, die sie stets als entwürdigend und beängstigend empfunden hatte. Als Sumner seinen Termin hatte, fuhr ich die beiden zu dem großen, schäbigen Büro, das der Behindertendienst zusammen mit anderen staatlichen Sozialeinrichtungen unterhielt.

Ich verstand den Widerwillen meiner Mutter. Diese stolze Frau hatte die Große Depression und Jahre der finanziellen Entbehrung überlebt. Auch während ihr Mann arbeitslos war, im Gefängnis saß oder seine Trunksucht auskurierte, hatte sie niemals den Staat um Hilfe gebeten. Selbst mein Vater hatte es abgelehnt, Arbeitslosenunterstützung zu beantragen, wenn er, wie das so oft der Fall war, ohne Arbeit dagestanden war. Meine Eltern haben auf diese Form der Unabhängigkeit immer großen Wert gelegt, denn es bedeutete für sie, daß sie sich trotz aller Erniedrigungen den Sinn für Würde bewahrt hatten.

In einem Aufzug, dessen stählerne Wände mit Graffitis verschmiert waren, fuhren wir nach oben. Nachdem wir uns bei der Sekretärin angemeldet hatten, mußten wir in einem spärlich eingerichteten Raum warten, in dem billige Plastikstühle herumstanden. Ärmlich gekleidete Leute bevölkerten das Wartezimmer. Verzweifelt aussehende Frauen beaufsichtigten ihre

Kinder, die sich in einer Spielecke mit den wenigen vorhandenen und allesamt kaputten Spielsachen beschäftigten.
Die Teppichfliesen aus Vinyl waren hoffnungslos verdreckt, und die einzelnen Seiten einer drei Tage alten Zeitung lagen verstreut auf mehreren klapprigen Tischen. Ich mußte lächeln, denn eine Freundin von uns, die Mutter eines Mädchens, das am Down-Syndrom litt, hatte mich gewarnt, daß das Büro aussehe wie ein »verwahrloster Busbahnhof«.
Während wir auf den Psychologen warteten, saß Mutter regungslos auf ihrem Stuhl. Strähnen grauen Haares umrahmten ihr Gesicht und milderten den Eindruck ihrer hervorstehenden Backenknochen. Sie wog nur mehr achtzig Pfund und schien in den Falten ihres marineblauen Regenmantels zu versinken, den auszuziehen sie sich geweigert hatte, und zwar nicht, weil sie fror, sondern weil sie damit zeigen wollte, daß sie eigentlich im Begriff war, sofort wieder zu gehen. Es dauerte nicht lange, bis der Psychologe kam. Er führte uns in ein Besprechungszimmer und stellte meiner Mutter einige Fragen zu Sumners Geburt und seiner frühen Kindheit. Dann bat er Sumner, ihn in einen anderen Raum zu begleiten, wo die Untersuchung stattfinden sollte.
Mama war offensichtlich nervös. Sie hatte nicht damit gerechnet, daß man Sumner von ihr trennen würde. Sie überlegte, ob sie ihm nicht bei der Untersuchung beistehen sollte. Während wir warteten, versuchte ich sie mit einem Gespräch über die Kinder und die bevorstehenden Ferien abzulenken, aber immer wieder blickte sie ängstlich auf ihre Uhr.
»Was dauert es denn so lange?« fragte sie. Ich versuchte ihr zu erklären, wie schwierig es für einen Psychologen ist, einen Erwachsenen zu testen, der sich nicht richtig äußern kann, aber sie hörte mir eigentlich gar nicht zu.
Die Vorstellung, Sumners Intelligenz zu »messen«, erschien ihr lächerlich. Sie hatte erwartet, daß der Psychologe kurz und

knapp feststellte, daß Sumner behindert war, und ihn als hoffnungslosen Fall einstufte – das Etikett, das er seit seiner Kindheit trug.

Ihre Einstellung erinnerte mich an die Vertreter der Schulbehörde, die Ted keine Kommunikationstherapie bewilligen wollten. Für sie war die Feststellung, daß jemand behindert ist, gleichsam eine Methode zur Einstufung der betreffenden Person, nicht, um davon ausgehend entsprechende Fördermaßnahmen oder Hilfsdienste in Gang zu setzen, sondern nur, um die Unfähigkeit dieser Person zu dokumentieren.

Nach etwa vierzig Minuten kamen der Psychologe und Sumner zurück. Der Psychologe meinte, daß wir eine Kopie seines schriftlichen Berichtes erhalten würden, aber er erklärte sich auch bereit, uns sofort die wichtigsten Ergebnisse seiner Untersuchung mitzuteilen. »Sumners allgemeiner Entwicklungsstand ist der eines vier- bis fünfjährigen Kindes. Er zeigt aber einige Stärken, die sehr überraschen, darunter ein hohes Maß an künstlerischem Geschick.«

Er zeigte uns ein Blatt mit geometrischen Figuren, das Sumner nach einer Vorlage abgezeichnet hatte. Meine Mutter und ich staunten, wie exakt Sumner die Rechtecke, Kreise, Pyramiden und anderen Figuren wiedergegeben hatte. Mama war hocherfreut und sogar ein wenig stolz, besonders weil sie sich schon gar nicht mehr erinnern konnte, wann Sumner das letzte Mal einen Stift oder Kugelschreiber in der Hand gehabt hatte.

Nachdem die psychologische Untersuchung abgeschlossen war, hatte Sumner offiziell Anspruch auf die Dienstleistungen der Behindertenbetreuung. Über das Programm der Behörde konnte ich ihm schließlich eine Haushaltshilfe beschaffen. Dann plante ich den nächsten, radikaleren Schritt, der seine zukünftige Versorgung sichern sollte.

Unsere Stadt unterhielt ein hervorragendes Entwicklungszentrum für behinderte Erwachsene, das Northwest Center. Vor Jahren hatte ich eine junge Pädagogin kennengelernt, die dort arbeitete. Mich hatte vor allem ihr Kurs für ältere Behinderte sehr beeindruckt. Sie hatte voller Stolz von einem Mann erzählt, der über siebzig war und der zum ersten Mal in seinem Leben gelernt hatte, sich selbst die Schuhe zu binden.

Ich hoffte, Sumner im Northwest Center anmelden zu können, aber mir war nicht klar, wie ich meine Mutter für diese Idee gewinnen könnte. Zum Glück war die ablehnende Haltung meiner Mutter kein Ausnahmefall. Im Gegenteil, die Betreuer von der Association for Retarded Citizens waren mit dem Problem, daß betagte Eltern ihre Kinder bei sich behalten wollen, bestens vertraut. Sie verstanden mein Anliegen und erklärten sich bereit, mir zu helfen.

Um sie vorzuwarnen, erzählte ich, daß meine Mutter sich dagegen sträubte, Sumner gehen zu lassen und bei einem Besuch in diesem Zentrum wahrscheinlich aus der Fassung geraten würde. Sie würde denken, daß die anderen Patienten entweder zu jung oder zu »normal« seien, als daß Sumner zu ihnen passen würde. Sie würde daran Anstoß nehmen, wie manche dieser Leute aussahen oder rochen. Sie meinte nämlich, ihr Sohn sei etwas Besonderes und so einzigartig, daß er auf mehr Anspruch habe und mehr benötige als andere.

Die Betreuer schlugen vor, meine Mutter bei ihr zu Hause zu besuchen. Obwohl die Arthritis ihr schwer zu schaffen machte, zog sie für dieses Gespräch ihr bestes Kleid an. Und sie ließ es sich nicht nehmen, ihren Gästen Tee und Gebäck zu offerieren. Das Treffen begann mit belangloser Plauderei. Die Gäste machten meiner Mutter Komplimente für ihre Wohnungseinrichtung und bewunderten ihre Porzellanblumensammlung. Sie stellten sich bei Sumner vor und machten sich dann an die heikle Aufgabe, das Vertrauen unserer Mutter zu gewinnen. Allmählich wich die Spannung von ihr; sie betrachtete ihre Besucher als gleichwertig und sah sie nicht mehr als Fachleute »von draußen« an, die ihr den Sohn wegnehmen wollten. Wir überzeugten sie davon, daß Sumner im Northwest Center gut aufgehoben sei und angemessen behandelt würde. Doch sie wandte ein, daß er mit neunundfünfzig Jahren zu alt für eine Schule sei und daß er sehr schnell erschöpft sei, wenn er mehr als ein paar Stunden am Tag arbeiten müßte.

Wir versuchten, einen Kompromiß zu finden. Und so kamen wir überein, ihn nicht als Vollzeit-Patienten im Center anzumelden, sondern ihm die Möglichkeit zu geben, es erst einmal langsam und in Ruhe auszuprobieren. Zu Beginn sollte er das Center nur einen Nachmittag lang pro Woche aufsuchen. Aber ich plante, die Besuchsdauer in kleinen Schritten allmählich zu steigern, und hoffte, daß er schließlich jeden Tag kommen würde. Alle, die Sumner kannten, zweifelten, daß ihm sein verspäteter Ausflug in die Welt etwas nützen würde. Unsere Schwestern hatten versucht, ihm das Alphabet beizubringen, und waren gescheitert. Auch ich hatte mich bemüht, ihn zu Hause das Lesen und Schreiben zu lehren, und es war mir nicht gelungen. Er war und blieb Analphabet. Seine ganze Sprache bestand aus ein paar Sätzen in Echolalie. Noch schlimmer war aber, daß er nie länger als ein paar Stunden am Stück von seiner Mutter getrennt gewesen war und daß er keinerlei Erfahrung hatte, wie man mit anderen Leuten umging oder wie man elementare körperliche Bedürfnisse artikuliert.

Ich teilte die Befürchtungen meiner Mutter und war besorgt, wie Sumner wohl auf das Northwest Center reagieren würde. Doch ich mußte meine Besorgnis für mich behalten, um die beiden nicht zusätzlich zu beunruhigen. Wir konnten diese Trennung von der Familie, die er durchmachen müßte, nicht noch länger hinausschieben. Er mußte einfach eine neue Umgebung finden, in der er Hilfe bekommen würde, wenn seine einzige Fürsorgerin einst nicht mehr lebte.

Voller Zweifel fuhr ich mit ihm zu dem weitläufigen Campus, auf dem das Center angesiedelt war. Der Campus lag in einem heruntergekommenen Industrieviertel. Das Center war aufgeteilt in eine Reihe von Gebäuden, die der Nationalgarde gehört hatten. Die Häuser wären abgerissen worden, wenn nicht in letzter Minute Eltern von behinderten Kindern dagegen eingeschritten wären. Mit Hilfe von Spenden konnten behelfsmäßige Reparaturen durchgeführt werden, und die ehemaligen Büros und Lagerhallen wurden zu Klassenzimmern und Werkstätten umgebaut.
Ungefähr fünfzig Erwachsene mit unterschiedlichen Behinderungen besuchten die Kurse und arbeiteten dort. Viele dieser Patienten waren körperlich behindert oder entstellt. Einige hatten Schwierigkeiten mit dem Gehen. Andere, die an Hydrozephalus litten, hatten unförmig große Köpfe, wiederum andere zeigten Anzeichen des Down-Syndroms. Einige sprachen ständig mit sich selbst, und einige verströmten einen unangenehmen Körpergeruch. Es war, als ob sämtliche angeborene Schäden an einem Ort versammelt seien.
Als ich mit Sumner die Korridore entlang ging, empfand ich so etwas wie Ehrfurcht. Das Ganze hier hätte ein Alptraum sein können, wäre da nicht etwas gewesen, was alles Bedrückende aufhob – die Menschen hier schienen glücklich zu sein. Ich staunte beim Anblick dieser meiner Mitmenschen, die ihre Behinderungen unbefangen zeigten und Selbstvertrauen und Würde ausstrahlten. Keiner von ihnen duckte sich in den Schatten, keiner schreckte vor den Wänden zurück. Es herrschte eine Atmosphäre gegenseitigen Verstehens, und alle schienen sich wohl zu fühlen.
Die Betreuer machten bei der Begrüßung keinen Unterschied zwischen mir und meinem Bruder. Sie sprachen mit Sumner, obgleich er keine Antwort geben konnte. Er wurde wie ein erwachsener Mensch behandelt, nicht wie ein zu alt geworde-

nes Kind oder wie ein lästiges Anhängsel unserer Familie. In dieser Umgebung fühlten wir beide uns wohl. Er mußte seine Behinderung nicht verbergen, und ich mußte sie nicht erklären. Diese Erfahrung half mir, unser Menschsein wieder bewußt zu erleben.

Später, in der Wohnung meiner Mutter, erzählte ich ihr von meinen Eindrücken und versicherte ihr, daß Sumner in dieser neuen Umgebung nicht nur sicher aufgehoben sei, sondern als Mensch akzeptiert werde. Dies bestätigte auch sein neues Verhalten, das sie an ihm beobachten konnte. Da er die Tage, die er außerhalb der mütterlichen Wohnung verbrachte, sichtlich genoß und ungeduldig auf den jeweils nächsten Ausflug wartete, erlaubte sie uns, Sumner häufiger ins Center zu bringen, bis er schließlich fünfmal pro Woche jeweils den ganzen Tag dort blieb.

Ganz offensichtlich machten ihm die Ausflüge ins Center Spaß. Wenn er nach Hause zurückkam, schien er ruhiger geworden zu sein, und nachts schlief er besser. Dennoch mußten noch einige Hürden genommen werden.

Die erste Krise kam kurz nachdem wir Sumner für das Vollzeit-Programm angemeldet hatten. Eines Abends rief mich meine Mutter an und teilte mir etwas mit, was nichts Gutes ahnen ließ: »Sumner ist heimgekommen und hat sein Lunchpaket ungeöffnet wieder mitgebracht. Das ist jetzt schon zum zweiten Mal passiert!«

Sie hatte ihn sein ganzes Leben lang genauestens überwacht und kontrolliert und für ihn wie niemand sonst gesorgt. Sie war es gewohnt, ihm für jede gewöhnliche körperliche Tätigkeit umfassende verbale Instruktionen zu geben, und er war es gewohnt, auf diese Anweisungen zu warten. Zuletzt war er von ihren Instruktionen so abhängig geworden, daß er nichts mehr aus eigenem Antrieb unternehmen konnte, sondern immer erst auf das vertraute »Stichwort« oder die »Mahnung« wartete.

Dr. Reichert hatte uns gewarnt, Ted nicht zu abhängig werden zu lassen. Er hatte erlebt, wie behinderte Kinder und Erwachsene in Verhaltensmuster der erlernten Hilflosigkeit verfallen waren. Und ich hatte selbst schon gemerkt, wie schwer es Ted fiel, für sich selbst zu denken, wie sehr er dazu neigte, sich auf die Anweisungen anderer zu verlassen oder automatisch einer erlernten Gewohnheit zu folgen.

Da Sumner und Ted beide gleichermaßen Schwierigkeiten hatten, kausale Zusammenhänge zu verstehen, verbanden sie zwar eine Anweisung mit einer Handlung, waren aber nicht in der Lage, beides in eine sinnvolle Beziehung zueinander zu bringen. Für sie wurden die vertrauten Anweisungen so sehr Teil der auszuführenden Handlung, daß sie untrennbar miteinander verknüpft zu sein schienen. Sie konnten sich das eine nicht ohne das andere vorstellen.

Nach neunundfünfzig Jahren fürsorglicher Beaufsichtigung war Sumner buchstäblich unfähig, sein Essen aus eigenem Antrieb zu sich zu nehmen. Die Betreuer im Zentrum hatten dies bereits erkannt, und deshalb gaben ihm seine Lehrer während der Mittagessenszeit eine Reihe einfacher Anweisungen. Wenn die Betreuer aber mit einem anderen Patienten alle Hände voll zu tun hatten oder wenn ein Ersatzmann für den Speisesaal eingeteilt war, bekam Sumner kein Stichwort, um sein Essen auszupacken.

Nach Ansicht meiner Mutter bedeutete ein nicht angerührtes Mittagessen nicht, daß es an Pflegekräften mangelte; für sie war es schlicht ein Zeichen für Vernachlässigung. Sie drohte, ihn so lange zu Hause zu behalten, bis wir ihr garantieren könnten, daß er sein Mittagessen immer zu sich nehmen würde.

Diesen Punkt setzten wir an die erste Stelle der Lernziele, die in Sumners Rehabilitationsplan festgelegt wurden. Das Gesetz schreibt nämlich vor, daß die Patienten oder deren Vormunde von Jahr zu Jahr einen Individuellen Rehabilitationsplan (IRP) vorlegen müssen. Sinn dieses IRP ist es, auf realistischer Basis festzulegen, welche Verhaltensänderungen bewirkt und welche Fertigkeiten vermittelt werden sollen, damit der Patient eine berufliche Beschäftigung oder die Unabhängigkeit erreichen kann.

Bei einem Treffen erläuterte ich den Betreuern im Center unser Problem, einschließlich der Befürchtungen meiner Mutter. Ich beschrieb ihnen die häuslichen Gepflogenheiten und schilderte, wie sie Sumner stets dirigierte, wenn er sich anzog, aß oder auf die Toilette ging, obwohl er diese Tätigkeiten schon seit seiner Kindheit, also seit mehr als fünfzig Jahren, beherrschte.

Wir kamen überein, daß er für seine Routinehandlungen selbst die Verantwortung übernehmen sollte. Jeder Schritt in Richtung Unabhängigkeit würde seine Chance verbessern, in Zukunft beruflich oder wohnungsmäßig irgendwo unterzukommen. Es war durchaus von Vorteil, wenn wir das selbständige Essen als Ziel der Verhaltensregulierung hervorhoben. Wenn es ihm gelang, von alleine zu essen, wäre das eine natürliche Belohnung, und wenn er hungerte, wäre das eine natürliche Folge seiner Unfähigkeit, selbst die Initiative zu ergreifen.

Unsere Strategie war einfach, erforderte aber konsequentes Vorgehen und eine tägliche Überprüfung der erzielten Fortschritte. Die Betreuer mußten all die direkten Befehle auflisten, die er benötigte, damit er überhaupt essen konnte:

»Sumner, hol dein Luchpaket.«

»Geh in den Speisesaal.«

»Setz dich auf einen Stuhl.«

»Öffne dein Lunchpaket.«

»Iß die mitgebrachten Sachen.«

»Geh wieder an deine Arbeit.«

Als nächstes dachten wir uns mittelbare verbale Stichworte aus, die nach und nach die unmittelbaren Befehle ersetzen sollten. Die mittelbaren Stichworte enthielten zwar nach wie vor bestimmte Hinweise, verminderten aber ein blindes Ausführen von Befehlen:

»Sumner, es ist Essenszeit.«

»Jetzt gehen alle in den Speisesaal.«

»Suchst du dir einen freien Stuhl?«

»Was ist in deinem Lunchpaket?«

»Wie schmeckt dir dein Lunch?«

»Es ist Zeit, wieder an die Arbeit zu gehen.«

Die Betreuer wollten die Anweisungen Schritt für Schritt ändern. Zunächst sollte der erste direkte Befehl durch eine mittelbare Anweisung ersetzt werden. Erst wenn Sumner Bereitschaft erkennen ließe, auf diese mittelbare Anweisung einzugehen, sollten die nächsten Schritte folgen, bis schließlich alle direkten Befehle durch verklausulierte Stichworte ersetzt wären. Außerdem wollten die Betreuer mit Bedacht den Wortlaut der neuen Anweisungen immer wieder variieren. Andernfalls würde Sumner möglicherweise einfach seine »Stichwort-Abhängigkeit« von dem einen Repertoire an Kommandos auf ein anderes Repertoire von vorhersehbaren Stichworten verlagern.

Unser Ziel war, sämtliche verbale Instruktionen überflüssig zu machen. Um dies zu erreichen, mußten wir Sumner die Folgen seines Handelns bewußt machen. Zum ersten Mal in seinem Leben sollte er damit konfrontiert werden, daß man sein Verhalten systematisch ändern wollte. Wir mußten uns über die Besorgnisse seiner liebenden Mutter hinwegsetzen, wenn wir ihm Eigenverantwortung beibringen wollten. Wenn er falsch reagierte, würde er nichts zu essen bekommen. Dennoch mußte ich auch die Befürchtungen meiner Mutter berücksichtigen. Sie würde möglicherweise das ganze Projekt

stoppen, wenn Sumner mit einem unausgepackten Lunchpaket nach Hause käme.
Die Betreuer versprachen mir, nichtgegessene Sachen zu konfiszieren. Unsere Mutter würde es also niemals erfahren, wenn Sumner nichts zu essen bekommen hätte, weil er auf die Anweisung falsch reagiert hatte. Da seine Sprache nur aus ein paar wenigen Ausdrücken in Echolalie bestand, würde er ihr nicht erzählen können, daß er nichts zu essen gehabt hatte.
Die Betreuer und ich freuten uns, daß Sumner das gesteckte Ziel innerhalb von sechs Wochen erreichte. Davon ermutigt, planten wir weitere Schritte in Richtung Unabhängigkeit. Wir legten in seinem IRP bestimmte berufsfördernde Maßnahmen fest, da er aber bald sechzig Jahre alt würde, schienen uns Fertigkeiten, die das soziale Alltagsleben betreffen, noch wichtiger zu sein.
Sumner und meine Mutter lebten in einer Wohnung, die man durch eine stets verschlossene Vorhalle erreichte. Er hatte nie gelernt, wie man einen Schlüssel benutzt oder an einer Türklingel läutet. Er konnte zwar morgens aus der Wohnung gehen, die Vorhallentür von innen öffnen und in den Bus des Northwest Center steigen, der ihn zu seiner Arbeit brachte, aber ohne fremde Hilfe kam er nicht in die Wohnung zurück. Trotz ihrer Arthritis, die sie lähmte, und der Osteoporose, die langsam die Wirbelsäule zerstörte, mußte unsere hochbetagte Mutter täglich in der Vorhalle auf seine Rückkehr warten.
Sie humpelte in die Halle, ließ sich in einen der dort stehenden unbequemen Stühle fallen und wartete, bis er zurückkam. Wenn sie einschlief oder aus irgendeinem anderen Grund davon abgehalten wurde, ihm zu öffnen, blieb Sumner ruhig vor der Tür stehen und wartete auf das Ereignis, das da kommen sollte: daß ihm seine Mutter aufschloß.
Einmal beobachtete eine Nachbarin, wie er ungerührt vor dem Haus stand, mit der Nase fast an der Tür. Zwanzig Minuten

später stand er immer noch so da, deshalb ließ sie ihn schließlich in die Halle. Niemand weiß, wie lange er wohl schon so herumgestanden haben mochte, ohne irgend etwas zu unternehmen. Sein für autistische Menschen typisches Problem bestand darin, daß er nicht abschätzen konnte, wie lange eine Handlung dauern würde oder wie lange man vernünftigerweise auf etwas warten sollte.

Die Betreuer im Northwest Center schlugen vor, einen Lehrplan zu erarbeiten, um Sumner den Gebrauch eines Schlüssels beizubringen. Sie planten, in seinen Kursen Bedingungen einzubauen, die von ihm verlangten, aus eigenem Antrieb Türen zu öffnen. Ich freute mich, dies meiner Mutter erzählen zu können, denn nun sollte Sumner etwas lernen, das ihnen beiden das Leben erleichtern würde.

Leider hatte er nicht die Möglichkeit, dieses Ziel zu erreichen. Da sich der Gesundheitszustand unserer Mutter plötzlich verschlechterte, war sie zu einem abrupten Wandel ihrer Lebensführung gezwungen. Innerhalb von nur wenigen Tagen wurde Sumner von Mama für immer getrennt. Die Erfahrungen, die er in den darauffolgenden Monaten machte, brachten ihn fast um und zeigten mir auf schmerzhafte Weise, wie die Gesellschaft mit Behinderten verfährt.

KAPITEL 17

Mehr als fünfzig Jahre lang hatte sich mein Bruder immer selbst die Nägel geschnitten. Aber als er von meiner Mutter getrennt war, konnte er nicht einmal nach einer Schere fragen.

Seit drei Jahren schon war es mit der Gesundheit meiner Mutter stetig bergab gegangen. Schließlich hatte sie uns um Hilfe gebeten. Sara hatte einen Sozialdienst ausfindig gemacht, der sich »Essen auf Rädern« nannte und tiefgefrorene Mahlzeiten in die Wohnung brachte, und wir hatten ihren Umzug in ein Haus arrangiert, das speziell auf die Bedürfnisse betagter Menschen ausgerichtet war.

Diese Hilfe von außen ermöglichte es, daß Sumner und meine Mutter zusammenbleiben konnten, wobei die gegenseitige Abhängigkeit etwas abnahm. Gleichzeitig versuchten wir weiterhin, durch handwerklichen Unterricht im Northwest Center Sumners Unabhängigkeit zu fördern. Leider kamen meine Bemühungen zu spät.

Der Gesundheitszustand meiner Mutter versetzte unsere Familie in Alarmstimmung. Bei jeder noch so einfachen Verrichtung im Haushalt war sie auf Sumners Hilfe angewiesen, er mußte ihr auch helfen, wenn sie von ihrem Sessel aufstehen oder die wenigen Schritte von ihrem Bett ins Badezimmer

zurücklegen wollte. Sumner war zwar körperlich behende, aber er führte Aufgaben nur dann aus, wenn sie nicht vergaß, ihm jeweils genaue Anweisungen zu erteilen.
Ich erinnere mich noch an einen Besuch bei beiden zur Mittagszeit, kurz vor seinem sechzigsten Geburtstag. Die Wohnung war völlig überheizt, und die Fenster waren fest verschlossen. Sie saß auf dem Sofa in Reichweite des Telefons, mit Blick auf den Fernseher. Das war ihr Stammplatz, von morgens bis abends. Als ich eintraf, war Sumner gerade damit beschäftigt, ihre Anweisungen folgsam auszuführen: Er stellte ihr ein in Aluminiumfolie eingeschweißtes Gericht auf das Tischchen neben ihrem Sessel. Sie begann ihr Essen auszupacken, hielt aber plötzlich inne und beschwerte sich, daß es zu kalt sei.
Ich sah mir das Fertiggericht an, das in der Mitte tatsächlich noch völlig gefroren war. Unverkennbar war es nur an den Rändern aufgetaut. Als nächstes überprüfte ich den Herd. Er war nicht eingeschaltet worden. Anscheinend hatte sie an fast alle Handlungsschritte gedacht – »nimm aus dem Kühlschrank zwei Fertiggerichte, stell sie in den Herd, stell den Timer auf dreißig Minuten ein« –, aber sie hatte vergessen zu sagen: »Schalte den Herd an.« Da er von ihren Weisungen abhängig und zu keinem eigenen Urteil fähig war, hatte er bis zum Schluß alles folgsam erledigt, was ihm aufgetragen worden war, und ihr ein gefrorenes Essen serviert. Von da an wußte ich, daß die beiden sich nicht länger die gegenseitige Unterstützung geben konnten, die notwendig gewesen wäre, wenn sie weiterhin allein leben wollten.
Einige Tage danach hatte meine Mutter einen Routinetermin wegen ihrer Arthritis. Der Arzt war über ihren Gesundheitszustand beunruhigt und schlug ihr vor, sich sofort in der Klinik gründlich untersuchen zu lassen. Ich wußte, daß sie mehrere Tage im Krankenhaus würde bleiben müssen und daß sie nach

ihrer Entlassung nicht mehr in der Lage war, Sumner angemessen zu beaufsichtigen und zu kontrollieren.
An diesem Tag holte ich Sumner vom Center ab, damit er nicht auf der Treppe vor seinem Haus herumstehen müßte, um darauf zu warten, daß sich die Tür öffnete, die jetzt immer für ihn verschlossen blieb. Er wohnte von nun an bei uns. Ich hoffte inständig, bald eine geeignete Unterkunft für ihn zu finden.
Sumner, der nun zum ersten Mal für längere Zeit von seiner Mutter getrennt war, näßte jede Nacht ins Bett. Es war Sara und mir unmöglich, auf die Dauer gleichzeitig für ihn, für unsere Söhne und für meine kranke Mutter zu sorgen.
Mein erster Versuch, für Sumner eine Wohnung zu finden, bescherte uns beiden eine traumatische Erfahrung. Wir hatten einen Vorstellungstermin in einem Wohnheim, das die kurzfristige Betreuung von in Not geratenen Erwachsenen anbot. Schweigend fuhren wir beide dorthin: auf einmal war ich ebenso sprachlos wie Sumner. Ich hätte ihm gerne erzählt, wohin ich ihn brachte und warum, aber ich wußte, daß ich es ihm nicht begreiflich machen konnte.
Unser Besuch im Wohnheim dauerte nur kurz. Die Betreuer erboten sich, Sumner für einen kurzfristigen Aufenthalt von zwei oder drei Monaten auf eine Warteliste zu setzen. Als ich erfuhr, daß man selbst bei »dringlichen« Fällen mehrere Wochen warten mußte, gab ich die Hoffnung auf. Auf dem Nachhauseweg beobachtete ich Sumner nervös aus den Augenwinkeln. Er saß neben mir im dunklen Innenraum des Wagens, der nur spärlich vom Licht erhellt wurde, das der Nebel reflektierte, und fing an, sich zu wiegen und zu wimmern.
Ich hatte ihn noch nie in einem solchen Zustand erlebt, und sein Anblick erschreckte mich. Ich fürchtete schon, er würde gewalttätig werden, aber er wimmerte nur. Die Töne, die er

von sich gab, waren primitive Laute, reiner Ausdruck menschlichen Schmerzes, älter als jede Form von Sprache, aber irgendwie ausdrucksstärker als jeder hochentwickelte Wortschatz.

An diesem Abend bekam er schrecklichen Durchfall und hielt uns damit die ganze Nacht lang wach. Mir graute schon vor dem nächsten Vorstellungstermin mit ihm.

Kaum eine Woche später bekam ich einen Termin bei einer städtischen Versorgungseinrichtung, die auf der anderen Seite des Puget Sound lag. An einem Wintermorgen bestiegen Sumner und ich die Fähre und fuhren durch malerische Wälder zu einem riesigen, weitläufigen Gebäude, das für die Betreuung von dreißig Patienten des Behindertendienstes eingerichtet war. Die landschaftliche Umgebung war herrlich, und die Betreuer versicherten mir, daß sie Sumner helfen könnten, sich einzugewöhnen. Ich schrieb ihnen auf, welches Essen er gar nicht mochte, und versuchte, seine schlechten und guten Angewohnheiten zu erklären. Die Betreuer blieben zwar höflich, schienen sich aber für meine Besorgnisse nicht sonderlich zu interessieren; in den Augen dieser erfahrenen Fachleute muß ich überbesorgt gewirkt haben. Ich war sehr angespannt, als der Leiter Sumner fragte, ob er denn gerne Bowling spiele, ob er gerne arbeite, ob er gerne neue Leute kennenlerne. Auf jede Frage gab Sumner wie mechanisch die gleiche Antwort, ein höflich klingendes »mmhh«, das sich irgendwie nach Zustimmung anhörte.

Innerlich widerstrebend willigte ich ein, in der folgenden Woche seinen Umzug in dieses Haus durchführen zu lassen. Da ich keine andere Wahl hatte, wollte ich diese Unterkunft für ihn sichern, und so versuchte ich, meine Zweifel zu zerstreuen. Ich hoffte einfach, daß diese erfahrenen Sozialarbeiter und Betreuer recht hatten. Ich war bereit, mir beweisen zu lassen, daß ich die Situation falsch einschätzte und daß meine Befürchtungen grundlos waren. Doch ich fragte mich auch, ob sie begreifen würden, wie schwer es für Sumner war, sich verständlich zu machen.

Da ich ja wußte, daß er sich nicht artikulieren konnte, fragte ich mich, ob sie Sumners Bedürfnisse auch ohne Hinweise von seiner Seite erkennen oder ihm helfen würden, ein neues Leben zu beginnen, ohne die Mutter, die immer an seiner Statt gesprochen hatte. Mit all diesen Zweifeln im Kopf lieferte ich ihn in seinem neuen »Zuhause« ab und willigte ein, ihn einen Monat lang nicht zu besuchen, bis er sich »eingewöhnt« habe. Sumner schien zu begreifen, als ich ihn zum Abschied umarmte. Was immer seine Gefühle oder Gedanken gewesen sein mochten, er war unfähig, sie auszudrücken, und ich war froh, daß es zu keiner hysterischen Szene gekommen war. Es war fast so, als beweise er Tapferkeit für uns beide, jetzt, wo es so wichtig für mich war, daß er mit mir zusammenarbeitete.

Auf der Fahrt nach Hause versuchte ich, nicht an den grauhaarigen Mann zu denken, den ich zurückgelassen hatte. In der Geborgenheit des mütterlichen Zuhauses war er alt geworden, aber ich sah ihn immer noch als ihr Kind an, nicht als meinen älteren Bruder. Jetzt, in diesem Moment, schien er aber auch mein Kind zu sein, das Schutz und Liebe braucht und verdient, wie jedes Kind oder jeder Mensch. Ich war froh, nicht dabeibleiben und seine Einweisung miterleben zu müssen, nicht zu sehen, wie schmerzlich sie für ihn war. Seine Andersartigkeit, die es so schwer machte, ihn zu verstehen oder zu beschreiben, hatte sich in seinen Tränen aufgelöst, Tränen, die ihn eins werden ließen mit allen verlorenen und verlassenen menschlichen Wesen. Ich konnte das nicht mitansehen.

Bei uns zu Hause wurde es auch dadurch noch schwieriger, daß meine Mutter zu uns in Pflege kam. Eine Lungenentzündung hatte ihren ohnehin schon zerbrechlichen Körper noch mehr geschwächt, und sie war auf achtundfünfzig Pfund abgemagert. Wir richteten für sie ein Zimmer mit einem Krankenhausbett und einem Sauerstoffgerät ein und versorgten sie mit fünf Mahlzeiten pro Tag. Es vergingen sechs Wochen, bevor ich wieder über den Sund fuhr, um einen Sonntag mit meinem Bruder zu verbringen.

Ich hatte mir im Kopf eine bestimmte Wunschvorstellung über meinen Bruder in seinem neuen Zuhause zurechtgelegt. Ich stellte mir vor, daß er glücklich sei und zum ersten Mal in seinem Leben Freunde gefunden habe. Auf der Fahrt über den Waldweg sah ich ihn vor mir, wie er am Eingang stehen und mich anlächeln würde. Was ich tatsächlich zu sehen bekommen sollte, war wie ein Schock.

Er war bedenklich abgemagert. Die Hose, die ihm früher gut gepaßt hatte, war ihm jetzt viel zu weit geworden, und sogar die engste Gürtelstellung konnte nicht verhindern, daß sie ihm herabrutschte. Er ging sehr langsam, und beim Gehen hielt er mit einer Hand die Hose fest. Die Schuhe, die er trug, hatte ich zuvor noch nie gesehen. Sie waren ihm mehrere Nummern zu groß.

Ich versuchte, meine Erregung zu beherrschen, und bat ihn, die Schuhe auszuziehen, damit ich mir seine Füße ansehen konnte. Seine Zehennägel waren lang und ungeschnitten, darum hatte er seine eigenen Schuhe nicht mehr tragen können.

Beunruhigt sah ich mich nach einem Pfleger um, mit dem ich über Sumners Behandlung hätte reden können. Schließlich fand ich eine der Mitarbeiterinnen. Sie gehörte zur Wochenend-Belegschaft und wußte deshalb weder über Sumners Entwicklungsgeschichte noch über die Probleme Bescheid, die ich der Heimleitung geschildert hatte.

Niemand hatte ihr gesagt, daß Sumner keine Nahrung zu sich nahm, die Butter, Käse oder Margarine enthielt. Die Pfleger gingen davon aus, daß die Patienten entweder das aßen, was man ihnen vorsetzte, oder darum baten, etwas anderes zu bekommen. So waren bei den meisten Mahlzeiten den Kartoffeln oder dem Gemüse große Portionen Margarine beigegeben. Sumner hatte sich nie beschwert, aber er hatte es auch nicht gegessen. Niemand wurde dafür bezahlt, darauf achtzugeben, und niemand wurde dafür bezahlt, auf das zu hören, was Sumners Familie sagte.

Ich äußerte meine Bedenken wegen der langgewachsenen Zehennägel. Die Pflegerin gab zu, daß auch ihr dies aufgefallen sei. Die Nägel waren so lang geworden, daß sie niemand hatte übersehen können. Als sie aber versucht habe, sie ihm zu schneiden, habe er sich gewehrt.

In meiner bodenlosen Enttäuschung erklärte ich ihr, daß Sumner sich mehr als fünfzig Jahre lang selbst gepflegt und auch seine Nägel immer selbst geschnitten habe. Er mochte es nicht, wenn andere ihn berührten, und es war auch nicht nötig. Sein Problem war nur, daß er nicht um eine Nagelschere bitten konnte.

Ich fuhr mit ihm in die nächstgelegene Stadt, lud ihn zu einem Steak ein und kaufte ihm ein Nagelpflegeset. Anderweitige Termine, die auf mich warteten, zwangen mich, ihn abends in das Heim zurückzubringen, aber am nächsten Tag führte ich eine ganze Reihe von Telefongesprächen.

Weder die Heimleitung noch die staatlichen Sozialarbeiter wollten mich anhören. Sie stritten einfach ab, daß er abgemagert sei. Da ich es versäumt hatte, vor seinem Umzug ein medizinisches Gutachten einzuholen, konnte ich den dramatischen Gewichtsverlust auch nicht belegen. Meine Bitten um eine andere Unterbringung waren zwecklos. Die staatlichen Stellen sahen keine Ausweichmöglichkeit vor.

Die städtischen Einrichtungen erhalten nicht genug Mittel, um besondere Unterbringungsmöglichkeiten für »Problemfälle«

wie Sumner bereitzustellen. In Heimen mit Wohngemeinschaften war kein Platz frei. Und die traditionellen Einrichtungen versorgten zwar schwerbehinderte Menschen, aber sie übernahmen keine erwachsenen Patienten, die aus freier geführten Anstalten oder aus häuslicher Pflege kamen, da laut gerichtlichem Beschluß die Versorgung in Anstalten auf ein Mindestmaß reduziert werden sollte.

Wir befanden uns in einer Sackgasse. Da Sumner sechzig Jahre lang »in der Gesellschaft« gelebt hatte, galt er als »zu sehr intakt«, weshalb ihm der Zugang zu einer staatlichen Einrichtung versperrt war. Da er aber andererseits durch seine hohe Unselbständigkeit die Pfleger des städtischen Heims überforderte, hatte er einen langsamen Tod durch mangelnde Pflege zu gewärtigen. Tragischerweise gelang es mir nicht, den Sozialarbeitern dieses Dilemma begreiflich zu machen. Sumner war nicht in der Lage, seine sprachliche Unfähigkeit schnell genug zu beheben, um überleben zu können. Ich mußte mich für ihn einsetzen, aber niemand wollte mir glauben.

Ein paar Wochen später aber stellte Sumner seine Unabhängigkeit auf eine Art und Weise unter Beweis, die uns alle verblüffte.

Eines Morgens in aller Frühe erhielt ich einen Anruf vom Verwalter des städtischen Heims. Er war sehr aufgeregt. Er hatte gemeinsam mit Mitarbeitern und freiwilligen Helfern aus der Gemeinde die ganze Nacht über die Gegend rund um das Haus durchkämmt. Sumner war verschwunden, aus seinem »Zuhause« weggelaufen.

Am Morgen des vorangegangenen Tages waren Sumner und zwei geistig zurückgebliebene Patienten mit dem Bus vom städtischen Heim zu einem nahegelegenen Entwicklungszentrum für Erwachsene gefahren, wo sie in einer Werkstatt arbeiten sollten. Seine beiden Begleiter gingen von der Bus-

haltestelle zu der Werkstatt, aber Sumner wollte nicht. Den beiden anderen Behinderten fehlte natürlich die Einsicht, daß auch sie für Sumners Verhalten Verantwortung trugen, und so erwähnten sie gegenüber den Betreuern in der Werkstatt auch nicht, daß Sumner sich geweigert hatte mitzugehen.
So nahm man in der Werkstatt an, Sumner sei an diesem Tag im städtischen Heim geblieben. Erst als er am Abend nicht zurückkam, stellte man fest, daß er verschwunden war. Und da war er bereits neun oder zehn Stunden in der ländlichen Wildnis unterwegs.
Während die Suche nach meinem Bruder intensiviert wurde, malte ich mir aus, wie er nun frierend, hungrig und verängstigt im Wald saß. In dieser Gegend gab es viele wilde Tiere, deshalb bangte ich um sein Leben. Als er auch in den folgenden beiden Tagen nicht gefunden wurde, verloren wir allmählich die Hoffnung, ihn je lebend wiederzusehen.
Dann erhielten wir einen Anruf aus dem Northwest Center, und was wir nun erfuhren, war ebenso verblüffend wie erfreulich. Zwei Polizisten hatten Sumner festgenommen, weil er verkehrswidrig auf der Straße herumgelaufen war. Als er auf ihre Fragen nicht antwortete, schöpften sie Verdacht und brachten ihn in die Notaufnahme des nächsten Krankenhauses. Bei dem Versuch, seine Personalien festzustellen, fand man nur einen einzigen Anhaltspunkt, einen zusammengeknüllten Lohnscheck über vier Dollar, ausgestellt vom Northwest Center.
Der alte Scheck hatte ihm nichts bedeutet, und so hatte er ihn monatelang in der Manteltasche herumgetragen. Zum Glück stand auf dem Formular sowohl sein Name als auch die Anschrift des Center. Aufgrund dieses Hinweises überprüften die Polizeibeamten die auf Computer gespeicherte Patientenliste der Einrichtungen für Geisteskranke des gesamten Bezirks. Da sie dort nichts fanden, riefen sie im Northwest Center

an und machten schließlich die abendliche Notrufnummer einer Mitarbeiterin ausfindig. Nach weiteren Telefonanrufen erreichten sie dann meine Schwester Frances, die in einem anderen Stadtteil wohnte, und brachten Sumner zu ihr nach Hause.

Er war dreieinhalb Tage lang vermißt gewesen. Und er hatte ein ungeöffnetes Lunchpaket bei sich, das Sandwiches mit Margarine und Mayonnaise enthielt. Während der gesamten Dauer seines Verschwindens hatte er diese ihm verhaßten Sandwiches nicht angerührt.

Wie hatte er diese drei Tage überlebt? Wie hatte dieser des Lesens und Schreibens unkundige Mann von sechzig Jahren, der sich zudem nicht verständlich machen konnte, es geschafft, ohne Nahrung und ohne Geld von der Kitsap-Halbinsel über eine der größten Wasserstraßen des Landes auf die andere Seite zu gelangen?

Wir werden es nie erfahren. Selbst wenn er es uns erzählen wollte, würde die Art seiner Behinderung jede Erklärung unmöglich machen. Seine Behinderung bewahrte ihn vor der Preisgabe seines Geheimnisses, und dies besser, als es jedes vom Menschen erdachte Sicherheitssystem vermocht hätte.

KAPITEL 18

Weil er sich sprachlich nicht verständlich machen konnte, entwikkelte mein Bruder seltsame und schockierende Verhaltensformen, um seine Ziele zu erreichen.

Sumners Flucht aus der städtischen Pflegeeinrichtung ließ seinen Sozialarbeiter aufschrecken und überzeugte ihn, daß Sumner intensiver überwacht werden mußte. Wir hätten ihn zwar gerne näher bei uns gehabt, aber uns blieb keine Wahl. Deshalb fuhr ich wieder einmal mit der Fähre über den Puget-Sund. Diesmal war auch Frances mit dabei, und wir bereiteten uns darauf vor, im Namen unseres sprechunfähigen Bruders zu reden.

Wir trafen uns mit verschiedenen Mitarbeitern sowohl aus der Pflegeeinrichtung als auch aus der Werkstatt, in der Sumner arbeitete. Der Sozialarbeiter schlug vor, Sumner am Gespräch teilnehmen zu lassen, gemäß der gesetzlich vorgegebenen Richtlinie, wonach die Patienten an der Entscheidungsfindung beteiligt sein sollen, unabhängig von deren sprachlichem Ausdrucksvermögen. Das Verhalten meines Bruders bei dieser Unterredung war sehr bezeichnend, obgleich es Jahre dauerte, bis ich seine Sicht dieser Zusammenkunft gänzlich verstanden hatte.

Wir versammelten uns in einem großen, spärlich möblierten Raum. Sumner lief ständig auf und ab, und wir übrigen saßen am Tisch und machten uns Notizen. Immer wieder schenkte er sich aus dem riesigen Automaten Kaffee nach. Für ihn war es eine willkommene Gelegenheit, einmal über die Stränge zu schlagen, weil wir zu sehr in unsere Diskussion verstrickt waren, als daß wir sein Verhalten hätten kontrollieren können. Frances und ich stellten klar, daß wir den Pflegekräften nicht zutrauten, Sumner so zu beaufsichtigen, wie es notwendig war. Wir bekundeten unsere Zweifel, ob die Pfleger überhaupt seine Behinderung verstanden, und verwiesen dabei auf die Fehler, die begangen worden waren, und auf die mangelnden Kenntnisse der Mitarbeiter über Autismus.

Wie viele andere Betreuer auch, die nur über ein begrenztes Verständnis entwicklungsbezogener Behinderungen verfügen, waren sie der Ansicht, daß alle Menschen ein einheitliches Entwicklungsprofil aufweisen, mit einem gleichwertigen Potential auf allen Entwicklungsebenen. Die ungewöhnliche Kombination von Fähigkeiten und Defiziten, die Sumner zeigte, war ihnen ebenso ein Rätsel wie früher schon unserer Familie. Aber anders als unsere Familie brachten sie ihren Patienten wenig Toleranz und Geduld entgegen.

Der Sozialarbeiter bemühte sich, zwischen dem Anliegen unserer Familie und der Sichtweise der Betreuer zu vermitteln. Frances und ich beschwerten uns über Sumners Abmagerung, seine persönliche Pflege und sein Tagesprogramm. Im Gegenzug verteidigten die anderen ihre Maßnahmen und versuchten uns zu überzeugen, daß unser Urteil ungerecht sei und daß sie eine zweite Chance verdient hätten.

Wir beendeten das Treffen mit einem Kompromiß. Sumner würde im Heim bleiben, aber der Sozialarbeiter und ein Arzt würden genau darauf achten, daß er gut versorgt wurde, bis Konsens darüber herrschte, daß seine Eingewöhnung zufriedenstellend verlaufen sei.

Der Sozialarbeiter meinte zum Abschluß: »Die Familie Hart hat nun ihre Bedenken geäußert und genau benannt, was für Sumner getan werden muß. Bevor wir abschließen, hätte ich gerne gewußt, ob die Pflegekräfte sich noch zu irgendwelchen Problemen äußern möchten.«

Eine junge Frau, die als Helferin angestellt war, ergriff das Wort. Sie sprach sehr zögernd. Ihre Verlegenheit war ihr so deutlich anzumerken, daß ich gleich mit Schrecken ahnte, worauf sie hinauswollte: »Sumner hat im Badezimmer gewisse Gewohnheiten entwickelt, die nicht sehr hygienisch sind.«

Frances und ich sahen uns mit wissendem Blick an. In unserer Jugend hatten wir jahrelang vergeblich versucht, ihm Verhaltensweisen abzugewöhnen, die wir als scheußlich empfanden, Verhaltensweisen, die wir vor Leuten außerhalb unserer Familie am liebsten verborgen hielten. Nun mußten wir vor einer Versammlung, in aller Öffentlichkeit, über dieses Problem sprechen. Ich wollte Frances die peinliche Situation ersparen, über dieses Thema zu reden, darum ergriff ich das Wort: »Ich glaube, ich weiß, was Sie meinen. Sumner hält sich gerne lange im Badezimmer auf. Vermutlich gefällt ihm die private Atmosphäre dort... und wenn er im Badezimmer ist, reibt er sich manchmal den Hintern ab und berührt dann andere Dinge, bevor er sich die Hände wäscht.

Angehörige unserer Familie haben sich oft über den üblen Geruch beklagt, der dadurch entstand, daß er sich am Kopf kratzte, nachdem er am Hinterteil herumgespielt hatte.«

Im Rückblick wünschte ich mir, ich hätte Sumner beobachtet, als ich über diese intimen Dinge sprach. Ich vermute nämlich, ich hätte dann gesehen, daß er der einzige Mensch im Raum war, dem die Angelegenheit nicht peinlich war. Glücklicherweise brach jemand das verlegene Schweigen und machte den praktischen Vorschlag, daß die Pfleger versuchen sollten,

Sumners unbeaufsichtigte Zeit im Bad zu begrenzen, daß er täglich duschen sollte und daß man kontrollieren müsse, ob er sich die Hände gewaschen habe. Wir verabschiedeten uns und gingen.

Eine Woche später erhielt ich abends einen Telefonanruf. Die Direktorin des städtischen Heims wollte, daß ich die nächste Fähre nehme und Sumner umgehend nach Seattle zurückbringe. Zornig und empört verlangte sie, daß das »Monster« noch vor Tagesanbruch das Haus zu verlassen habe.

Als ich die Direktorin um eine nähere Erklärung bat, erfuhr ich, daß Sumner angefangen hatte, die Grenzen seiner Freiheit in dieser neuen Umgebung auszutesten, und dabei entdeckt hatte, welch dramatische Wirkung er erzielen konnte, wenn er sich selbst, die Kleidung, die Wände und die Möbel mit seinem Kot beschmierte.

Diese Neuigkeiten schreckten mich zwar auf, aber ich war nicht darauf vorbereitet, in dieser Nacht noch Sumner in mein Haus zurückzuholen, ohne zu wissen, wie es am nächsten Tag weitergehen solle. Darum vereinbarte ich mit dem Sozialarbeiter, die Unterbringung Sumners in einem staatlichen Heim zu veranlassen, das etwa fünfzehn Kilometer von meinem Haus entfernt lag. Am nächsten Morgen fuhr ich zu Fircrest, einer »Schule« für Behinderte mit fünfhundert Betten, und wartete auf Sumners Ankunft.

In der angespannten Situation, in der ich mich befand, konnte ich Sumners Verhalten nicht verstehen. Er erteilte mir eine Lektion in Sachen Autismus, die ich aber erst nach mehrmaliger Wiederholung begreifen sollte. Da er nicht in der Lage war, seine Bedürfnisse sprachlich zu äußern, hatte Sumner, wie andere autistische Menschen, zu disruptiven Verhaltensformen Zuflucht gesucht, um sein Ziel zu erreichen. Sumner konnte ja nicht darum bitten, die Anstalt verlassen zu dürfen, also war er weggelaufen. Dieses Weglaufen hatte sich als erfolglos erwiesen, also mußte er die Betreuer dazu zwingen, ihn wegzubringen. Abnormales Verhalten wurde für ihn zum Passierschein; was er durch seine Flucht nicht hatte erreichen können, erreichte er durch seine Ausweisung.

Unglücklicherweise ist es für einen Betreuer einfacher, ein problematisches Verhalten auszulösen, als es zu kontrollieren oder abzustellen. Der Behinderte interpretiert vielleicht die Folgen seines Verhaltens fälschlicherweise als erfolgreich und wiederholt es dann in der Erwartung, damit seinem Ziel näher zu kommen. Das Herumschmieren mit Fäkalien erwies sich als sehr erfolgreiche Methode, der städtischen Anstalt zu entfliehen. Aber dieser »Erfolg« erwies sich als nachteilig, weil es seinem Ruf als kooperativer und passiver Mensch schadete und alle zukünftigen Pfleger in Schrecken versetzte.

Ich erschrak, als ich sah, wie Sumner in das staatliche Heim gebracht wurde. Man gab ihm Beruhigungsmittel und steckte ihn in eine Zwangsjacke. Zwei stattliche Männer, denen sichtlich unbehaglich zumute war, führten ihn, als zweifelten sie selbst an ihrer Fähigkeit, den sechzigjährigen Gefangenen unter Kontrolle zu halten.

Die Krankenpflegerin und die Frau am Empfangsschalter von Fircrest beeilten sich, ihn aus der Empfangshalle in ein isoliertes Zimmer im Krankentrakt zu bringen. Obwohl ich Sumner jetzt schon mehr als vierzig Jahre lang kannte, fehlten mir die fachlichen Begriffe, um den Pflegern dieses tragische Mißverständnis erklären zu können. Ich hätte ihnen darlegen müssen, daß dieser sanftmütige Mensch aus Gram und Verwirrung zu Verzweiflungstaten getrieben worden war. Diese Fachkräfte, die Sumner nur aufgrund seines anstößigen Verhaltens in den vergangenen Wochen einschätzten, konnten leider nicht wissen, daß er sechzig Jahre lang in der Obhut der Familie ein durchaus erträgliches Verhalten an den Tag gelegt hatte.

Weil ich mich nicht persönlich um seine Versorgung kümmern konnte, versuchte ich zumindest die Pfleger, die für seine Betreuung bezahlt wurden, zu instruieren. Ich verbrachte den Nachmittag im Krankenhaus, beantwortete Fragen zu unserer Familiengeschichte und versuchte meinem Bruder Trost und Zuversicht zu vermitteln. Doch ich fühlte mich noch unzulänglicher als seinerzeit, als ich mich als Zehnjähriger das erste Mal um ihn gekümmert hatte. Ich hatte mich den Maßnahmen und Entscheidungen der Anstalt zu beugen. Hätte ich meine Verantwortlichkeit preisgegeben, wären mir auch Einflußmöglichkeiten verlorengegangen.

In den folgenden Monaten war Frances häufig zu Besuch in Fircrest, und Sara und ich pflegten weiterhin meine Mutter bei uns zu Hause. Wir versuchten sie glauben zu lassen, daß Sumners Umzug in das staatliche Heim eine gute Entscheidung gewesen sei.

Frances machte sich zunehmend Sorgen über Sumners Gesundheitszustand. Er bewegte sich nur mehr sehr langsam. Seine Gliedmaßen waren steif geworden, und bei ihren Besuchen zeigte er kaum Anzeichen, daß er sie erkannte. Da sie psychologisch geschult war und als Freiwillige mit geisteskranken Patienten gearbeitet hatte, vermutete sie, daß ein Medikamentenmißbrauch im Spiel sei. Und schließlich bekam sie auch heraus, was ihm verschrieben worden war. Wie sie befürchtet hatte, erhielt Sumner regelmäßig hohe Dosen an psychotropen Medikamenten, die sein Verhalten steuern sollten. Die Pfleger verabreichten die Medikamente, ohne sich um die gefährlichen Nebenwirkungen und die verräterischen Symptome zu kümmern: das Steifwerden der Gelenke, die Lethargie und der Verlust des Wahrnehmungsvermögens.

Die Verantwortlichen in Fircrest weigerten sich anfangs zwar, auf unsere Beschwerden über Sumners Übermedikamentierung einzugehen, aber schließlich erkannten auch sie, daß etwas nicht stimmte. Sumner wurde immer inaktiver und zog sich derart in sich selbst zurück, daß die Pfleger schließlich mit dem Arzt sprachen, der die Medikamente verordnet hatte. Er ließ Sumner auf die Intensivstation des Bezirkskrankenhauses verlegen.

Da die Ärzte im Bezirkskrankenhaus keine physische Ursache für Sumners Zustand finden konnten, wurde er nach Fircrest zurückgeschickt. Ein paar Tage darauf verschlechterte sich sein Gesundheitszustand noch mehr, und so wurde er wieder in das Krankenhaus gebracht, wo man mehrere Untersuchungen durchführte. Er blieb dort einige Wochen und lag passiv und still in seinem Bett. Ihm fremde Menschen kamen in sein Zimmer, traktierten seinen Körper mit Nadeln und Röhrchen und vollzogen an ihm Experimente, die er nicht begreifen konnte.

Wir sind immer noch der Ansicht, daß sein einziges körperliches Problem von der Überdosis an Medikamenten herrührte, die ihm nie hätten verabreicht werden dürfen. Unserer Meinung nach war »Medikamente« nicht der richtige Ausdruck für diese Drogen. Sumner war ja nicht krank gewesen, als er nach Fircrest kam. Er war aufgeregt gewesen, voller Kummer und verwirrt. Man hatte ihm die Drogen verschrieben, um seinen Betreuern die Angst zu nehmen. Die Pillen wurden als Kontrollmittel oder als »chemische Zwangsjacken« eingesetzt, um seine Aktivität zu bremsen. Und sie bremsten fast sämtliche Aktivitäten, einschließlich des Atmens. Blutuntersuchungen, Stuhlanalysen, computertomographische Aufnahmen und Rückenmarkspunktionen ergaben keine physischen Abnormalitäten, die ein weiteres Verbleiben in der Klinik gerechtfertigt hätten. Die Verantwortlichen von Fircrest wollten aber, daß das Krankenhaus Sumner weiterhin untersuchte, weil sie hofften, daß eine rätselhafte Krankheit entdeckt würde, die seinen Gesundheitszustand erklärte. Es war ihnen einfach zu peinlich, zuzugeben, daß sie die Probleme verursacht hatten.

In meiner Rolle als Vormund lernte ich, meine Befugnisse wirksamer auszuüben. Ich erhielt Kopien der Krankenberichte und nahm Kontakt auf zu einer Rechtshilfeorganisation, die zu dem Netz landesweiter Einrichtungen gehört, deren Aufgabe der Rechtsschutz für behinderte Menschen ist.

Wir willigten ein, daß Sumner aus der Klinik entlassen und wieder nach Fircrest gebracht wurde, sofern bestimmte Bedingungen erfüllt wurden: Er sollte einen anderen Arzt bekommen. Ihm sollte erlaubt werden, wieder täglich das Northwest Center zu besuchen. Dort hatte er zwar nur ein Feldbett zum Ausruhen, und es gab dort auch nur eine Mahlzeit pro Tag, aber wir bestanden dennoch darauf, daß er den Tag über im Center verbrachte, wo ihm vertraute Betreuer und ein eingespielter Tagesablauf ein gewisses Maß an Kontinuität mit seinem früheren Lebensstil boten.

Wenige Tage vor seiner Entlassung aus dem Bezirkskrankenhaus starb unsere Mutter in einem anderen Krankenhaus, das ganz in der Nähe von Sumners Klinik lag. Eine Woche, bevor sie ihren neunundsiebzigsten Geburtstag hätte feiern können, setzte eine neue Lungenentzündung ihrem Leben ein Ende. Das Kind, das zu schützen und zu überleben sie gehofft hatte, war mit sechzig Jahren zum Waisen geworden.

In den letzten Lebensmonaten meiner Mutter hatte die gesamte Familie versucht, sie vor jeglichen trüben Gedanken abzuschirmen. Gott sei Dank erfuhr sie nichts von Sumners Schwierigkeiten im städtischen Heim, von seinem Verschwinden und daß er fast an Übermedikamentierung gestorben wäre. Aber sie machte sich trotzdem weiterhin Sorgen um ihn, und diese Sorgen verhinderten auch, daß sie friedvoll sterben konnte. Sie klammerte sich an den Handgriff ihres Krankenhausbettes und rang mit der Natur, überzeugt davon, daß sie ihren Sohn allezeit beschützen müsse und daß niemand ihn so lieben könne wie sie.

Wir trauerten um sie, und wir mußten eingestehen, daß sie recht gehabt hatte. Ich hatte das Vertrauen, das sie in mich gesetzt hatte, nicht erfüllt, aber ich hatte aus ihrem Leiden auch gelernt. Von jetzt an würde ich ihr Kind beschützen und zugleich dafür sorgen, daß das Leben meines Sohnes anders verlaufen würde als das meines Bruders.

KAPITEL 19

Die Gefühle und Denkstrukturen eines Autisten sind nur scheinbar abnormal. Vielmehr sind es die Kommunikationsschwierigkeiten, die autistische Menschen von anderen unterscheiden. Diese rufen immer wieder Frustrationen hervor, welche dann in unangemessenem Verhalten zum Ausbruch kommen können.

Nachdem Sumner wieder im Northwest Center aufgenommen war, begann er allmählich, sein Leben ohne seine Mutter einzurichten. Anfangs schien er durch den Verlust eines sich liebend um ihn sorgenden Menschen, der ihm ständig sagte, was er tun solle, am Boden zerstört zu sein. Seit seiner Kindheit hatte sie Regeln für ihn aufgestellt und Grenzen gezogen. Niemals hatte er Entscheidungen treffen müssen, solange sie neben ihm war und ihm sagte, wann er was zu tun habe.

Die Rückkehr in die vertraute Umgebung der Werkstatt schien ihm zwar angenehm zu sein, aber er stellte dennoch monatelang die Geduld und Ausdauer der Betreuer auf eine harte Probe. Er fiel zurück in eine frühkindliche Form des Spielens und klatschte ständig mit den Händen in die Toilettenschüssel. Die Krankenschwester glaubte, Sumner habe sich bei den unzähligen Tests im Krankenhaus eine Infektion des Harnsystems zugezogen. Obwohl er mit Antibiotika behandelt worden war und die Blase wieder normal funktionierte, suchte er immer wieder die Toilette auf. Die Betreuer wollten in dieser traumatischen Zeit der Anpassung nicht zu stark in Sumners Verhalten eingreifen, so daß sie ihn eine Zeitlang lediglich beobachteten und Aufzeichnungen über ihn machten.

Eines Morgens verließ er die Abteilung, in der er arbeitete, und ging einhundertundvierunddreißigmal zur Toilette! Manchmal geschah es, daß er in eine Kabine ging, die Hose herunterließ, sich setzte, aufstand, die Hose zumachte, sich einmal im Kreis drehte und dann das ganze Zeremoniell mehrmals wiederholte.

Aus Angst, ihn zu Gewalttätigkeiten zu provozieren, schauten die Pfleger nur zu, wenn er die große Herrentoilette betrat, nacheinander alle Türen öffnete und nur innehielt, um das Wasser in einer Toilettenschüssel mit einer schnellen Handbewegung umzurühren. Wenn unglücklicherweise gerade jemand vom Personal oder ein Patient auf einer Toilette saß, zog Sumner ihn gewaltsam vom Sitz, so daß er den Inhalt der Schüssel umrühren konnte, ganz egal, ob diese sauber war oder nicht.

Das Aufsichtspersonal in Sumners Wohneinheit in Fircrest beobachtete dasselbe Verhalten. Außerdem hatten sie Probleme mit den für ihn festgelegten Zeiten des Schlafens. Häufig weigerte er sich, ins Bett zu gehen, oder er stand kurz nach dem Zubettgehen wieder auf und zog sich an. Er aß nicht zu den Mahlzeiten, so daß sie einen Imbiß für ihn bereithalten mußten. Da er wegen seiner nächtlichen Aktivitäten morgens chronisch müde war, verschlief er regelmäßig das Frühstück. Unbeabsichtigt verstärkten die Betreuer dieses Verhalten, indem sie ihm Krapfen oder Plätzchen als Ausgleich für die versäumte Mahlzeit bereitstellten.

Mit einem Wort, man hatte ihn nicht mehr unter Kontrolle. Im Alter von sechzig Jahren probte er die Freiheit und versuchte hilflos, damit zurechtzukommen, daß er von seiner Mutter getrennt war, die ihn geliebt und jede Kleinigkeit in seinem Alltag geregelt hatte.

Ein Teil der Betreuer suchte weiterhin nach einer psychologischen Erklärung für sein Verhalten und ging der Frage nach, ob seine bizarre Handlungsweise ein symbolischer Ausdruck für irgendwelche frühkindlichen Traumata war.

Eines Tages rief mich eine Pädagogin des Northwest Center an und bat mich, ihr einen Zwischenfall zu erklären, den sie soeben beobachtet hatte. Bei der morgendlichen Kaffeepause hatte Sumner einen anderen, körperbehinderten Mitarbeiter in der Werkstatt angegriffen. Er hatte sein schwächeres Gegenüber niedergezwungen und den Kopf seines Opfers auf den Boden geschlagen. Als die Betreuer die beiden trennten, hatte Sumner mit seiner krächzenden, monotonen Stimme ständig wiederholt: »Ich bin ein guter Junge. Ich bin ein guter Junge.«

Die Mitarbeiterin wollte nun von mir wissen, was er damit gemeint habe. Sie glaubte, daß Sumner aufgrund seiner Behinderung eine wirre Vorstellung von richtig und falsch habe und eine Erkrankung oder Störung in seinem Gehirn ihn vielleicht zwinge zu glauben, er müsse eine schwächere Person angreifen.

»Wahrscheinlich gibt es eine viel einfachere Erklärung«, erwiderte ich. »Wann hat er gesagt: ›Ich bin ein guter Junge‹?«

Sie erklärte mir, er habe den Satz von dem Augenblick an heruntergeleiert, als man ihn von seinem Opfer getrennt habe. Ich erinnerte mich an ähnliche Geschehnisse in meiner Kindheit: Sumner kauerte sich zusammen, sobald er bemerkte, daß mein Vater ihn nach einem ähnlichen Ausbruch schlagen würde. In diesen Augenblicken hatte ich meinen älteren Bruder zittern sehen und wimmern hören: »Ich bin ein guter Junge.« Es war ein Versuch zu sagen: »Es tut mir leid, es ist vorbei, ich werde es nicht wieder tun, schlag mich nicht!«

»Sie müssen eins bedenken«, erklärte ich. »Sumners Problem ist nicht, daß er geistig krank oder behindert ist. Es ist ein Kommunikationsproblem. Er ist nicht in der Lage, sein Verhalten zu erklären, geschweige denn, eine Entschuldigung vorzubringen. Er kann sich nicht mit neuen Sätzen ausdrücken; er kann lediglich ein paar Äußerungen mechanisch wiederholen, die er in der Vergangenheit gelernt hat.«

»Sie meinen also, er hat es nicht für gut gehalten, einen anderen zu schlagen?« fragte sie, immer noch ein wenig verstört.

»Nein. Ich bin sicher, er wußte, wenn er aufhörte, so bedeutete das, ›ein guter Junge zu sein‹«, versicherte ich ihr. Wir sprachen noch eine Zeitlang weiter, und ich nutzte die Gelegenheit, zu erklären, was unter »Kommunikationsstörung« zu verstehen ist und warum wir nicht vergessen durften, daß Sumners Gefühle und Denkstrukturen nicht so abnormal waren, wie sie uns erschienen. Es war lediglich seine Unfähigkeit, sich zu artikulieren, die ihn von anderen Menschen unterschied und Frustrationen hervorrief, welche dann in unangemessenem Verhalten und Echolalie zum Ausdruck kamen.

Bald nach diesem Vorfall planten Frances und ich ein Treffen mit dem Personal im Northwest Center und in Fircrest. Nachdem sich die Psychologen dieser beiden Einrichtungen entschlossen hatten, Sumners Verhalten ohne Gewalt und ohne Medikamente zu beeinflussen, wünschten sie auch die Mitwirkung der Familie.

Übereinstimmend stellten wir fest, daß Sumner eine stärkere Kontrolle benötigte, als sie die Betreuer bislang ausgeübt hatten. Sechzig Jahre lang hatte unsere Mutter mit sanfter, aber unnachgiebiger Gewalt über seinen Tagesablauf geherrscht. Sie war seine Uhr gewesen, die ihm sagte, wann er aufstehen, sich anziehen sollte, bestimmte körperliche Aktivitäten vollziehen mußte usw. Sie war sein Kalender gewesen, hatte ihm warme Kleidung im Winter und leichtere im Sommer besorgt. Sie hatte seine Ernährung, seine Erholung und sogar sein Bewußtsein bestimmt.

Monatelang beobachteten wir Sumners Verhalten und warteten darauf, daß er sich an die neue Situation anpaßte. Aber es stellte sich nur heraus, daß er völlig außerstande war, die einfachsten Entscheidungen zu treffen oder sich auf den Alltag und die Lebensweise seiner Mitbewohner und der Angestellten einzustellen. Seine Pfleger mußten für ihn denken. Er war so wenig darauf vorbereitet, vernünftige Entscheidungen hinsichtlich der Schlafenszeiten, des Essens und des Umgangs mit anderen zu treffen, daß er mit dem Quantum an Freiheit, das ihm die Betreuer gewährten, nicht umgehen konnte.

Frances und ich kamen mit den Psychologen überein, daß die Pfleger ihn stärker lenken sollten. Sumner mußte nach dem Zubettgehen liegen bleiben, mit den übrigen Bewohnern zusammen aufstehen und begreifen, daß die Ausflüge zur Toilette auf bestimmte Zeiten während der Arbeitszeit beschränkt waren. Anstatt ihn zu fragen: »Möchtest du jetzt gern ein Puzzle machen?« mußte man ihm sagen: »Hier ist ein Puzzlespiel. Du kannst damit bis zum Schlafengehen arbeiten. Wir werden um neun Uhr das Licht ausmachen.« Anstatt: »Möchtest du jetzt aufstehen?« mußte er hören: »Steh auf, Sumner, dein Frühstück steht bereit.«

Zu unserer Erleichterung schien diese neue Vorgehensweise zu funktionieren. Frances und ich stellten fest, daß unser Bruder zwar weitgehend ein Rätsel blieb, unsere Mutter aber eine wirksame Art entwickelt hatte, sein Leben in den Griff zu bekommen. Sie hatte nicht gelernt, seine Fähigkeit zur Kommunikation zu entwickeln oder ihn auf die Trennung von ihr vorzubereiten, aber sie hatte sechs Jahrzehnte lang bemerkenswert wirkungsvoll für ihn gesorgt.

KAPITEL 20

Ein autistisches Kind versteckt vielleicht seine Fähigkeiten und veranlaßt so seinen Betreuer, ihm ein schon bekanntes Verhalten »beizubringen«. Und dann sieht es so aus, als sei es der größte Versager.

Ironischerweise haben sich mein autistischer Sohn und mein autistischer Bruder gegenseitig geholfen, ohne daß sie je miteinander zu tun gehabt hätten. Beide haben sie die Familie gelehrt, jeweils einen anderen Teil ihres Rätsels zu verstehen. Durch seine gehemmte Entwicklung und seine mangelnde Anpassungsfähigkeit war uns Sumner eine sichtbare Warnung dafür, was aus Ted werden würde, wenn man ihm nicht die besten pädagogischen Methoden angedeihen ließe. Andererseits hatte uns Teds Behinderung dazu gezwungen, nach Mitteln zu suchen, die während Sumners Kindheit noch nicht zur Verfügung standen. Und wenn wir solche Mittel fanden, so erlaubte uns dies auch, nachträglich das Urteil zu revidieren, welches Sumner zu einem Leben verdammt hatte, in dem er nicht die Chance hatte, etwas zu lernen, und das es uns erschwerte, seine Behinderung zu verstehen.

Teds Lehrer und Kommunikationstherapeuten zeigten uns, welche Hilfen Sumner benötigte. Hilfen, die so lange nicht in Anspruch genommen worden waren. Gleichzeitig lehrten uns

Sumners Erfahrungen etwas, was kein Kindheitsexperte voraussehen konnte, nämlich die Gefahren, mit denen unser Sohn als Erwachsener konfrontiert sein würde, wenn wir ihn nicht darauf vorbereiteten, von seinen Eltern unabhängiger zu werden. Die Last, meine Mutter zu versorgen, Sumner auf ein Leben ohne sie vorzubereiten und für Ted eine angemessene Erziehung zu finden, war riesig gewesen. Abgesehen von dem psychischen Streß fühlten Sara und ich uns überfordert von den zeitlichen Verpflichtungen, den dauernden Fahrten, den häufigen Besprechungen und der Abstimmung des familiären Zeitplanes, damit Nick noch all die normalen Kindheitserfahrungen sammeln konnte, die Ted nicht immer mit ihm teilen konnte.

1978 kündigte ich meine Stelle als Ausbildungskoordinator bei zwei örtlichen Krankenhäusern, um Hausmann, Chauffeur und Spezialist für die frühkindliche Entwicklung zu werden. Als Hausmann hatte ich mehr Zeit für die örtlichen Behindertenorganisationen und konnte mit anderen Eltern zusammenarbeiten, um eine bessere Versorgung unserer Kinder durchzusetzen.

Vergleiche zwischen Sumner und Ted beunruhigten mich immer noch, aber ich fing auch an, mir Sorgen wegen Nicks Kindheit zu machen. Würde er, wie meine Schwestern und ich, unter dem Stigma aufwachsen müssen, einen behinderten Bruder zu haben? Ich wußte nur zu gut, wie unser Selbstbewußtsein und unser soziales Leben während der Jugendzeit darunter gelitten hatten, denn das Verhalten unseres älteren Bruders hatte uns verunsichert und ständig peinlich berührt. Ich wollte nicht, daß Nick das gleiche passierte. Ich wollte nicht, daß er in die Rolle eines unbezahlten Pflegers gezwungen würde oder in der Erwartung aufwuchs, nach Saras und meinem Tod für Ted sorgen zu müssen.

Verzweifelt versuchten wir, Ted dabei zu helfen, neue Fähigkeiten zu entwickeln, unabhängiger zu werden und mit seinem kleinen Bruder Schritt zu halten, der inzwischen in ihrem Verhältnis den Ton angab. Aber nichts von alledem, was wir unternahmen, konnte die immer größer werdende Kluft zwischen den Fähigkeiten unserer Söhne überbrücken.

Dr. Reichert hatte uns schon oft gesagt, wie wichtig es sei, Teds Selbstbewußtsein zu stärken und ihm jedes nur erdenkliche Erfolgserlebnis zu ermöglichen. Aber seine Behinderung machte es schwierig für ihn, eine gesunde Beziehung zu seinem jüngeren Bruder zu entwickeln, der ihn ständig übertrumpfte. Ted schien zu spüren, daß Nick bei anderen Kindern mehr Chancen hatte, als erster die Haushaltsgeräte beherrschte und jeden Streit gewann.

Wir feierten es jedesmal, wenn Ted ein Ziel erreichte. Eine seiner wenigen Stärken war seine Fähigkeit zur Nachahmung. Obwohl seine sprachliche Entwicklung allgemein zurückgeblieben war, hatte er nie Probleme mit der Aussprache. Seltsamerweise erreichte Nick ein hohes Niveau in der sprachlichen Entwicklung, hatte aber bis zum Alter von fünf oder sechs Jahren Schwierigkeiten, das »*r*« auszusprechen.

Eines Nachmittags, auf dem Heimweg von einer Einkaufsfahrt, kamen wir an dem Haus eines Klassenkameraden von Nick aus der Vorschule vorbei. »Da ist Twissas Haus!« verkündete unser jüngster Sohn.

Ted, der bis zu diesem Zeitpunkt gleichgültig dagesessen hatte, richtete sich strahlend auf und ahmte seinen Bruder nach: »Twissa?« Gemeint war die vierjährige Patricia, die von allen Tricia genannt wurde.

»Nein!« erwiderte Nick ungehalten. »Nicht ›Twissa‹. Ich habe ›Twissa!‹ gesagt.«

Ted lächelte triumphierend und wiederholte, zu Nicks wachsendem Ärger, »Twissa?« Und noch monatelang sagte Ted jedesmal, wenn wir mit beiden Jungen im Auto an dem Haus vorbeifuhren: »Twissas Haus.« Er genoß diese seltene Gelegenheit, seine Überlegenheit über den begabten jüngeren Bruder zu demonstrieren, der gewöhnlich jeden Wettstreit gewann.

Die Liebe zu unseren Söhnen und unser Versuch, sie im selben Haus großzuziehen, bedeuteten für uns eine ständige Herausforderung. Ich war immer damit beschäftigt, ein Kind zu beruhigen, während ich das andere anzuregen versuchte. Nick brauchte ein normales soziales Leben mit anderen flegelhaften Kindern, aber ihre Spiele und der Krach, den sie machten, störten Ted häufig. Ted hingegen brauchte sorgfältig strukturierte soziale Erfahrungen und Bestätigung für die richtige Anwendung der Sprache.

Sara und ich waren in der Lage, zu überlegen, wie wir auf Ted reagieren sollten. Nick hingegen mußte, wie wir bald feststellten, handeln wie ein kleiner Bruder. Er war nicht Teil eines »Teams zur Verhaltensänderung« und konnte also auch nicht dementsprechend handeln. Und schließlich war Nick erst sechs Jahre alt. Er kannte die Regeln auf dem Spielfeld, nicht aber die ausgeklügelten Theorien von Psychologen und Pädagogen.

Der familiäre Druck nahm in dem Maße zu, als wir versuchten, beiden Kindern gerecht zu werden, ohne einen zu bevorzugen oder uns irgendwie unfair zu verhalten.

Wir durchkämmten die ganze Stadt nach irgendwelchen Einrichtungen, in denen Ted mit Menschen in Kontakt kommen konnte. Andere Kinder fanden kein Vergnügen daran, mit ihm ihre Zeit zu verbringen. Er konnte weder längere Gespräche führen noch die Regeln eines Spiels einhalten. Sobald wir von einem staatlichen Gemeindeprogramm erfuhren, das ihm die Chance zu Kontakten mit Kindern seines Alters gab, versuchten wir es. Also schrieb ich Ted für ein vom YMCA (Christlicher Verein junger Männer) angebotenes Sonntagmorgenprogramm ein, welches behinderten Jugendlichen die Möglichkeit zu gemeinsamen Wochenendaktivitäten geben sollte.

Einmal war ich früher als normalerweise da, um Ted abzuholen. Da ich neugierig war, wie das Programm aussah, schlich ich mich in das Zentrum, um zuzuschauen. Von der Tür aus beobachtete ich eine Therapeutin, die mit Ted arbeitete. Sie war dabei, ihn zu »lehren«, wie man jemanden umarmt, eine Geste, die er bereits seit seiner frühen Kindheit beherrschte. Ich sah, wie sie ihn geduldig ermunterte, sie zu umarmen. Mit einem unbeholfenen Grinsen im Gesicht hob er langsam die schwerfälligen Arme in Brusthöhe und lehnte sich an ihren Körper. Sie bestätigte ihn mit den Worten: »Gut, Ted. Das ist wunderbar.«

In mir regten sich spontan viele Gefühle gleichzeitig: die Sorge, daß ein Fremder mein Kind als so behindert betrachtete, Wut, daß sie nicht sah, welches Potential in ihm steckte, Frustration wegen Ted, daß er an so einer Pseudo»therapie« teilnahm, und Freude darüber, daß er sie so erfolgreich getäuscht hatte.

Ich sah zu, wie die Therapeutin Ted ermutigte, sie noch einmal zu »umarmen«. Er gluckste und ließ seinen Kopf kreisen wie ein stark behindertes Kind, dann drückte er schwach seine Arme um sie. »Ted«, befahl ich, »komm her und umarm deinen Dad ganz fest!« Sofort streckte er sich, hüpfte durch den Raum und packte mich mit einer vertrauten Umarmung. Die arme Erzieherin machte große Augen vor Erstaunen. Sie hatte Wochen darauf verwendet, ihm etwas beizubringen, während er seine Unfähigkeit nur vorgespiegelt hatte!

Meine plötzliche Einmischung hatte sie in Verlegenheit gebracht. Daher versuchte ich, ihr sein scheinbar rätselhaftes Verhalten zu erklären. Wie einer meiner Freunde, der Vater einer schwer behinderten Frau, einmal sagte: »Unsere Kinder sind vielleicht zurückgeblieben, aber sie sind sicher nicht dumm!« Autistische Kinder verbergen vielleicht ihre Fähigkeiten und zwingen auf diese Weise den Betreuer dazu, ihnen ein schon bekanntes Verhalten »beizubringen«. Vielleicht gefällt es ihnen, wenn sie verbale Ermutigung und Lob bekommen, während die nichtsahnende Betreuerin nur versucht, das schon bekannte Verhalten zu bestärken. Vielleicht genießen sie auch diese Komödie, die sich dann abspielt, und wissen, daß sie den Therapeuten in die Irre geführt haben, der fälschlicherweise glaubt, er hätte die Sache in der Hand, während er in Wirklichkeit von ihnen gesteuert wird.

Es gab noch andere Beispiele dafür, daß Ted sein Können gezielt herunterspielte. Seit seinem dritten Lebensjahr ging er allein zur Toilette. Mit sieben Jahren nahm er an einem dreitägigen Campingaufenthalt für behinderte Kinder teil. Als er zurückkehrte, kam er mit bis auf die Knie heruntergelassener Hose und Toilettenpapier in der Hand aus der Toilette und erwartete, daß ich ihm half. Innerhalb von drei Tagen war er um vier Jahre zurückgefallen.

Wir erwarteten von Ted, daß er sich auch weiterhin selbst helfen konnte, daß wir ihn nicht abputzen oder seine Hose zumachen müßten, und das gab ich ihm klar und deutlich zu verstehen. Da ich ihn nicht dazu bringen konnte, die Veränderung in seinem Verhalten zu erklären, rief ich die Betreuer des Camps an. Gemeinsam bastelten wir uns eine Erklärung zusammen.

Einige andere Kinder waren physisch behindert oder geistig stark zurückgeblieben. Viele von ihnen brauchten Hilfe bei elementaren körperlichen Tätigkeiten. Dennoch hatten viele eben dieser Kinder mehr sprachliche Fähigkeiten als Ted. Die Betreuer im Camp schätzten die Kinder aber nach ihrem sprachlichen Können ein. Auf dieser Grundlage erschien ihnen Ted stark behindert und erhielt daher Hilfe auf der

Toilette. Er willigte glücklich ein, daß andere die Verantwortung für Dinge übernahmen, die er seit vier Jahren selbst regeln konnte.

Wir erkannten, daß wir jeden neuen Lehrer über Teds Fähigkeiten in Kenntnis setzen mußten. Seine sprachlichen Defizite verhinderten, daß seine wirklichen Fähigkeiten angesichts neuer Anforderungen sichtbar wurden. Folglich registrierten sie sein Zurückgebliebensein auf sprachlicher Ebene und senkten ihre Erwartungen hinsichtlich seiner allgemeinen Möglichkeiten. Und anstatt dafür zu kämpfen, diese Mißverständnisse zu korrigieren, zeigte Ted immer weniger von seinem Können. Obwohl mir dieser gefährliche Teufelskreis bewußt war, konnte ich nicht immer rechtzeitig einschreiten, um Mißverständnisse zu verhindern.

Was Rückmeldungen hinsichtlich seiner Fortschritte und seiner Verhaltensprobleme betraf, waren wir abhängig von den Berichten der Lehrer. Ohne weiter darüber nachzudenken, gingen wir davon aus, daß er sich in der Schule genauso verhielt wie zu Hause. Aber in der Schule entstanden ernsthafte Probleme, ohne daß wir davon wußten. Den ersten Hinweis bekamen wir, als die Beschäftigungstherapeutin eine Praktikantin anwies, nach der Schule mit Ted zu arbeiten. Sie erklärte sich bereit, ihn sowohl in den Park und in die Stadtbibliothek zu führen als auch eine Zeitlang seine Freizeitbeschäftigungen zu Hause zu beobachten. Nach ihrem ersten Besuch machte sie eine Bemerkung, die uns zunächst verwirrte und dann nachdenklich machte. »Ich kann mir den Unterschied zwischen Teds Verhalten zu Hause und in der Schule nicht erklären.«

Zunächst glaubte ich, die Lehrer kämen besser mit seinem Verhalten zurecht als wir. Denn wir mußten uns ja tagtäglich mit irgendwelchen Ärgernissen abfinden. Noch immer verunstaltete Ted Buchseiten mit kleinen Rissen, ging Nick ständig mit unsinnigen Sätzen auf die Nerven und stieß kleine Schreie aus, sobald jemand im Haus bei einem Witz oder beim Fernsehprogramm kicherte. Ich hatte angenommen, daß sein Benehmen in der Schule genauso gut war wie zu Hause oder noch besser. Aber meine Annahme war falsch.

Lange vorher war ich Zeuge eines Ereignisses geworden, welches die Bemerkung der Praktikantin verständlich machte. Eines Nachmittags, als ich darauf wartete, daß meine Söhne von der Schule heimkehrten, wurde ich in meinen Gedanken von einem ungewöhnlichen Laut unterbrochen. Unser altes Haus ist im allgemeinen ziemlich ruhig, es ist ein massiver Bau, der von Bäumen umgeben ist. Ein Grasstreifen, der der Gemeinde gehört, trennt unser Grundstück vom vorbeifahrenden Verkehr. Nur selten hören wir irgendwelche Geräusche durch die dicken Wände und das abschirmende Laub hindurch. An jenem Tag jedoch vernahm ich einen durchdringenden Schrei.

Ich lief zur Eingangstür, um der Sache nachzugehen, als ein zweiter Schrei folgte, der mir das Blut in den Adern erstarren ließ. Es war ein unmenschlicher Klang, das Geräusch ähnelte dem Wimmern eines Tieres. Dann sah ich, daß Teds Schulbus vor unserem Haus parkte. Ängstlich ging ich darauf zu, obwohl die Schreie lauter wurden.

Obwohl ich Angst hatte vor der Antwort, fragte ich die Busfahrerin, ob die Schreie von meinem Sohn kämen. Die Fahrerin versicherte mir mehrmals, ich hätte keinerlei Veranlassung, in Panik zu geraten; Ted habe zu schreien begonnen, weil die Begleiterin seinen Ballon beschlagnahmt habe, da er die Sicht in den Rückspiegel behinderte.

Ich fragte, ob Ted auch früher schon im Bus geschrien habe, und sie antwortete, ja, das habe er. Dann beruhigte sie mich: »Es ist überhaupt kein Problem. Immer wenn er schreit, umarmt ihn Marion (die Begleitperson) einfach.« Sie merkte nicht, wie erstaunt ich war, und fuhr los. Sie ließ mich mit einem Kind zurück, das gelernt hatte, mit einer Form von Gewalt – dem Schreien – seine Umgebung zu manipulieren. Diese wohlmeinenden, aber unwissenden Leute hatten ein Verhalten verstärkt, das in unserer Familie niemals toleriert worden wäre.

Am nächsten Tag sprach ich mit der Lehrerin und dem Direktor der Schule. Meine schlimmsten Befürchtungen wurden bestätigt. Ted hatte in der Schule monatelang geschrien, um die Aufmerksamkeit auf sich zu lenken, eine Befreiung von den Beschäftigungen zu bewirken, die ihm nicht gefielen, oder aus anderen Bedürfnissen heraus. Dieses Verhalten war so oft zutage getreten und war durch die Reaktion so vieler Personen bestätigt worden, daß er gelernt hatte, sich bei den simpelsten Wünschen mehr auf das Schreien zu verlassen als auf die Sprache.

Wann hatte dieses Problem begonnen, und warum hatten wir nichts davon erfahren? Ich war entsetzt, daß die ganze mühevolle häusliche Arbeit an der Sprache und all unsere Anstrengungen, ein angemessenes Sozialverhalten zu entwickeln, unterminiert und weggewischt schienen. Aus erster Hand lernten wir ein Klischee kennen, das allen Fachleuten, die mit autistischen Kindern und Erwachsenen arbeiten, vertraut ist: Sie können ein Verhalten, das sie in einem bestimmten Zusammenhang gelernt haben, nicht auf eine andere Situation übertragen.

Schließlich fing Ted an, auch zu Hause zu schreien, anstatt die Sprache zu benutzen, die wir ihm so mühsam beigebracht hatten. Sara und ich hatten versucht, jegliche Reaktion zu vermeiden, die er als Bestätigung auffassen könnte. Anscheinend begriff er, daß wir ein anderes Verhalten erwarteten als die Lehrer in der Schule, so daß er in unserer Gegenwart weniger schrie. Aber in der Schule nahm das Schreien so stark zu, daß wir uns gezwungen sahen, einen Plan zu entwickeln, um dem Problem beizukommen. Es sollte schließlich vier Jahre dauern, bis wir diese Angewohnheit unter Kontrolle bringen konnten; eine Gewohnheit, die dadurch ausgelöst worden war, daß die Lehrer nicht begriffen, wie die Denkprozesse bei diesem Kind abliefen.

Sara und ich konnten zwar Teds primäre Behinderung akzeptieren, aber wir lebten in der ständigen Angst, er könnte sekundäre Behinderungen, Gewohnheiten oder ein Fehlverhalten entwickeln, so daß andere Leute ihn meiden würden oder ihm weitere Möglichkeiten zu lernen, eine Anstellung oder vielleicht sogar das Recht verweigerten, in ihrer Umgebung zu leben.

Aus den Statistiken der amerikanischen Gesellschaft für Autismus ging hervor, daß fünfundneunzig Prozent der autistischen Menschen von der Gesellschaft isoliert in Heimen lebten. Man hatte es aufgegeben, ihnen etwas beizubringen oder mit ihnen zu kommunizieren, und sich darauf geeinigt, sie auf die einfachste Art und Weise unter Kontrolle zu halten.

Wir hatten gesehen, zu welch schrecklichen Verhaltensweisen Sumner fähig war. Er hatte keinerlei Skrupel, Kot im Wohnheim zu verschmieren, um entlassen zu werden. Tragischerweise war er nicht fähig gewesen, vorauszusehen, daß sein Verhalten ihn nicht befreite, sondern ihn statt dessen dazu verdammte, eine Zeitlang der brutalen Kontrolle durch gefährliche Medikamente unterworfen zu werden.

Auch Ted konnte die wahrscheinlichen Folgen seines Schreiens, mit dem er auf der Stelle etwas erreichen wollte, nicht erkennen. Diese Angewohnheit würde ihn in ein schlechtes Licht rücken, und dies wiederum konnte dazu führen, daß er nicht mehr mit öffentlichen Verkehrsmitteln fahren und am Schulunterricht teilnehmen durfte oder ihm andere Möglichkeiten zu sozialen Kontakten entzogen würden. Wie Sumner,

war auch Ted unfähig, die unmittelbare Reaktion auf sein Verhalten zu durchschauen. Wie es schien, war auch er dazu verdammt, zwischen ein paar armseligen Möglichkeiten für sich wählen zu müssen, die seine ohnehin schon begrenzten Chancen, integriert zu werden, noch weiter einschränkten.
Sara und ich mußten für Ted »denken« und mit seinen Lehrern um Zusammenarbeit feilschen. Bei der jährlichen Besprechung der Lehrpläne kümmerten wir uns weniger um den Fortschritt im Lesen und Rechnen als darum, seine Verhaltensprobleme zu lösen. Wir steckten das Ziel für Ted, sein Schreien in der Schule bis zum Ende des Schulhalbjahres um fünfzig Prozent zu verringern. Das verlangte von den Lehrern, daß sie Bericht darüber erstatteten, wann und wie oft am Tag er schrie. Sie mußten ein System entwerfen, ihn jedesmal zu belohnen, wenn er eine Zeitlang ohne einen Schrei auskam. Allmählich wurden dann die Ziele höher gesteckt, so daß er tage- und wochenlang vollkommen aufhörte zu schreien.
Es war wahr, Ted hatte seinen autistischen Onkel in vielen Fähigkeiten bereits übertroffen. Aber er brauchte uns immer noch, damit wir die Welt für ihn deuteten, und wir mußten sein Verhalten anderen Leuten übersetzen. Wenn wir uns nicht mit den Lehrern besprachen oder seine Fähigkeiten den anderen im YMCA erklärten, würden sie zu wenig von ihm erwarten und zulassen, daß er weit hinter seinen Möglichkeiten zurückblieb.

KAPITEL 21

Wir wußten, daß dieser Junge Fähigkeiten besaß, die wir niemals erschließen konnten. Er war wie ein Computer, der viele Funktionen hat, die aber nur dann sichtbar werden, wenn man die richtige Taste drückt oder den richtigen Befehl gibt.

Ted war weiterhin von Sara und mir abhängig wie Sumner von seiner Mutter. Diese Abhängigkeit erschreckte und deprimierte mich. Was würde es Ted nützen, wenn er nur seinen Eltern gegenüber gut funktionierte? Meine Mutter war auch besser als andere in der Lage gewesen, mit Sumner fertig zu werden, ihr dauerndes Vorbeten und Überwachen hatten ihn jedoch nicht auf ein Leben ohne sie vorbereitet. Darüber hinaus wollte ich nicht, daß sich eine lebenslängliche Abhängigkeit zwischen Ted und mir entwickelte.

Eines Tages sortierte ich einen Stapel von Fotografien und Briefen, die ich seit dem Tode meiner Mutter aufbewahrt hatte. Dabei stieß ich auf einen Schnappschuß, der mir wie eine Warnung aus ihrem Grab heraus erschien.

Das Bild, das in hartem Tageslicht entstanden war, zeigte meine Mutter, die mich auf dem Schoß hielt. Ich war wohl etwa vier Jahre alt, so daß sie zweiundvierzig gewesen sein muß. Es war wie ein Schock für mich, daß sie auf dem Foto viel älter aussah. Als ich in ihr müdes, von Sorgen geplagtes

Gesicht und auf den ausgemergelten Körper blickte, sah ich sie, wie ich sie nie zuvor gesehen hatte. In meiner Kindheit hatte ich sie nur in ihrer Beziehung zu mir, als meine Mutter, wahrgenommen.

Fast vierzig Jahre später blickte ich auf diese Fotografie, die mit brutaler Ehrlichkeit ihr Äußeres eingefangen hatte, und ich sah eine andere Frau: nicht die Quelle der Stärke und Wärme für das Kind auf ihrem Schoß, sondern die verwundbare und verzweifelte Mutter von Sumner. Obwohl er nicht einmal auf dem Foto zu sehen ist, spürt man seine Gegenwart in dem besorgten, hilflosen Blick ihrer Augen. Dies war das Porträt einer Frau mit einem vierundzwanzigjährigen autistischen Sohn, der niemals zur Schule gegangen war, der niemals einen Tag fern von seiner Mutter verbracht hatte.

Manchmal fühlte ich mich schuldig, weil ich meinem Vater nicht seinen letzten Wunsch erfüllt hatte, weil ich Sumner nicht zu mir nehmen wollte, damit er hier den Rest seines Lebens verbringen konnte. Außerdem machte ich mir Sorgen, daß Sara und ich nicht dieselbe Ausdauer wie meine Mutter aufbringen würden, daß wir vielleicht nicht in der Lage wären, ein Leben lang mit Ted an unserer Seite auszuhalten. Dieses Foto jedoch veränderte meine Gefühle.

Es mußte eine andere Möglichkeit geben. Das sorgenvolle Gesicht meiner Mutter machte mir klar, wieviel sie geopfert hatte, sogar die einfache Freude über das Kind auf ihrem Schoß.

Sumner war bis zum Schluß von ihr abhängig gewesen, er hatte sich auf jede ihrer Anweisungen verlassen, während sie als sein Dolmetscher der Außenwelt gegenüber agierte. Vielleicht würde auch ich der Dolmetscher meines autistischen Sohnes sein, aber ich wollte ihn auf eine Trennung vorbereiten.

Wir glaubten, daß eine gewisse Bildung Ted auf seinem Weg in die Unabhängigkeit hilfreich sein oder zumindest dazu führen würde, daß er weniger abhängig wäre als Sumner. Nachdem wir unseren Prozeß gegen die Schulbehörde von Seattle gewonnen hatten, hatten wir mehr Rechte als je zuvor. Plötzlich gab der leitende Beamte die Anweisung, daß die Harts alles bekommen sollten, was sie verlangten. Obwohl wir dankbar für diese unverhoffte Zusammenarbeit waren, erkannten wir, daß dieses System grundlegend ungerecht war, da es all jene Kinder überging, deren Eltern weniger hartnäkkig waren oder zu jenen neunzig Prozent gehörten, die einen Prozeß verlieren.

Im Herbst nach dem Verfahren begann Ted mit dem Unterricht im Seattle Children's Home, einer der ältesten und angesehensten Wohlfahrtseinrichtungen, die eine Schule für sogenannte »emotional gestörte« Kinder unterhielt.

Obwohl wir wußten, daß Autismus nicht durch eine emotionale Störung verursacht wird, sondern eine angeborene Hirnfehlfunktion ist, entschieden wir uns für diesen Platz, da dort die beste Kommunikationstherapeutin arbeitete. Die meisten Mitarbeiter der Tagesschule waren Angestellte der örtlichen Schulbehörde. Dennoch bezahlte die Organisation die Gehälter für zusätzliche Therapeuten und Hilfslehrer.

Das Children's Home verlangte, daß jede Woche eine Besprechung mit den Familien ihrer Schüler stattfand. Wir ärgerten uns über diese Forderung, weil damit unterstellt wurde, daß die Familien in irgendeiner Weise für die Behinderung verantwortlich sei. Man hatte diese Regelung getroffen, weil einige Schüler aus einem zerrütteten Elternhaus kamen. Dennoch stellten wir bald fest, daß wir von diesen Treffen mit einer einfühlsamen und fähigen Pädagogin profitierten.

Einmal in der Woche verließ Sara das Büro früher, um Nick und mich abzuholen. Wir trafen immer ein paar Minuten nach Teds Schulende im Seattle Children's Home ein.

Ted fanden wir gewöhnlich auf dem Spielplatz, wo er auf der Reckstange oder einem niedrigen Ast saß und mit sich selbst sprach. Im Herbst oder Winter setzte er immer die Kapuze seines Parkas auf, wobei er das Band so weit zusammenzog, daß nur die Nase und das Kinn hervorlugten.

Anscheinend dachte er, daß niemand ihn sehe oder höre, wenn er das machte. Die Lehrer erzählten uns, daß er auch gern die Pause an diesem Platz verbrachte, getrennt von den anderen Kindern, und Unsinn plapperte. Bei warmem Wetter, wenn er keinen Parka trug, kniff er einfach die Augen zusammen und legte die Hände an die Ohren. Er stellte sich vor, daß er völlig allein sei, und glaubte, daß die Leute ihm nicht zuschauen konnten, solange er sie nicht sah oder hörte.

Bei den wöchentlichen Treffen sprachen wir über Teds Fortschritte in der Schule und zu Hause. Wir versuchten auch, offen und ehrlich über die Schwierigkeiten in der Familie und die Probleme zu sprechen, die unsere Söhne miteinander hatten. Beide Jungen haßten diese Treffen. Nick feilschte immer darum, nach draußen auf den Spielplatz gehen zu dürfen. Und Ted klinkte sich einfach aus, verfiel in Tagträume oder ignorierte uns schlichtweg.

Die Pädagogin bat uns, einen typischen Alltag nach der Schule zu beschreiben. Sara erzählte von unserem hektischen Tagesablauf und den üblichen Unterbrechungen, wenn die Kinder anfingen, sich gegenseitig zu schikanieren.

»Richtig stürmisch wird es um die Mittagszeit«, fügte ich hinzu, »wenn wir versuchen, das Essen auf den Tisch zu bringen. Alle sind müde und schlechtgelaunt, und Ted fängt an, uns mit seiner Idioglossie zu unterbrechen.«

»Bitte, was meinen Sie, Mr. Hart«, fragte die Pädagogin, »mit ›Idioglossie‹?«

Ich wollte ihr gerade die Definition von »unbedeutendem Nonsens« liefern, aber als ich innehielt, um meine Worte sorgfältig zu wählen, sah Ted von seinem Spielzeugdinosaurier auf und prustete heraus: »Ich-mag-die-Ente-mit-dem-blauen-Schnabel.«

Er wiederholte diesen Satz stakkatohaft wie eine Zauberformel, so daß die Absurdität der Worte beinahe dabei unterging. Auf diese Weise lieferte er uns ein treffendes Beispiel für das, was das Wörterbuch Idioglossie nennt, »die Sprache der Verrückten«, Wörter ohne Bedeutung, sowohl hinsichtlich des Zusammenhangs als auch der Absicht des Sprechers.

»Danke, Ted«, sagte ich und wandte mich der Pädagogin zu, um hinzuzufügen: »Genau das ist es, worüber wir reden.« Nick lachte, aber die Erwachsenen drehten sich fragend zu Ted um. Er schien völlig eingenommen zu sein von dem Brontosaurus in seinen Händen, und doch hatte er die ganze Zeit unserem Gespräch gelauscht und wußte, wann er ein besonders treffendes Beispiel für Idioglossie beizusteuern hatte.

Meine Familie und das Schulpersonal erkannten beide, daß dieser Junge Fähigkeiten hatte, die wir nicht zu erschließen vermochten. Außerdem war uns bewußt, daß er sich uns gegenüber so lange nicht äußern würde, bis uns klar war, was er konnte, und wir ihm den richtigen Hinweis gaben. Er erinnerte uns an eine raffinierte Maschine, einen Computer, der viele Funktionen hat, die aber erst dann zutage treten, wenn man die richtigen Tasten drückt oder den richtigen Befehl eingibt. Es war aber nicht das einzige Mal, daß wir auf diese rätselhafte Form stießen, wie er sich äußerte.

Sara und ich fanden es sehr frustrierend, Ted einfache Dinge im Haushalt und die Pflege seines Äußeren betreffend beizubringen. Als wir ihm zu zeigen versuchten, wie man sich die Schnürsenkel bindet oder das Bett macht, ignorierte er unsere Erklärungen und sah uns statt dessen ins Gesicht. Nach wiederholten Versuchen, die uns nur frustrierten und Ted in einen nervösen Zustand versetzten, gaben wir auf.

Bei unserer ersten Besprechung der Lehrpläne im Seattle Children's Home fragten wir die Beschäftigungstherapeutin, ob sie Ted beibringen könne, sich die Schuhe zuzubinden. Da er schon fast zehn Jahre alt war, hielten wir das für einen wichtigen Schritt in Richtung Unabhängigkeit, den man fördern müsse. Die Therapeutin stimmte uns zu.

Zu Hause warteten wir geduldig darauf, daß Ted uns zeigte, wie er seine Schuhe zuband. Nichtsdestoweniger halfen wir ihm weiterhin jeden Morgen und fühlten uns entmutigt, weil er keine Fortschritte machte. Ein Jahr später, bei der nächsten Jahreskonferenz, wiederholten wir unsere Bitte gegenüber der Beschäftigungstherapeutin. Ihre Augen weiteten sich vor Überraschung. »Aber Ted hat es doch bereits gelernt!« Sie sah ihre Notizen durch und fand ihre Aufzeichnungen. »Hier steht es! Ich wußte doch, daß wir das erledigt hatten.«

Sie ließ uns ihre Aufzeichnungen sehen und zeigte uns, daß sie fast ein Jahr zuvor Ted beigebracht hatte, sich die Schnürsenkel zu binden. Er beherrschte es bereits nach fünf Wochen, nachdem sie sorgfältig die Aufgabe analysiert, ihm zweimal in der Woche Unterricht gegeben und seine Fortschritte aufgezeichnet hatte. Unglücklicherweise hatte es niemand Sara oder mir mitgeteilt, so daß wir Ted weiterhin zu Hause halfen. Er gab niemals zu erkennen, was er gelernt hatte. Entweder zog er es vor, von uns abhängig zu sein, oder er meinte, das Schnürsenkelbinden sei eine Fähigkeit, die nur in der Schule erwartet wurde und nirgendwo sonst.

Die Beschäftigungstherapeutin prüfte Ted in der folgenden Woche und stellte fest, daß er sein Können wegen mangelnder Praxis verloren hatte. Sie mußte also jeden einzelnen ihrer mühsamen Schritte, diese Fähigkeit zu entwickeln, noch einmal ganz von vorn gehen. Dieses Mal schickte sie uns allerdings eine Nachricht, so daß wir wußten, wann wir aufhören mußten, ihm zu helfen.

Diese Erfahrung lehrte uns noch etwas anderes über autistische Kinder – die Notwendigkeit nämlich, daß Eltern, Lehrer und andere Betreuer in ständiger Kommunikation miteinander stehen müssen. Man kann sich nicht darauf verlassen, daß das Kind selbst die grundlegenden Informationen über seine Gewohnheiten und Erwartungen weitergibt, und da alle Kinder über so verwirrend unterschiedliche Stärken und Schwächen verfügen, können die Menschen, die sich mit ihnen befassen, nichts als selbstverständlich voraussetzen.

Als Erwachsene waren Sara und ich in der Lage, die vielen frustrierenden Verhaltensweisen zu entschuldigen, die, wie wir wußten, in Teds Autismus begründet lagen. Aber Nick war, je älter beide wurden, um so frustrierter über seinen Bruder. Wir erkannten, daß wir von Nick nicht erwarten konnten, Verständnis für Teds merkwürdige Widersprüchlichkeiten aufzubringen, ganz zu schweigen davon, daß er sie auch noch seinen Spielkameraden erklärte.

Meine Schwestern und ich waren in unserer Kindheit stark beeinträchtigt worden von dem fehlenden Verständnis der Nachbarn und Schulkameraden, den Gerüchten und Spekulationen, die unsere Familie von Stadt zu Stadt verfolgten. Und obwohl wir unseren Bruder liebten, haßten wir seine Behinderung und betrachteten uns selbst genauso als Opfer wie Sumner.

Es ärgerte mich fürchterlich zu sehen, daß dieses Familienstigma sich in der zweiten Generation wiederholte, daß ich mich hilflos fühlte, weil ich mitansehen mußte, daß mein jüngeres Kind unter derselben Verwirrung und derselben Ablehnung litt wie ich dreißig Jahre zuvor. Sara und ich versuchten, unsere beiden Söhne vor ungerechter Kritik zu schützen. Gelegentlich konnten wir sie jedoch nicht vor den Reaktionen der anderen bewahren. Ein bestimmtes Ereignis zeigte mir das ganze Ausmaß der Last, die Teds jüngerer Bruder zu tragen hatte.

Wir wollten, daß unsere beiden Kinder Schwimmunterricht nahmen. Daher schrieb ich Ted und Nick ein, als das öffentliche Schwimmbad in unserer Nähe die Kurszeiten für Kinder bekanntgab.
Es war vorgesehen, daß der Unterricht für die verschiedenen Stufen gleichzeitig stattfand, so daß Schwimmer unterschiedlichen Könnens sich das Becken teilen mußten. Ein Lehrer gab Sonderunterricht für behinderte Kinder, während die anderen je nach ihrem Können normalen Klassen zugeteilt wurden.
Aus Bequemlichkeit schrieb ich die Jungen in Kursen ein, die zur selben Zeit stattfanden, so daß ich nur einmal zum öffentlichen Schwimmbad fahren mußte. Da sie verschiedene Lehrer haben und in unterschiedlichen Gruppen sein würden, erwartete ich keinerlei Rivalität oder unliebsame Konkurrenzkämpfe zwischen meinen Söhnen und ihren Freunden.
Obwohl Nick erst fünf Jahre alt war, konnte er sich ohne Hilfe umziehen und die öffentlichen Schließfächer benutzen. Aber Ted mußte ich alles zeigen und ihn überwachen, bis er gelernt hatte, sich umzuziehen, zu duschen usw. Als einziger Vater im Umkleideraum wollte ich kein Aufsehen erregen, also nahm ich mir vor, Ted alles so schnell wie möglich beizubringen. Innerhalb weniger Wochen kam er allein zurecht, und ich konnte mich zu den anderen Eltern nach draußen begeben.
Am ersten Nachmittag, an dem meine Söhne unbeaufsichtigt durch den Umkleideraum gingen, schien alles zufriedenstellend zu laufen. Am zweiten Nachmittag jedoch kämpfte Nick mit den Tränen, als er herauskam. Ich mußte ihm gut zureden, damit er mir sagte, warum er so verstört war. Ich merkte nicht, daß er mir etwas Unerfreuliches ersparen wollte, und drängte ihn deshalb, mir alles zu erzählen.
»Ein Kind da drinnen hat mich gefragt, ob Ted mein Bruder sei«, schluchzte er.

»Und was hast du gesagt?«
»Natürlich habe ich ›ja‹ gesagt.« Mein Sohn sah mich verstört an. »Und dann hat er gesagt: ›Ha, er ist dumm, und du bist auch dumm!‹«
Diese einfache kindliche Verletzung schockierte mich mehr, als ich für möglich gehalten hätte. Es war wie ein Symbol für die lange Liste von Beleidigungen und Erniedrigungen, mit denen meine Schwestern und ich in unserer Kindheit konfrontiert gewesen waren.
Daraufhin schwor ich, alles in meiner Macht Stehende zu tun, um beide Jungen vor grausamen oder ignoranten Bemerkungen in Schutz zu nehmen. Ted sollte nicht abgewertet werden, weil ihm die Fähigkeiten, die sein jüngerer Bruder besaß, fehlten, und Nick sollte durch seine Verwandtschaft mit Ted nicht stigmatisiert werden. Sie gingen nie mehr zusammen schwimmen.
Zum Glück für Ted vergaß er in seiner Unschuld auch weiterhin die Beleidigungen von seiten seiner Mitmenschen. Unverschämte Blicke, sarkastische Bemerkungen und Diskriminierungen gingen spurlos an ihm vorüber. Er schien sich des Gesichtsausdrucks oder der Stimmlage anderer Menschen nicht bewußt zu sein. Er konnte Sarkasmen oder subtile Formen der Grausamkeit und Ablehnung nicht erkennen. Genausowenig empfand er Verlegenheit. Er war unfähig wahrzunehmen, daß andere Menschen ihn beobachteten und ihn aufgrund seines Aussehens oder seines Verhaltens beurteilten.
Viele andere Eltern autistischer Kinder hatten dasselbe Problem. Unser Sprößling erkannte schlichtweg nicht, daß sein Verhalten grotesk und oftmals auffällig war. Manchmal genossen wir es, Geschichten über den bemerkenswerten Mangel an Hemmungen bei unseren Söhnen oder Töchtern auszutauschen. Manche dieser Geschichten sind lustig, so wie die über

den jungen Mann, der sein Können, die Toilette betreffend, zu sehr trainiert hatte. Seine Mutter erzählte uns von dem Zwang ihres erwachsenen Sohnes, jede Toilette, auf die er stieß, zu benutzen. Diese Angewohnheit führte ihn in die Wohnungen fremder Leute und in jedes öffentliche Klo, das auf seinem Weg lag. Eines Tages entdeckte er in einem Laden in der Nachbarschaft eine Auslage von Sanitärteilen. »Ich werde nie das Gesicht des Geschäftsführers vergessen«, schloß die Mutter ihre Erzählung.

Zu Teds elftem Geburtstag fand zu Hause eine ruhige Feier statt. Unsere Feste mußten immer gedämpft ablaufen, wenn wir ihn nicht verärgern wollten. Es kamen keine Schulfreunde oder Kinder aus der Nachbarschaft – nur ein Familienfest im engsten Kreis.

Mit den Jahren machten wir mehr und mehr Zugeständnisse an Teds Gewohnheiten. Wir wählten unsere Gäste sorgfältig aus und luden nur jene wenigen Leute ein, die das Verhalten unseres Sohnes verstanden und akzeptierten. Die Veränderungen in unserem gesellschaftlichen Leben und in unserer Freizeit stellten sich so allmählich ein, daß sie uns gar nicht weiter auffielen. Gelegentlich gab es jedoch Phasen, in denen wir nachdenklich wurden und erkannten, daß unser Alltag vollkommen anders war als der anderer Familien und überhaupt nicht unseren einstigen Vorstellungen entsprach.

KAPITEL 22

Wir gaben unseren Versuch auf, Teds irrationale Ängste zu verstehen. Unser Sohn konnte sie uns nicht erklären, und unsere Vorstellungskraft, mit der wir zu erahnen versuchten, warum er sie hatte, war erschöpft. Wir mußten einfach mit seinen Phobien leben.

Es gibt keine blauen Ampeln. Es gibt keine blauen Ampeln.« Ted brabbelte am anderen Ende des Raumes vor sich hin, während ich versuchte, mich weiterhin mit unserer Gastgeberin in ihrer mit Antiquitäten überladenen Wohnung zu unterhalten.

Es war ein Tag der Besorgungen gewesen. Nach der Schule hatte ich Nick und Ted abgeholt und war bei der chemischen Reinigung und beim Lebensmittelgeschäft vorbeigefahren. Auf dem Weg nach Hause hatte ich bei einer Freundin haltgemacht, deren Sohn unter einer milderen Form von geistiger Zurückgebliebenheit litt. Die Familie hatte sich geweigert, die Diagnose zu akzeptieren, bis ihr Kind in der ersten Klasse sitzenblieb. Als auch Nachhilfeunterricht und der Wechsel zu einer Privatschule an den Prüfungsergebnissen des Jungen nichts änderten, mußten sie die schmerzliche Erkenntnis machen, daß seine »Lernprobleme« schwerwiegender waren, als sie hatten glauben wollen.

Ich hatte der Mutter angeboten, ihr eine Kopie des Rundschreibens der Vereinigung für geistig Zurückgebliebene zu bringen. Als ich kam, lud sie mich zu einem Kaffee ein. Während wir uns unterhielten, spielte Nick mit ihrem Sohn im Wohnzimmer. Ted spazierte schweigend durch die Wohnung, bis er sich zu uns gesellte, sich auf einem Sessel mit Seidenbezug niederließ, auf dem er hin- und herrutschte und ständig den Satz »Es gibt keine blauen Ampeln« wiederholte.

Seitdem ich ehrenamtlich bei Elternorganisationen mitarbeitete, verbrachte ich viel Zeit damit, mir die Berichte anderer Familien über ihren Kampf mit den Behinderungen ihrer Kinder anzuhören und ihnen beim Finden von Mitteln zu helfen, die ihre Situation erleichterten. Diese Unterhaltung hier hätten wir noch stundenlang fortsetzen können, aber es war schon fast Zeit für das Abendessen, und Ted schien ungewöhnlich nervös zu sein. Daher bat ich um Entschuldigung und verabschiedete mich.

Als ich Ted in seinen Mantel helfen wollte, bemerkte ich einen schrecklichen Gestank, aber ich sagte nichts, bis wir draußen waren. Bereits wissend, wie die Antwort lautete, stellte ich die furchtbare Frage: »Ted, hast du dir in die Hose gemacht?«

»Weiß nich.«

»Laß mich nachsehen«, bat ich. Glücklicherweise war noch kein Fleck zu sehen, er konnte also das Polster nicht verschmutzt haben.

»Ted, warum hast du mir nicht gesagt, daß du auf die Toilette mußtest?« Obwohl ich wußte, daß Warum-Fragen sinnlos waren, beging ich in Streßsituationen häufig diesen Fehler und sprach mit ihm wie mit jedem anderen Kind.

»Darum.« Er blickte abwehrend drein und wandte seine großen blauen Augen von mir ab. Er erklärte nichts oder wollte nichts erklären. Manchmal hätte ich nicht sagen können, ob seine Weigerung zu reden einfach Dickköpfigkeit war oder eine Unfähigkeit, unter Druck selbst vertraute Sätze auszusprechen. Abgesehen davon wußte ich, warum er es getan hatte. Unsere Beziehung war so eng, daß wir häufig ohne Worte besser miteinander kommunizieren konnten als durch Reden.

Nach dem Abendessen erzählte ich Sara, was passiert war. Ted mußte das Badezimmer gesucht haben, wollte aber nicht hineingehen, weil sich darin ein Duschvorhang befand. Er zog es vor, mit mir im selben Raum zu sitzen und sich die Hose vollzumachen, anstatt in ein Badezimmer mit einem Duschvorhang zu gehen.

Ähnliche Vorfälle hatte es schon viele gegeben. Normalerweise aber pflegte er einen von uns zu bitten, ihn zur Toilette zu begleiten. Hätte ihm ein Leibwächter zur Verfügung gestanden, hätte er sich aufgeregt erleichtert, bevor er aus dem schreckenerregenden Raum geflohen wäre.

Wir hatten es aufgegeben, darüber zu spekulieren, warum Duschvorhänge jeder Art unseren Sohn ängstigten. Wir lebten einfach mit dieser irrationalen Angst. Sara hatte aus einem speziellen wasserfesten Stoff Duschvorhänge für unsere Wohnung gemacht, da er sie offenbar eher ertragen konnte als die glänzenden Plastikvorhänge. Außerdem begleiteten wir ihn immer ohne großes Wenn und Aber, wenn er eine fremde Toilette benutzen wollte. Schließlich wurde es schwierig für Sara, mit ihm allein wegzugehen, da sie ihn nicht mehr auf die Damentoilette mitnehmen konnte.

Diese seltsame Phobie hielt mehrere Jahre an, und mit der Zeit fiel uns gar nicht mehr auf, wie merkwürdig sie war. Wir hatten so wenig Kontakt mit anderen Kindern in Teds Alter und den Familien aus der Nachbarschaft, daß wir die Dinge mit der Zeit nur noch verzerrt wahrnahmen.

Sara und ich waren besonders dankbar für die Unterstützung durch ein paar Verwandte und Freunde, die unsere beiden Kinder in ihre familiären Aktivitäten miteinbezogen. Im Sommer 1980 planten wir zusammen mit dem Patenonkel unserer Söhne, seiner Frau und ihren beiden Jungen einen Urlaub am Strand. Wir wohnten zusammen auf einem Felsen über dem Pazifischen Ozean und beabsichtigten, uns gemeinsam mit unseren vier kleinen Jungen und ihren Hunden zu entspannen.

Fernab von Telefon und Stadtverkehr, schien der Wald, der bis an den Sandstrand von Iron Springs reichte, der ideale Erholungsort zu sein. Sara und ich beobachteten wie gewohnt Teds Verhalten und hatten eine Menge Papier zum Malen und die kleinen Plastikspielsachen mitgenommen, die er so gern herumtrug. Wir entdeckten, daß Ted der ideale Strandguträuber war. Sein scharfer Blick ermöglichte es ihm, jedes winzige Geschöpf in den Pfützen, die bei Ebbe zurückblieben, wahrzunehmen.

Immer mußte einer von uns in Teds Nähe bleiben. Bei jedem Gang auf die Toilette begleitete ihn jemand. Wir berücksichtigten bei unseren Speiseplänen seine Essensphobien und betätigten uns als Schiedsrichter, sobald ein Problem zwischen Ted und den anderen Kindern auftrat.

Wenn Ted aufgrund einer irrationalen Angst hysterisch wurde oder auf einer unvernünftigen Forderung bestand, trennten wir ihn von den anderen, bis er sich beruhigt hatte. Abends versammelten wir uns um den Herd und sprachen flüsternd, ständig in Angst, bei einer lustigen Geschichte oder einem Witz in Lachen auszubrechen. Gelächter veranlaßte Ted immer zu schreien, so daß wir jedes Gespräch zu lenken versuchten, solange Ted in Hörweite war.

»Ich hatte ja bis jetzt keine Vorstellung davon, womit ihr leben müßt«, meinte Teds Patenonkel nach zwei Tagen.

Durch seine Bemerkung aufmerksam geworden, fragte ich ihn, was er denn damit meine. »Ich verstehe nicht, wie ihr so leben könnt«, fuhr er fort und zählte die vielen Kompromisse

und Entgegenkommen auf, die uns schon zur Gewohnheit geworden waren.
Es war wie ein Schock, einen alten Freund so offen über Ted sprechen zu hören. Sara und ich hatten so viele Jahre damit verbracht, uns auf das Positive zu konzentrieren und jedes Zeichen des Fortschritts, und sei es auch noch so gering, zu feiern, daß wir den Blick für die Realität verloren hatten. Wir nahmen nicht mehr wahr, wie sehr unser Familienleben schon Schaden genommen hatte und welchen Preis sowohl Nick als auch wir selbst bezahlt hatten. In Gegenwart eines anderen Ehepaares und ihrer beiden Söhne wurde uns der Unterschied zwischen unseren Familien schmerzlich bewußt. Ich fühlte mich gefangen zwischen meinen Gefühlen als Teds Vater und meinen Erinnerungen an eine Kindheit als Sumners kleiner Bruder. Der Vater in mir wollte jedes persönliche Opfer akzeptieren, das notwendig war, um meinem behinderten Kind zu helfen. Aber meine Erfahrungen als Bruder führten dazu, daß ich mich mit Nick identifizierte. Ich wollte ihm alle erdenklichen Möglichkeiten bieten, Freunde und einen normalen Umgang zu haben, was durch Ted immer mehr bedroht wurde.

KAPITEL 23

Würden mit dem Heranwachsen neue und schwer handhabbare Verhaltensweisen auftreten?

Seitdem ich meine Arbeit im Krankenhaus aufgegeben hatte, hatte ich viel Zeit mit anderen ehrenamtlich Tätigen verbracht. In diesem Zusammenhang arbeitete ich bei einem Lernprogramm für Eltern von Kindern mit Entwicklungsproblemen wie geistiger Zurückgebliebenheit und Autismus. Zwei von uns organisierten Seminare, in denen die Eltern lernen sollten, wie man die landeseigenen und bundesstaatlichen Programme für Behinderte nutzen konnte.
Häufig kamen die Eltern der behinderten Kinder in Begleitung von Sozialarbeitern oder Altenpflegern. Wir hielten unsere Seminare in Großstädten und kleineren Ortschaften, in den Kellerräumen von Kirchen, in Schulsälen oder in öffentlichen Gebäuden, deren Räume kostenlos zur Verfügung gestellt wurden.
Mein Kollege und ich gingen davon aus, daß die emotionalen Bedürfnisse dieser Eltern ebenso gewaltig waren wie ihr Bedürfnis nach Sachinformationen. Daher hatten wir vorgesehen, daß die Leute sich zeitweise in kleinen Gruppen treffen

und ihre Gefühle austauschen sollten. Viele von ihnen empfanden es als quälend, über ihre Sorgen zu sprechen, sogar in der eigenen Familie. Aber in dem schützenden Raum der Treffen mit Eltern, die ähnliche Probleme hatten, konnten viele offen und ehrlich reden.

Wir gaben uns alle Mühe, die Seminare zu einem positiven Erlebnis werden zu lassen. Diese Eltern brauchten vor allem mehr Hoffnung. Sie benötigten eine positive Einstellung zu ihren behinderten Kindern und sich selbst gegenüber ein gutes Gefühl, da sie ständig mit einer Umwelt zu kämpfen hatten, in der behinderte Menschen und deren Eltern tendenziell als minderwertig betrachtet werden.

Manchmal erzählten die Eltern Geschichten von dem persönlichen Triumph, wenn sie ihrem Kind geholfen hatten, Beschränkungen zu überwinden, die ihnen ein Arzt oder ein Lehrer prophezeit hatte. Häufig hörten wir herzerfrischende Geschichten über einen unerwartet freundlichen Fremden. Aber wir erlebten auch oft den Groll über die andauernde Last, ein behindertes Familienmitglied beschützen zu müssen.

In einer kleinen Gemeinde auf dem Land erfuhr ich die Geschichte vom Leidensweg einer Familie, die ich nie vergessen werde. Eine ältere Frau nahm an dem Seminar teil, weil sie hoffte, dort Hilfe für ihren autistischen Bruder zu finden. Sie trug das silbergraue Haar schlicht geschnitten und einfache Kleidung, wie sie typisch für die Armen auf dem Lande ist. Sie war unverheiratet und hatte schon als Mädchen die Verantwortung für ihren Bruder übernommen. Während sie sprach, saß dieser bewegungslos und schweigend neben ihr, ein gut gepflegter Mann um die siebzig. Nach dem Tod ihrer Eltern und nachdem er in einer Anstalt einer Übermedikamentierung ausgesetzt gewesen war, hatte diese Schwester ihren Bruder nach Hause geholt, um ihn für den Rest ihres Lebens zu beschützen.

»Manchmal bin ich neidisch auf meine Mutter«, erzählte sie uns. »Sie war letztlich in der Lage, ein normales Leben zu führen, bis er geboren wurde. Ich aber mußte, so lange ich denken kann, mit seinen Problemen leben.«

Im Raum wurde es still. Die Teilnehmer waren entweder verlegen, da sie so offen sprach, oder fühlten sich unbehaglich, da sie spürten, daß sie stellvertretend für ihre Söhne und Töchter sprach. »Wenn ich mich als Kind mal nicht um ihn kümmern mußte«, fuhr sie fort, »dann plagte mich immer noch die Angst, daß ich früher oder später die Verantwortung für ihn würde übernehmen müssen. Ich habe niemals eine normale Kindheit oder die Gelegenheit gehabt, mir von einem Mann den Hof machen zu lassen.«

Ihre Worte verfolgten mich. Sie hatte eine einfache Wahrheit ausgesprochen, der ich mich nicht aussetzen wollte. Niemand sollte eine Kindheit durchmachen müssen wie sie oder ich. Und obwohl Sara und ich Ted dazu gebracht hatten, sich weit über Sumners Niveau hinaus zu entwickeln, hatten Nick oder auch wir selbst niemals die Lebensqualität, die wir eigentlich gebraucht hätten. Irgendwie hatten wir bei dem Kampf für unser behindertes Kind einen zu hohen Preis bezahlt.

Jahre zuvor hatte uns Teds Arzt ein Versprechen gegeben. Er hatte uns zugesagt, uns sofort zu unterrichten, falls er als Fachmann glaubte, daß es weder Ted noch der Familie guttun würde, weiterhin zusammenzuleben.

Wir wußten das Angebot des Arztes und seine professionelle Sachlichkeit zu schätzen. Sara und ich konnten unserem eigenen Urteil nicht mehr trauen, wenn es darum ging, Entscheidungen über Teds Zukunft zu treffen. Auf merkwürdige Art und Weise spiegelte unser Dilemma Teds Schwierigkeiten wider, Zahlen zu verstehen. Er konnte zählen, hatte aber keine Ahnung von dem Wert der Zahlen, ja er verstand nicht einmal den Unterschied zwischen »mehr« oder »weniger«. Auch wir hatten den Sinn für Proportionen verloren und konnten nicht mehr abschätzen, ob unsere Bemühungen ausreichend, übertrieben oder zu gering waren.

Egal was wir als Familie für Ted waren, er brauchte immer mehr. Wir hatten Familien kennengelernt, die mehr Ausdauer an den Tag legten, als wir uns vorstellen konnten, Familien, die ihrem Heranwachsenden auch dann noch Schutz boten, als er schon gewalttätig geworden war und ihre Wohnung wie ein Schlachtfeld aussah. Es gab Familien, die ihre Fenster mit Brettern zugenagelt hatten, um ihr Kind daran zu hindern, die Scheiben zu zerschlagen. Eine Familie hatte sogar sämtliche Möbel in ihrem Wohn- und Eßzimmer durch schwere Rotholz-Campingstühle und -tische ersetzt, weil dies die einzigen Möbel waren, die den Verwüstungsversuchen eines ausgewachsenen autistischen Mannes standhielten.

Wir lebten in Angst um unsere Möbel und befürchteten, daß das Erwachsenwerden eine Persönlichkeitsveränderung bei Ted auslösen könnte. Sobald er größer als seine Mutter und stärker als ich wäre, würde er vielleicht die Wirkung seiner Körperkraft entdecken und den ganzen Haushalt in seine Gewalt bringen, anstatt nur wie bisher zu weinen und zu schreien, wenn wir eine seiner unvernünftigen Forderungen nicht einlösten.

Doch so entsetzt wir auf der einen Seite über die Lebensweise anderer Familien waren, so sehr hatten wir andererseits Respekt vor ihrem Engagement. Sie taten das, was ihrer Ansicht nach das Beste war für ein Kind, das stärker behindert war als Ted.

Ted lediglich aus Bequemlichkeit woanders unterzubringen, wäre uns unverzeihlich und unmoralisch erschienen. Wie könnten wir reinen Gewissens weiterleben, wenn wir das schwächste, verwundbarste Mitglied unserer Familie zugunsten derer opferten, die mehr natürliche Gaben hatten?

Unsere einzige Hoffnung, dieses moralische Problem zu lösen, war, einen Ort zu finden, wo Ted mehr Vorteile hatte als zu Hause bei der Familie. Niemand konnte ihm mehr Liebe oder Verständnis entgegenbringen als seine Eltern. Dennoch glaubten wir, daß ein gutes Wohnprojekt ihm etwas geben könne, zu dem wir nicht in der Lage waren, nämlich eine regelmäßig und sorgfältig strukturierte Umgebung, die es ihm ermöglichte, sowohl zu lernen als auch zu leben.

Obwohl wir uns noch nicht entschieden hatten, begannen wir, uns Wohngemeinschaften in Seattle anzusehen. Schließlich entdeckten wir Parkview, ein Heim für verhaltensauffällige Kinder. Es war ein paar Jahre zuvor von betroffenen Eltern gegründet worden, die eine fortschrittlich denkende Leiterin, Bette Detels, engagiert hatten. Da aus den Landes- und Bundesmitteln lediglich die grundlegenden Pflegedienste finanziert wurden, hatte sich Bette an private Stiftungen gewandt, um Zuwendungen für die Ausbildung von Personal und ein Programm zur Verhaltensmodifikation für die Bewohner des Heims zu erhalten.

Was wir in Parkview sahen, gefiel uns. Das Heim lag in einem Luxusviertel. Zwei geräumige Ziegelbauten waren durch einen Verwaltungstrakt miteinander verbunden. Jeder Flügel hatte Einzelzimmer für sechs Kinder und große Küchen, Wohn- und Ruhezimmer.

Am meisten aber gefiel uns, daß jedes Kind oder jeder Jugendliche ein eigens für ihn konzipiertes Lernprogramm hatte. Die jeweils spezifisch entwickelten Lernschritte zielten darauf ab, unabhängiger zu werden und besser an der Gemeinschaft teilzuhaben. Einige von den Jüngeren hatten noch mit den grundlegenden Selbstversorgungsproblemen zu kämpfen. Andere waren schon so weit fortgeschritten, daß sie die Verantwortung für das Kochen, die Wäsche und das allgemeine Sauberhalten der Wohnung übernehmen konnten. Viele

nahmen an einem besonderen Programm für soziale, Kommunikations- und Verhaltensprobleme teil.
Auf einem großen Wandbrett in der Küche standen die individuellen Lernziele der einzelnen Kinder wie »Zähne putzen«, »im Wohnzimmer staubsaugen«, »mit dem Bus fahren« oder einfach »nicht beißen«. Neu hinzukommende Bewohner wurden zunächst vom Personal je nach ihrem Entwicklungsstand eingestuft. Anschließend legte man die vorrangigsten Ziele fest, mit deren Hilfe das Kind selbständiger werden und seine Chancen für eine zukünftige Integration verbessern konnte. Die Bewohner bekamen tägliche Belohnungen oder Punkte, wenn sie eine Aufgabe erfolgreich gelöst hatten oder es ihnen gelang, sich eine Zeitlang zu beherrschen.
Wenn die Jüngeren Fortschritte machten, wurden die Ziele höher gesteckt und neue hinzugefügt. Schließlich gewöhnten dann die Betreuer dem Kind das tägliche Belohntwerden für gutes Verhalten wieder ab und führten es in ein System des Verhandelns ein. Auf diese Weise gaben sie ihm die Chance, zwischen mehreren Möglichkeiten zu wählen und Vereinbarungen zu treffen. Wenn das Kind älter wurde und das entsprechende Potential vorhanden war, brachte man ihm eine ganze Bandbreite von Überlebenstechniken bei wie einzukaufen, allein mit dem Bus zu fahren, ja sogar zur Bank zu gehen oder einen persönlichen Haushaltsplan aufzustellen.
Wir hatten den Eindruck, daß das dynamische und engagierte junge Personal in Parkview an diesem Punkt in Teds Leben mehr für ihn tun konnte als Sara und ich. Wir wollten gerne glauben, daß Ted davon profitieren würde, hier zu leben, aber noch immer überschattete ein Schuldgefühl unsere Gedanken.
Wir versuchten, das Positive dem Negativen gegenüberzustellen. Ted würde wahrscheinlich von dem gut durchstrukturierten Tagesablauf dort profitieren. Nick würde nach der Schule

Besuche von Freunden haben und sie bei sich übernachten lassen können, ohne von Teds mitleiderregenden Unterbrechungen oder Wutausbrüchen gestört zu werden. Sara und ich würden zusammen ausgehen können und nicht mehr verpflichtet sein, zu Hause zu bleiben, weil es so wenige Babysitter gab, die willens und in der Lage waren, bei Ted zu bleiben. Einige Veränderungen in unserem Leben würden deutlich positiv sein. Ich würde endlich den Druck lossein, mich als Teds wichtigster Betreuer betätigen zu müssen, als sein Dolmetscher der Welt gegenüber, und ich würde Nick vor der schrecklichen Verantwortung bewahren können, die ich für meinen eigenen autistischen Bruder übernommen hatte. Ich wünschte mir diese Veränderungen, aber ich empfand eine gewisse Abscheu, mich mit meinen eigenen Gefühlen zu befassen.

Ted nach Parkview zu schicken, bedeutete, das Undenkbare zu tun, gegen mein Verantwortungsgefühl zu handeln, das ich seit meiner Kindheit mit mir herumtrug, ein Gefühl, an das ich immer wieder erinnert wurde, wenn ich an die letzten Worte meines Vaters dachte. Ich war froh, daß meine Mutter nicht mehr Zeugin dieser Entscheidung sein mußte. Ich glaubte, daß es die höchste Sünde sei, Sumner und mein eigenes Kind der täglichen Fürsorge anderer zu überlassen.

Wir organisierten für Ted einen Wochenendaufenthalt in Parkview. Da er durch häufige Campingausflüge vorbereitet war, schien er sich ohne Schwierigkeiten zu fügen. Ich wollte gern mit ihm über meine Gefühle sprechen, aber ich wußte, daß sein Verständnis ebenso begrenzt war wie mein Mut. Alles, was ich tun konnte, war, zu sagen: »Ted, es gibt Kinder, die leben immer in Parkview. Sie bleiben die ganze Woche über dort, und der Schulbus bringt sie zur Schule und zurück. Und am Wochenende machen sie dann Ausflüge zum Zoo und woandershin.«

Er wiederholte: »Einige Kinder leben immer dort.«

Ted schien so ruhig und sachlich; ich wollte das als ein Zeichen seiner Zustimmung interpretieren. Ich erinnerte mich daran, wie leicht es immer gewesen war, Sumner dazu zu bringen, das zu sagen, was ich hören wollte, und wandte dieselbe Technik auch bei Ted an: »Hat es dir in Parkview gefallen?« Ich nutzte meinen Vorteil aus und erwartete, daß er auf meine Worte hereinfiel.

»Ja.«

»Möchtest du gern immer in Parkview leben, so wie all die anderen Kinder?« drängte ich, in der Hoffnung, er würde mir die bequeme Antwort geben.

»Ja.«

Ich wußte, daß Ted nicht voll und ganz begreifen konnte, was »immer« bedeutete. Niemand konnte sagen, wieviel er tatsächlich verstand... oder spürte. Trotzdem erleichterte seine passive Haltung die Sache für mich. Ich half ihm bei der Vorbereitung für seinen Umzug, suchte seine Lieblingsmöbel aus unserer Wohnung für ihn aus und ließ ihn eine Farbe für sein neues Zimmer auswählen.

KAPITEL 24

So etwas wie gesunder Menschenverstand existierte bei Ted nie. Sein Autismus hielt ihn davon ab, die eindeutigsten Dinge zu verstehen. Die gefühlsmäßige Sicherheit, mit der wir die »eindeutigsten« Schlüsse ziehen, war für ihn einfach nicht »eindeutig«.

Am 2. Juli 1982, einem Tag, den ich niemals vergessen werde, verließ mein Sohn Ted mit seinen elf Jahren, sieben Monaten und sieben Tagen das Haus. Er schien sich schnell und ohne Zwischenfälle an den Alltag in Parkview anzupassen. Das einzige Anzeichen dafür, daß er vielleicht doch nicht ganz glücklich war, waren die kahlen Stellen an der Wand seines Zimmers, an denen er still die Farbe abkratzte.

Wir vermißten Ted. Wir vermißten die lyrischen Nonsensäußerungen, die er herunterleierte, wie »Fleischbällchen aus Nilpferdbaby«, »Ich werde deinen Nerz zerreißen« und »Purpurschnauzer«. Obwohl es uns gestört hatte, wenn wir ständig von derartigen Äußerungen unterbrochen wurden, waren sie doch so lange ein Teil unseres Lebensrhythmus gewesen, daß das Haus ohne ihn schrecklich still wirkte. Seine Betreuer hatten uns gebeten, ihn einen ganzen Monat nach seinem Umzug lang nicht mit nach Hause zu nehmen, um ihm auf diese Weise das Sicheinleben in Parkview zu erleichtern. So schwer uns dies auch fiel, so kamen wir dieser Bitte doch nach.

Wir mußten erst wieder vollkommen neu lernen, zu lachen. Wenn etwas Lustiges passierte, zogen wir immer noch in dunkler Voraussicht die Schultern hoch, weil wir auf den Schrei warteten, der nicht mehr kam. Erst allmählich begannen wir, wieder wie andere Leute zu leben.

Nach dem ersten Monat kam Ted mindestens ein Wochenende pro Monat nach Hause. Außerdem verbrachte er die Schulferien und Familienurlaube mit uns und ging ein- oder zweimal im Monat mit uns zum Abendessen in ein Restaurant. Wir freuten uns alle auf diese Zeiten, die uns wie familiäre Flitterwochen vorkamen.

Teds Besuche bei uns machten mehr Spaß, weil wir wußten, daß unsere gemeinsame Zeit begrenzt war. Für so kurze Zeit kamen die beiden Brüder auch besser miteinander aus als früher, als ihr Lebensraum immer mit dem des anderen kollidierte. Es war leicht, sich bestimmte Aktivitäten für einen Abend oder ein Wochenende vorzunehmen, wogegen wir nicht in der Lage gewesen waren, den Alltag mit ihm zu gestalten.

Unser Junge wuchs heran und hatte, obwohl wir die täglichen Veränderungen bei ihm nicht beobachten konnten, nicht die Fähigkeit verloren, uns zu überraschen und in Erstaunen zu versetzen. Eines Sonntags, als ich von einem Einkaufsgang nach Hause fuhr, hörte ich, wie er immer wieder über die Stimmen aus dem Autoradio hinweg brabbelte.

»Korallen können rot, Korallen können rosa, und Korallen können weiß sein, und Korallen können gelb sein, und Korallen können blau sein, und Korallen können grün sein…« Ich hatte ihn vollkommen ignoriert, da ich seinen leiernden Monolog als bedeutungslos betrachtete und glaubte, es wäre besser, ihn nicht noch weiter zu ermutigen. Aber allmählich sah ich ein, daß dies eine Gelegenheit war, ihm etwas beizubringen.

»Nein, Ted. Korallen können rot, orange, rosa, weiß oder schwarz sein, aber ich glaube nicht, daß es Korallen in all den anderen Farben gibt.« Eine Zeitlang schwieg er und zog dann einen Flugsaurier aus Plastik aus seiner Tasche. Dann fing sein Singsang wieder von vorne an.
»Korallen können gelb sein, und Korallen können blau sein, und Korallen können grün sein...« Da er nicht aufhörte, stellte ich einfach das Radio lauter und ignorierte ihn. Wir waren bald darauf zu Hause, und ich ging nach oben, um mich umzuziehen. Nach ein paar Minuten kam Ted die Treppe heraufgerannt.
In der Hand hielt er Band »K« der Enzyklopädie der Welt. Er hob die Stimme, und ich spürte, wie aufgeregt er war, während er herunterbetete: »Korallen können gelb sein, und Korallen können blau sein, und Korallen können...«
»Laß mal sehen, Ted. Zeig mir, wo das steht.«
»Hier!« sagte er triumphierend, wobei er das Buch so hielt, daß ich es nicht lesen konnte. Er begriff immer noch nicht, daß ich weder in seinen Gedanken lesen noch das sehen konnte, was er sah, solange ich nicht in dieselbe Richtung blickte. Ich nahm ihm den Band aus der Hand und fing an, den Abschnitt über Korallen zu lesen, die rot, rosa, weiß, schwarz, gelb, blau oder grün sein können!
»Du hast vollkommen recht, Ted«, gab ich zu. »Danke, daß du mir das gezeigt hast.« Ich war erstaunt. All die Jahre, in denen ich seine Fragen beantwortet und ihm beigebracht hatte, mit einem Lexikon umzugehen, wenn er etwas über Wale, Haifische und Dinosaurier wissen wollte, hatten sich bezahlt gemacht.
Dieser autistische Junge hatte mehr gelernt, als sich nur Daten zu merken, er hatte entdeckt, wie er sie selbst herausfinden konnte, und wieviel Spaß das machen konnte. Sara und ich hätten uns das niemals träumen lassen. Ted hatte begriffen,

daß Bücher Informationen liefern und daß es Spaß machen kann, die richtige Antwort zu kennen.
Ihm gefielen Bücher mit kurzen, sachlichen Beschreibungen. Noch immer fand er den größten Teil des Fernsehprogramms langweilig oder verwirrend und war nicht in der Lage, ganz einfache Erzählungen zu verstehen. Immer wenn die Sprache zu kompliziert oder die Persönlichkeit der geschilderten Charaktere zu komplex wurde, bekam er die Pointe nicht mit. Ein Wörterbuch aber, ein Sachbuch oder eine Enzyklopädie boten ihm die geradlinigen Definitionen und Beschreibungen, die er verstehen konnte.
In jenem Jahr kauften wir ihm zu Weihnachten eine eigene Enzyklopädie. Von da an lieferte er uns jedesmal, wenn wir ihn sahen, neue Informationen. Er berichtete uns, welche Schlangen zur Familie der Ottern gehören. Wir erfuhren, daß Pferde, Zebras und Esel »Einzeher-Huftiere« sind, wohingegen der Tapir das einzige Beispiel eines »siebenzehigen Unpaarhufers« ist.
In der Schule lernte er Wörter, die einen Gegenbegriff haben. Es machte ihm großen Spaß zu entdecken, daß ein bekannter Begriff durch die Gegenüberstellung mit einem anderen definiert werden konnte, und verbrachte bei seinen Besuchen zu Hause viele Stunden damit, mich nach dem gegenteiligen Wort für seine Lieblingsbegriffe zu fragen. Er übertraf sich selbst bei dieser sprachlichen Fähigkeit, indem er Wortpaare auswendig lernte, genauso wie er mechanisch das Buchstabieren gelernt hatte, ohne die Ausspracheregeln wirklich zu beherrschen.
Nachdem er das Gegenteil von Adjektiven wie »groß«, »dunkel«, »gut« und »süß« gelernt hatte, entdeckte er zu seinem großen Vergnügen, daß auch Farben einen Komplementärbegriff haben. Immer wieder drang er in mich, ihm die Frage zu beantworten: »Was ist das Gegenteil von Gelb?« oder »Was ist

das Gegenteil von Grün?« Aber es verwirrte und frustrierte ihn, daß ich ihm nicht das Gegenteil von »Spaghetti« oder »Holz« sagen konnte.

Da er die Nachschlagewerke genau durchlas und dabei auf irgendwelche Leckerbissen über die biologischen Eigenschaften von Tieren und ihre zoologische Zuordnung stieß, glaubte er, er würde mir etwas beibringen. Und so war es auch. In seinem offensichtlichen Versuch, die verwirrende Welt der Millionen von Daten und Fakten zu verstehen, zeigte er mir das Erstaunliche an seinem Verstand, gab er mir einen Einblick, den Sumner niemals hatte bieten können.

Solange die Sprache einfach und konkret zu gebrauchen war, brachte er hervorragende Leistungen. Eine komplizierte grammatische Struktur, lange Sätze und Wörter mit einer vagen oder wechselnden Bedeutung jedoch verwirrten ihn.

Bei einem Geburtstagsfest in unserer Familie ließ Nick einmal ein großes Stück Kuchen auf seinem Teller liegen und sagte: »Das ist zu mächtig für mich.«

Ted blickte verwirrt, schaute auf die Butterkremverzierung und das Marzipan, das Nick von dem Kuchenstück heruntergekratzt hatte, und fragte: »Wie kommt's?«

Nick, ein wenig verwirrt darüber, daß sein Bruder nicht verstand, erwiderte: »Es ist einfach zu mächtig.«

Teds verblüffter Gesichtsausdruck verriet mir, daß ich für ihn übersetzen mußte. »Ted, wenn jemand sagt, daß Essen sei zu ›mächtig‹, so bedeutet das nicht, daß es Macht hat. Es bedeutet, daß zuviel Butter oder Zucker darin ist. Und wenn jemand nicht gerne viel Butter oder Zucker ißt, dann sagt er, das Essen ist ›zu mächtig‹.«

Später mußte ich ihm erklären, daß etwas Eßbares ohne Butter oder Zucker nicht »schwach«, also nicht das Gegenteil von »mächtig« ist.

Ted hatte keine Ahnung davon, daß verschiedene Wörter

verschiedene Funktionen innerhalb der Sprache haben und daß die meisten Wörter nicht in jeder Situation dieselbe Bedeutung haben. Selbst Substantive wie »Vater« bedürfen mehr als eines Adjektivs, um sie zu definieren.

Wenn Vater der männliche Elternteil war, mußte ich Ted dann erklären, daß das Gegenteil davon der weibliche Elternteil war oder ein männliches Wesen, das keine Kinder hatte? Sollte ich ihm erzählen, daß das Gegenteil von einem Vater ›nicht Vater‹ ist, oder sollte ich einfach sagen: »Es gibt kein Gegenteil von ›Vater‹? Die endlosen Fragen, die Ted uns stellte, zu beantworten, konnte mich zur Verzweiflung bringen, manchmal bekam ich sogar Kopfschmerzen davon.

Im Alter von dreizehn Jahren war Ted auf dem Gesprächs- und Interaktionsniveau eines Dreijährigen. Obwohl wir seine Fortschritte zu schätzen wußten und seine Gesprächsversuche fördern wollten, war es frustrierend, ständig einem Strom von Fragen ausgesetzt zu sein, der sich niemals zu einem sinnvollen Gespräch entwickelte.

Wenn Ted bei seinen Besuchen zu Hause Nick sah, stellte er ihm jedesmal die ganze Zeit über die gleiche Serie von Fragen: »Magst du ZZ Top? Magst du Def Leppard? Magst du Led Zeppelin?« Die Namen bekannter Rock-Gruppen faszinierten ihn. Er zeigte keinerlei Vorliebe für die verschiedenen Musiker, stellte Nick aber unaufhörlich einfache Fragen über seinen Geschmack. Diese Fragen gingen jedoch niemals über die erste Stufe hinaus. Ted konnte einfach kein Gespräch aufbauen oder durchhalten. Er hatte keine Ahnung von dem Reichtum und der Differenziertheit der Sprache und besaß nicht die Fähigkeit zu kommunizieren, es sei denn auf einem primitiven Niveau.

Wenn Nick frustriert war, weil Ted ihm zum vierten oder fünften Mal dieselbe Frage stellte, antwortete er ihm gewöhnlich: »Ich hab es dir doch schon gesagt«, oder »Laß mich in

Ruhe, ich will keine Fragen mehr beantworten.« Ted spürte die Zurückweisung hinter solchen Äußerungen und zeigte seinen Ärger, indem er jammerte oder eine unsinnige Bemerkung herunterleierte, wie zum Beispiel: »Purpurschnauzer, Purpurschnauzer.«

Und wenn er noch erregter wurde, schrie er vielleicht oder biß ihm in den Arm, ein Verhalten, das er von anderen Schülern in der Schule oder den Bewohnern von Parkview abgeguckt hatte. Wir lebten in der ständigen Angst, er könne noch andere absonderliche oder unsoziale Verhaltensweisen von seinen Schulkameraden übernehmen.

Glücklicherweise waren bei Ted niemals Anzeichen von Gewalt sichtbar geworden. Selbst seine früheren destruktiven Gewohnheiten, wie Bücher zu zerreißen und Audiokassetten auseinanderzunehmen, schienen nicht freiwillige, sondern zwanghafte Akte der Zerstörung zu sein. Dennoch wurden wir durch den Kontakt mit anderen Eltern autistischer Kinder gewahr, daß das Potential für Aggression oder Gewalt bei diesem zutiefst frustrierten Kind gefährlich nah an der Oberfläche lag.

Offensichtlich mangelte es ihm an der Verstandesfähigkeit, die Folgen seines eigenen Verhaltens zu begreifen, egal ob es darum ging, anderen zu schaden oder sich selbst unbeliebt zu machen. Als er größer und älter wurde, schienen sich die Probleme zu verschlimmern. Seine Sprache und seine Urteilskraft hielten nicht mit seinem physischen Wachstum schritt.

Die Betreuer in Parkview gingen beim Unterricht mit den behinderten Jugendlichen systematischer vor und konnten daher Fortschritte bei Ted erzielen, wo wir versagt hatten. Wir waren erfreut zu erfahren, daß sie ihm beigebracht hatten, sein Bett zu machen, sein Zimmer zu saugen, ja sogar seine Wäsche zu waschen. Natürlich unterlief auch den erfahrenen Hauseltern in Parkview manchmal der Irrtum, Ted habe etwas

verstanden, was er tatsächlich nicht oder falsch verstanden hatte.
An einem Freitagnachmittag fuhr Sara nach Parkview, um Ted zum Wochenende abzuholen. Er hatte noch nicht angefangen, seine Kleidung zusammenzupacken, also bot sie ihm an, ihm zu helfen. Nachdem er seinen Koffer aus dem Schrank gezogen und eine der Kommodenschubladen geöffnet hatte, bemerkte sie etwas Seltsames: »Ted, was ist mit deinen Kleidern los?« fragte sie.
»Nichts«, antwortete er und zog eine nasse Jeans aus der Schublade.
»Laß mal sehen«, insistierte sie. Sara prüfte die anderen Hosen in der großen Schublade.
Alle Sachen in der Schublade waren naß und zerknittert, als ob sie gerade aus der Waschmaschine kämen. Sie öffnete die anderen Schubladen und stellte fest, daß auch alle seine Hemden, Socken und seine Unterwäsche in diesem Zustand waren.
»Was ist passiert, Ted?« fragte sie, als er ruhig und gelassen ein Lieblingshemd aus der Kommode zog.
»Weiß nich.«
»Aber diese Sachen sind ja alle naß. Siehst du das denn nicht?« Sie versuchte, die nächste Frage ohne ein »Warum« zu stellen, damit er sie verstehen konnte. »Hat jemand diese Sachen naß gemacht?«
»Jemand hat diese Sachen naß gemacht.«
»Wer hat die Sachen in deiner Kommode naß gemacht?« Sie dachte, daß einer seiner Mitbewohner ihm einen Streich gespielt habe.
»Weiß nich.«
Da sie keine weitere Auskunft von Ted bekommen konnte, bat Sara jemanden von den Hauseltern um Hilfe. Stück für Stück setzten sie sich eine Erklärung für dieses Rätsel zusammen. Sie

hatten Wochen gebraucht, Ted beizubringen, seine Wäsche zu waschen, und nachdem er sich alle Anweisungen gemerkt und demonstriert hatte, daß er auch allein zurechtkam, hatten sie allmählich die Beaufsichtigung dabei reduziert.
Nachdem man die Aufgabe, die Ted bewältigen sollte, analysiert hatte, hatte man ihm jeden einzelnen Schritt nach und nach beigebracht. Es gehörten dazu jedoch keinerlei Sicherheitsmaßnahmen für den Fall eines Versagens der Maschine. An dem Tag aber, als Ted seine Wäsche ohne Aufsicht wusch, war der Trockner kaputt.
Ohne sich Gedanken über die veränderte Situation zu machen, war er allen Anweisungen buchstabengetreu gefolgt. Als der Summer an dem defekten Trockner ertönte, holte er gehorsam die feuchte Kleidung heraus und legte den gesamten nassen Inhalt in seine Truhe.
Niemand hatte an die Möglichkeit gedacht, daß er so etwas tun könnte. Niemand hatte erkannt, daß er darauf »programmiert« werden mußte, die Kleidung im Trockner zu prüfen, um sich zu vergewissern, daß sie trocken war. Für das Personal war dies ein so selbstverständlicher Schritt, daß niemand überhaupt nur die Möglichkeit in Betracht gezogen hatte, daß Ted das nicht verstehen würde.
Der gesunde Menschenverstand hätte Ted sagen müssen, daß etwas nicht stimmte. Aber sein Autismus hinderte ihn daran, einen solchen gesunden Menschenverstand zu entwickeln oder das Eindeutige zu begreifen. Er war zwar in der Lage, sich Regeln zu merken und eine Reihe von Anweisungen zu reproduzieren, er konnte aber keine einfache Entscheidung treffen. Die Tatsache, daß seine Kleidung noch naß war, veranlaßte ihn keineswegs, seine gewohnte Bahn zu verlassen.
Für uns ist es offensichtlich, daß die Kleidung nicht eingeräumt werden soll, solange sie noch naß ist, für ihn aber war es das nicht. Oder genauer gesagt, die gefühlsmäßige Sicherheit,

mit der wir eindeutige Schlüsse ziehen, war für ihn anscheinend nicht »eindeutig«.
Noch immer war er sich nicht der Gefahren im Verkehr bewußt. Er tat mit skrupulöser Genauigkeit das, was er gelernt hatte, und gehorchte immer den Ampeln, wenn er eine Straße überquerte. Wenn es in einem Abschnitt aber keine roten, grünen oder gelben Signale gab, vergaß er, auf sich nähernde Autos aufzupassen, und marschierte direkt in den fließenden Verkehr hinein.

KAPITEL 25

Er konnte verkehrt herum, rückwärts, seitwärts, spiegelverkehrt lesen. War das ein Geschenk? Oder bedeutete es, daß es in seiner Welt keinen festen Horizont gab, daß die Lage der Gegenstände ihm zufällig, unvorhersagbar oder gar beweglich erschien?

Ich hatte Teds Entwicklung nun schon seit vierzehn Jahren beobachtet und war dreißig Jahre lang Zeuge des Verhaltens meines Bruders gewesen. Dennoch gelang es beiden immer noch, mich zu überraschen und zu verblüffen. Wie konnte eine Person manchmal so fähig sein und dann wieder so hoffnungslos unfähig?

Nichts von alledem, was ich gehört oder gelesen hatte, half mir dabei, diese Widersprüche zu erklären. Leo Kanner, der Arzt, der den Autismus »entdeckte«, hatte keine Antwort parat, nur eine Liste von seltsamen Eigenschaften, die er beobachtet hatte. Ich wollte mehr wissen, wollte das »Warum« verstehen, auf das Ted nie antworten konnte.

Sara und ich hofften weiterhin, das Rätsel zu entschlüsseln, das die Denkprozesse unseres Sohnes für uns darstellten. Oder genauer gesagt, wir wollten herausfinden, warum der Denkprozeß in kritischen Augenblicken aussetzte. Seine Zukunft hing von unserer Fähigkeit ab, diesen Code zu knacken.

Wir hofften, daß Teds Sprache funktioneller werden und ihm

helfen würde, um Hilfe zu bitten, wenn er sie brauchte, oder mit anderen Menschen Kontakt aufzunehmen. Seine Vorliebe für sich wiederholende Äußerungen oder Nonsens-Sätze machte deutlich, wie wenig er über Sumners Niveau hinausgelangt war, der nicht einmal seine elementarsten Bedürfnisse mitteilen konnte.

Wenn Sumner Druck ausgesetzt war, hatte er Zuflucht darin gesucht, mit Kot herumzuschmieren, um sich den Pflegern zu widersetzen und vor der Gruppe nach Hause zu entfliehen. Würde auch Ted eines Tages seine echolalische Redeweise aufgeben und asoziales und gewalttätiges Verhalten an den Tag legen wie so viele andere autistische Erwachsene?

Sumner hatte gezeigt, daß er, obwohl Analphabet, allein den Weg zurück nach Seattle fand und mit einem komplizierten System von Straßen und Kanälen zurechtkam. Würde auch Ted derartige Fähigkeiten an den Tag legen? Und wenn ja, würde er sie für nützliche Zwecke wie eine Anstellung oder ein Leben ohne Abhängigkeit einsetzen können?

Die Rätsel des Autismus hatten Schriftsteller und wißbegierige Fachleute seit über vierzig Jahren beschäftigt. Aber die Ungewißheiten, die diese Störung mit sich brachte, bekamen für uns eine besondere Dringlichkeit. Mehr als das, für Sara und mich wurde die Sache zu einer unerwünschten Aufgabe. Wir mußten unser Kind verstehen, um ihm einen Platz in unserer Welt zuweisen zu können.

Immer wenn wir meinten, Ted zu verstehen, wartete er wieder mit einer Überraschung auf. Wir wußten nie, welche neue Entdeckung wir bei seinen Besuchen zu Hause machen würden.

»Neue Öffnungszeiten im Kinderzoo.«

Ich schaute über den Frühstückstisch hinweg zu Ted auf und fragte: »Was hast du gesagt?«

»Neue Öffnungszeiten im Kinderzoo. Was bedeutet das?«

Ich folgte seinem Blick auf die zusammengefaltete Zeitung vor mir und sah die kleine Schlagzeile, die er gerade laut vorgelesen hatte. Wie hatte er sie lesen können? Das Gedruckte lag direkt vor mir, aus seinem Blickwinkel aber verkehrt herum. Hatte er es wirklich so, wie es dalag, gelesen, oder hatte er die Ankündigung schon bemerkt, bevor ich die Zeitung vor mich hin gelegt hatte?

Ich war neugierig und beschloß, ein Experiment zu machen. Ich schlug eine Seite der *Seattle Times* auf, von der ich wußte, daß er sie vorher nicht gesehen hatte, und faltete dann die Zeitung sorgfältig zusammen, so daß die obere Hälfte für mich lesbar vor mir lag. »Kannst du das hier lesen, Ted?« Ich deutete auf eine kleine Werbeanzeige.

»Räu-mungs-ver-kauf, bis zu siebzig 00s billiger! Was sind 00s?« fragte er, verwirrt über die kleinen Nullen im Prozentzeichen.

»Lies das hier!« sagte ich, da ich ihn noch weiter testen wollte. Egal auf was ich deutete, er konnte es mit der gleichen Leichtigkeit verkehrt herum lesen wie etwas, das richtig herum lag. Ich blätterte weiter und drehte die Zeitung so, daß die Schrift seitwärts lag. »Kannst du das lesen?« Verwundert saß ich da, als er weiter in seinem üblichen Tempo laut vorlas und nur hin und wieder über ein unbekanntes Wort stolperte.

»Komm mit ins Eßzimmer.« Er folgte mir, bis wir vor dem großen, schräg geschnittenen Spiegel standen. Ich stellte ihn seinem Spiegelbild gegenüber und hielt die Zeitung vor das Glas. »Lies«, drängte ich ihn. Er begann von neuem ohne Schwierigkeit zu lesen.

Es war einfach egal für ihn. Er konnte alles mit Leichtigkeit lesen, ganz unabhängig davon, in welcher Lage sich die Wörter und Buchstaben befanden! Ted kehrte zu seinem Frühstück zurück, und ich wartete gespannt auf Sara, um ihr von der außergewöhnlichen Begabung unseres Sohnes zu berichten.

An jenem Abend sprachen wir über nichts anderes als über Teds erstaunliche Fähigkeit, Buchstaben, Muster und Formen zu erkennen, egal, in welcher Lage sie sich befanden. Obwohl wir nie vermutet hatten, daß er so lesen konnte, erinnerten wir uns daran, daß wir schon auf andere Beispiele dieser räumlichen Wahrnehmungsfähigkeit gestoßen waren, sie aber immer ignoriert hatten.

Wie Sumner, so konnte auch Ted Puzzle-Steine zusammensetzen. Beide waren in der Lage, selbst Puzzle-Steine mit außergewöhnlichen Formen auf Anhieb richtig zu plazieren. Sie schienen die Teile allein aufgrund der Form einander zuordnen zu können, während der Rest der Familie die Farbe und die Linien der Zeichnung dazu brauchte.

Sara und ich wunderten uns darüber, daß unser Kind so eine überraschende Fähigkeit entwickelt hatte, ohne es geübt zu haben, ja ohne daß wir es bemerkt hatten. Als wir jedoch darüber sprachen, fragte ich mich, ob man seine visuelle Fähigkeit wirklich als Vorzug betrachten sollte. Konnte diese Indifferenz gegenüber der Position von Formen ihn nicht ebenso sehr verwirren wie sie ihm half, Puzzles zu legen und Botschaften zu entschlüsseln, die verkehrt herum vor ihm lagen?

Wir verlassen uns auf einen stabilen visuellen Bezugsrahmen, um Gegenstände zu erkennen. Wie die meisten Menschen konnte auch ich mich nicht auf Fotos erkennen, solange ich sie nicht richtig herum hielt. Wir schauen uns Bilder in der Erwartung an, daß die Dinge sich in einer bestimmten Ordnung befinden. Und die Schwerkraft legt fest, daß ein fallender Gegenstand immer nach unten fallen wird, niemals nach oben oder zur Seite.

Was war, wenn es in Teds Welt keine festen Horizonte gab? Was, wenn der Ort oder die Position der Gegenstände zufällig, unvorhersehbar oder sogar beweglich erschienen? Ich wußte nicht, wie ich von ihm eine Antwort auf eine solch komplizierte Frage bekommen sollte. Die einzigen Beweise, auf die ich mich stützen konnte, waren seine außergewöhnlichen Fähigkeiten, die hin und wieder von seiner ansonsten niedrigen Entwicklungsstufe abstachen und mich quälten.

Bald nachdem wir Teds bemerkenswerte Lesefähigkeit entdeckt hatten, veranstalteten wir bei uns zu Hause ein Eintopfessen für die Mitglieder der örtlichen Autismus-Gesellschaft. Wie gewöhnlich, so tauschten auch dieses Mal die Eltern interessante Geschichten über ihre Kinder aus. Als ich ihnen erzählte, daß wir Teds außergewöhnliche räumliche Wahrnehmungsfähigkeit entdeckt hatten, berichteten zwei unserer Gäste ähnliches.

Einer hatte von einem Wissenschaftsjournalisten gehört, daß viele autistische Erwachsene ein Puzzle schneller zusammensetzen können, wenn die Teile umgedreht sind, so daß nur das graue Papier auf der Rückseite sichtbar ist. Offensichtlich können sie leichter mit den reinen Formen der einzelnen Stücke zurechtkommen und empfinden die Farben und Linien als ablenkend.

Eine junge autistische Frau wurde ungewöhnlich aufgeregt und rief: »Als ich Zeichenunterricht bekam, zeigte der Lehrer manchmal Dias. Er war immer ganz verärgert, wenn ein Dia verkehrt herum war oder auf dem Kopf stand. Mir machte das nie etwas aus. Für mich sahen sie immer gleich aus.«

KAPITEL 26

Elektroenzephalogramme haben gezeigt, daß manche autistische Kinder visuelle und akustische Impulse nicht gleichzeitig verarbeiten können. Ihre Welt ist wie ein Film, bei dem die Tonspur nicht synchron läuft.

Ted war zu einem großen, netten Vierzehnjährigen herangewachsen. Sein geistiger und emotionaler Entwicklungsstand aber war weit hinter seinem körperlichen zurückgeblieben, so daß wir oft neue Anpassungsprobleme bei ihm entdeckten. Er war nicht mehr der kleine, schwache Junge mit einem Kommunikationsproblem; er war eine große, starke Person, die sich in Gewalt oder Aggression Luft machen konnte, weil sie vieles nicht verstand und nicht verstanden wurde.

Mehr als je zuvor empfanden wir es als notwendig, zu begreifen, was in ihm vorging, ihm Struktur und Führung zu geben. Als wir daher eine Ankündigung für die Landestagung der Autismus-Gesellschaft erhielten, beschloß ich hinzufahren. Für die autistischen Kinder sollte es tagsüber eine Beaufsichtigung und Ausflüge nach Disneyland geben, also lud ich Ted ein, mich zu begleiten.

Am Flughafen checkten wir unser Gepäck ein und streiften dann um die Geschenkläden, bis wir an Bord unserer Maschine gehen konnten. Es war im Juli 1985, und an jedem Zeitungsstand in Amerika gab es stapelweise die Zeitschrift *Playboy* mit dem Rockstar Madonna auf dem Titelblatt. Ich sah, wie Ted auf das glänzende Bild seiner Lieblingssängerin starrte, und versuchte, ihn abzulenken. Obwohl er körperlich reif war, traute ich seiner Urteilskraft und Reaktion auf Nacktfotos nicht.

Schließlich stiegen wir ins Flugzeug und schnallten uns an. Durch jahrelanges Training hatte Ted gelernt, in der Öffentlichkeit leise zu sprechen, aber an dem schwachen Zucken in seiner rechten Wange konnte ich erkennen, daß er aufgeregt war. Seine Augen wurden groß, und er flüsterte: »Ich habe keine Angst vor Flugzeugen. Darum fliegen sie so hoch, weil ich keine Angst vor hohen Sachen habe.«

Ich griff nach einem Kugelschreiber, um seine Worte festzuhalten. Seit Jahren schon hatte ich Tagebuch über seine Äußerungen geführt. Sie halfen mir, den Denkprozeß zu verstehen, der mir immer noch ein Rätsel war und mich erstaunte. Mit vierzehn Jahren hatte er immer noch keinen Begriff von Ursache und Wirkung. Nie konnte ich das Ausmaß des ihm fehlenden Wissens abschätzen. Ich konnte nicht in seinen Kopf hineinsehen, aber diese einfachen Unterhaltungen boten manchmal Einblicke in seine Sichtweise der Welt.

Eine Pädagogin im Seattle Children's Home hatte es einmal sehr einfach erklärt: »Teds Denkprozesse sind nicht logisch. Sie sind assoziativ.« Jetzt fielen mir ihre Worte wieder ein.

Ted wußte, daß Flugzeuge hoch oben in der Luft fliegen. Er wußte auch, daß er keine Höhenangst hatte. In seiner einmaligen Art, befreit von aller Logik oder den Gesetzen des sogenannten gesunden Menschenverstandes, hatte er versucht, diese beiden Tatsachen miteinander in Verbindung zu bringen. Seine Schlußfolgerung war eine höchstpersönliche und auf ihn selbst bezogene: Flugzeuge fliegen hoch oben, weil Ted Hart keine Angst vor der Höhe hat!

Im Hilton in Los Angeles spazierte Ted hinüber zum Zeitungsstand, während ich mich in die Schlange einreihte, um mich anzumelden. Sobald ich konnte, ging ich zu ihm und gab ihm den Schlüssel. »Ich möchte, daß du mich führst, Ted.« Ich wartete darauf, daß er die Zimmernummer ablas, den richtigen Knopf am Aufzug drückte und den Hinweisschildern zu unserem Zimmer folgte. Eines Tages würde er selbständig Zimmer in fremden Gebäuden finden müssen. Es war gut, wenn er ein wenig übte, solange er noch jung war und noch nicht gelernt hatte, an seinen Fähigkeiten zu zweifeln.

Als wir oben im Zimmer waren, begannen wir auszupacken. Ich schaltete den Fernseher ein, damit Ted ein wenig Unterhaltung hatte, während ich einen Blick auf mein Konferenzprogramm warf. Ted sah mich an und sagte: »Eines Tages werde ich viel Geld sparen und diesen *Playboy* mit Madonna drauf kaufen.«

Ich hörte auf zu lesen und versuchte, mir zurechtzulegen, was ich darauf sagen wollte. Die Zeitschrift würde in ein paar Wochen nicht mehr an den Kiosken zu haben sein; »eines Tages« würde er kein Exemplar mehr kaufen können. Was sollte ich tun? Wenn ich seinen Wunsch ignorierte und abwartete, bis er entdeckte, daß er in ferner Zukunft kein Exemplar mehr würde kaufen können, so würde ich ihm das unmöglich erklären können. Ich hatte ihn bereits wütend und verwirrt erlebt, wenn er ein bestimmtes Datum oder den letzten Termin für eine bestimmte Gelegenheit verpaßt hatte.

Vorsichtig wählte ich meine Worte. »Ted, ich glaube, es ist keine gute Idee, diese Zeitschrift zu kaufen.«

»Warum nicht?« Diese Frage, die er so gerne stellte, war eine Herausforderung.

»Nun, in der Zeitschrift gibt es Bilder von Madonna, auf denen sie nichts anhat.«

»Ja?«

»Ich glaube einfach nicht, daß es eine gute Idee ist, wenn du dir solche Bilder anguckst.« Ich wußte, daß die Betreuer in seiner Wohngruppe nicht wollten, daß die Zeitschrift die Runde machte. Und sie wollten auch sicher nicht mit den Mißverständnissen zu kämpfen haben, die sich bei Ted hinsichtlich der Sexualität seiner Idole einstellen könnten. »Nette Menschen schauen sich solche Bilder nicht an«, fügte ich schlußfolgernd hinzu.

»Ich habe aber gesehen, daß du dir solche Bilder angeguckt hast!« erwiderte er.

»Wo?« Seine Hartnäckigkeit überraschte mich. Ich hatte ihn noch nie mit einem derartigen Einsatz argumentieren hören. Normalerweise schrie er einfach, biß sich in den Arm oder wimmerte, wenn er anderer Meinung war oder eine Autorität nicht akzeptierte.

»Beim Friseur.«

Er konnte recht haben. Ja, es war sogar wahrscheinlich, denn ich wußte, daß sein Gedächtnis sehr genau war. Beim Friseur lagen eine Menge Zeitschriften wie der *Playboy* herum. Manchmal gab es nichts anderes mehr zum Lesen, während ich darauf wartete, daß der Friseur meinem Sohn die Haare geschnitten hatte. Vermutlich konnte Ted mir sogar das genaue Datum sagen, wann ich eine Zeitschrift durchgeblättert hatte, an die ich mich längst nicht mehr erinnerte.

Obwohl ich immer noch nicht wollte, daß Ted die Zeitschrift bekam, befand ich mich in einem Wertekonflikt. Sara und ich hatten ein Leitprinzip für den Umgang mit unseren beiden Söhnen aufgestellt – niemals aus unserer Stellung als Eltern einen Vorteil zu ziehen. Wenn unser Kind eine vernünftige Forderung hatte und es keinen vernünftigen Grund gab, ihm etwas zu verweigern, würden wir ihm helfen. Diese Regel war besonders für Ted sehr wichtig, denn auf diese Weise wurde er ermutigt, sich bei Verhandlungen verbal zu artikulieren.

Wir gingen davon aus, daß er um so weniger auf nonverbale Verhandlungsmethoden wie zum Beispiel Wutausbrüche zurückgriff, je mehr wir den richtigen Gebrauch der Sprache bei ihm belohnten.

Aber ich stand nun meinen miteinander in Konflikt geratenen Gefühlen gegenüber. Sollte dieser junge Mann eine Zeitschrift bekommen, die vielleicht neue Mißverständnisse über Nacktheit und öffentliches Verhalten auslöste? Oder sollte ich mich weigern, sein wirkungsvollstes und entschiedenstes Argument zu belohnen? Es war ja schon nahezu heldenhaft, wie er seine Kommunikationsschwierigkeiten überwunden hatte.

Erinnerungen an meine eigene Jugendzeit kamen mir wieder in den Sinn. 1956 hatten meine Freunde und ich begierig ein Exemplar von *Peyton Place* gelesen, die ein älterer Bruder erworben hatte. Wir hatten die »heißen« Seiten mit Eselsohren versehen und ließen die unheimliche Neuigkeit in der ganzen Schule herumgehen. Wenn mein Sohn nicht behindert wäre, hätte ich keinen Einwand dagegen gehabt, daß er sich den *Playboy* kaufte; ich hätte es als natürlichen Ausdruck jugendlicher Neugierde betrachtet.

Dr. Reichert hatte Sara und mir geraten, Ted so weit wie möglich wie ein normales Kind zu behandeln. Mit diesem Gedanken im Kopf ging ich hinunter in die Eingangshalle und kaufte die Zeitschrift, so daß Ted nicht sein Geld für »eines Tages« würde sparen müssen.

Ted war entzückt und begann sofort, die Bilder von Madonna einer genauen Prüfung zu unterziehen.

»Nun, Ted«, fragte ich, »wie findest du sie?«

»Gut.«

»Findest du, daß sie besser mit Kleidern aussieht, oder ohne?«

»Mit Kleidern«, erwiderte er, und ich wußte, daß es kein Fehler gewesen war, ihm die Zeitschrift zu kaufen.

In den nächsten vier Tagen besuchte ich Vorlesungen über

Autismus, nachdem ich Ted zum Kinderhort des Hotels gebracht hatte. Ehrenamtliche Mitglieder der kalifornischen Sektion organisierten täglich Ausflüge zu Freizeitparks oder zum Strand, so daß auch die jungen Autisten und alle Geschwister, die sie begleiteten, etwas von ihrem Aufenthalt in Los Angeles hatten. Nach dem zweiten Tag überließ ich Ted den Zimmerschlüssel, so daß er kommen und gehen konnte, wann er wollte. Er übernahm die Verantwortung und verpaßte keinen einzigen Ausflug.

In den Vorlesungen bekam ich eine Menge neuer Informationen über Autismus. Am ersten Tag hielt ein Psychologe vom neurologischen Forschungszentrum von Staten Island einen Vortrag über die Verzögerung bei der Übermittlung akustischer und visueller Signale an das Gehirn.

Der Wissenschaftler und seine Kollegen hatten eine Gruppe von autistischen Kindern für ihr Experiment zusammengestellt. Man hatte kleine Elektroden am Schädel jeder Versuchsperson befestigt und die Zeit gemessen, die das Gehirn brauchte, bis es nach einem visuellen oder akustischen Impuls aktiv wurde. Auf diese Weise konnte man auf eine Tausendstelsekunde genau die Zeit messen, die das Gehirn eines Kindes brauchte, bis es auf Informationen aus dem akustischen oder visuellen Bereich reagierte.

Die Wissenschaftler hatten gehofft, Unterschiede zwischen der Reaktion bei autistischen Kindern und denen der Durchschnittsbevölkerung zu finden, und so war es auch. Sie entdeckten, daß die Geschwindigkeit der Botschaften von den Augen oder Ohren an das Gehirn unter autistischen Kindern sehr unterschiedlich war. Bei einigen zeigten sich ernsthafte Verzögerungen in der Informationsverarbeitung. Bei einigen blieb die Reaktionsgeschwindigkeit bei verschiedenen Testabschnitten die gleiche, andere wiederum zeigten ungewöhnliche Reaktionsmuster. Die Verzögerung zwischen einer optischen oder akustischen Wahrnehmung und der Aufnahme derselben durch das Gehirn des Kindes war bei jedem Test unterschiedlich.

Bei den Kindern, die am neurologischen Institut getestet wurden, waren optische und akustische Wahrnehmung nie koordiniert. Ihre Welt war wie ein Film, bei dem die Tonspur nicht synchron mit dem Bild läuft.

Sara und ich konnten nur erahnen, wie Teds Welt aussah, daß die feinen Störungen der Sinne und des Gehirns Gedanken in ihm hinterließen, die er nicht ausdrücken konnte. Mein Sohn war mir ein Rätsel. Der Frau aus Iowa auf dem Stuhl neben mir, die sich die Tränen von den Wangen wischte, war ihr Kind ein Rätsel, und ebenso ging es dem älteren Herrn vor uns mit dem sorgenvollen Gesicht, dessen erwachsener Sohn neben ihm saß und ständig während der Vorlesung hin- und herwippte.

Wir alle waren aus einem einzigen Grund zusammengekommen, nämlich in der Hoffnung, Hinweise zu bekommen, die die Geheimnisse aufdecken halfen, mit denen wir als Familie leben mußten. In den folgenden drei Tagen hörten wir noch weitere Forschungsberichte über Statistiken und Messungen. Es gab Antworten auf viele Fragen – Wie viele? Wann? Wie schnell oder wie langsam? –, aber wie Ted selbst, so konnten auch sie die wichtigsten aller Fragen nicht beantworten: die Warum-Fragen.

Dr. Margaret Bauman vom Kinderkrankenhaus in Boston berichtete, sie sei bei Autopsien autistischer Menschen auf deutliche Unterschiede in den Gehirnen gestoßen. Es hatte sich gezeigt, daß eine wichtige Zellgruppe, die sogenannten Purkinje-Zellen, abnormal waren. Die untersuchten Personen hatten weniger von diesen Zellen als normale Individuen, und diese Zellen waren kleiner und weniger ausgereift, als sie hätten sein müssen.

Nach aktuellem Stand der Wissenschaft sind die Purkinje-Zellen dafür zuständig, die Informationen aus den verschiedenen Wahrnehmungssystemen zu integrieren. Könnte die Unregelmäßigkeit in diesen Zellen für die vom neurologischen Institut entdeckte Verzögerung bei der Übertragung der Botschaften von Augen und Ohren verantwortlich sein? Vielleicht. Könnte die reduzierte Zahl dieser Zellen das übernormale Gedächtnis von Menschen wie Ted erklären? Vielleicht.
Dr. Edward Ritvo von der University of California, Los Angeles, berichtete von genealogischen Untersuchungen, bei denen in siebzig Familien in den Vereinigten Staaten, die mit meiner vergleichbar waren, mehr als zwei Fälle von Autismus in der Verwandtschaft aufgetreten waren. Seine Untersuchung zeigte, daß zumindest eine Form von Autismus mit großer Wahrscheinlichkeit eine familiäre oder genetische Struktur hat.
Dr. Paul Millard Hardy aus Boston lieferte einen der schmerzlichsten und seltsamsten Berichte. Er hatte Jahre damit verbracht, mit stark gestörten Erwachsenen in einer Einrichtung für geistig Behinderte zu arbeiten. Seine Patienten waren alle sprachunfähig und weit zurückgeblieben sowie autistisch.
Alle seine Patienten hatten eine Geschichte hinter sich, in der Gewalt und Selbstverstümmelung eine Rolle spielten. Sie verbrachten den größten Teil ihres Lebens angebunden oder durch starke Medikamente ruhiggestellt in Krankenhausbetten. Das Personal hatte Angst vor ihnen und hatte alle Versuche, ihnen etwas beizubringen, aufgegeben. Kontrolle und die Verhinderung von Gewaltanwendung waren die einzigen Ziele bei der Versorgung dieser Menschen.
Bei einer Serie von komplizierten Bluttests entdeckte der Arzt, daß viele seiner Patienten einen ungewöhnlich hohen Endorphinspiegel – eine morphiumähnliche Substanz, die im Gehirn produziert wird – hatten. Dr. Hardy vermutete, daß dieser Endorphinspiegel die ungewöhnliche Schmerztoleranz der

Patienten erklären könnte und daß diese Toleranz sie weniger empfindlich für die Wunden machte, die sie sich selbst zufügten. Daher entwickelte er Methoden, um die Körperchemie zu verändern.
Er zeigte uns Dias, bei denen wir zusammenzuckten und die Augen schlossen. Einige Patienten hatten ihren Körper aufgeritzt oder zerbissen, manchmal bis auf die Knochen. Nachdem sie eine synthetische Form von Adrenalin bekommen hatten, hörte die Selbstzerstörung auf oder ging drastisch zurück, und auch andere Verhaltensweisen verbesserten sich.
Wir wurden im Zweifel darüber gelassen, ob unsere eigenen Kinder eine abnorme Schmerztoleranz hatten. Und wenn ja, welche Schlüsse könnten wir daraus ziehen? Reagierten unsere Söhne und Töchter weniger auf Bestrafungen? Erklärte das Fehlen von Schmerzempfinden ihre anscheinend vorhandene Indifferenz gegenüber jeglicher Art von Gefahr? Wie wichtig ist eine normale Schmerzreaktion für das Lernen und das Verhalten?
Nach einem Tag, der der medizinischen Forschung gewidmet war, konzentrierte sich die Konferenz auf die Praxis der Erziehung. Wir lernten ein verwirrendes Angebot von Techniken kennen, die im ganzen Land mit unterschiedlichen Ergebnissen praktiziert wurden. Die Unterschiede unter den autistischen Schülern kamen noch zur verwirrenden Vielfalt der Erziehungsmethoden hinzu. Viele Schulen hatten sich auf einen bestimmten Schülertypus spezialisiert und berichteten über Ergebnisse mit besser funktionierenden Kindern, die auf die stark behinderten Kinder nicht anwendbar waren und umgekehrt.
Sehr befremdend erschien mir der Vortrag von Kiyo Kitahara aus Tokio. Die kleine japanische Erzieherin war international bereits eine Legende wegen ihrer Arbeit als Begründerin und Direktorin der Higashi Daily Life Therapy School. Kitahara

sprach kein Englisch, so daß ihr Vortrag von einem ihrer zahlreichen Mitarbeiter übersetzt wurde. Andere Mitglieder ihres Teams schwirrten mit Videokameras im Ballsaal umher, begierig, die emotionale Reaktion des Publikums auf den Vortrag ihrer Chefin einzufangen. Viele Eltern weinten, einige schienen hingerissen zu sein, und andere wirkten – wie ich – einfach skeptisch.

Der Übersetzter umriß kurz Kitaharas Theorie, nach der autistische Menschen durch eine Form von Ängstlichkeit behindert sind, die durch energische körperliche Aktivität, strenge Routine und ständiges Lob für Leistungen reduziert werden kann. Dann teilte sich plötzlich der Vorhang und gab den Blick frei auf die Bühne mit einer Reihe von japanischen und amerikanischen Schülern.

Die jungen Leute trugen alle die Schuluniform, die in der britischen Public School üblich ist: Blazer, Hemden mit kleinen Eton-Krägen und Halstücher. Die Mädchen hatten Röcke an und die Jungen farblich abgestimmte Hosen. Gemeinsam sangen sie ein Schullied und grüßten das überraschte Publikum.

Der Vorhang schloß sich, während eine Mutter aus Kalifornien eine leidenschaftliche Empfehlung für die Schule aussprach. Plötzlich teilte sich der Vorhang erneut, um dieselben Schüler mit anderer Kleidung zu zeigen. Sie führten nun ein kompliziertes Programm von Turnübungen vor. Einige Kinder waren sehr gelenkig und geschickt, während andere der körperlichen Führung durch das Personal bedurften, welches über die Bühne sauste und bei jedem nachhalf, der ins Stocken geraten war.

Nach einer weiteren Lobesrede erschienen die Schüler erneut, dieses Mal in Ballkleidung. Alle Mädchen, im Alter von fünf bis ins späte Teenageralter, wurden in ihren einheitlichen, bodenlangen Kleidern von den mit Smokings ausstaffierten Jungen herumgewirbelt. Die Vorstellung schloß mit dem einwandfreien Klaviersolo eines kleinen Jungen, der hölzern auf seiner Bank saß und niemals ins Publikum oder auf die Notenblätter sah.

Viele unter uns hatten schon von autistischen Musikern gelesen, die jedes Musikstück, das sie gehört hatten, wiedergeben, aber nicht einmal eine einfache Partitur lesen konnten. Dennoch rührten die gelungene Darbietung, die Kostüme und das ordentliche Verhalten der Tänzer viele Zuschauer zu Tränen. Selbst jene von uns, die mit Argwohn die im Raum herumrennenden Kameraleute betrachteten, empfanden Respekt vor diesen bemerkenswerten Darbietungen der Kinder, die nach Japan geschickt worden waren, weil ihre örtlichen Schulbehörden sie als »hoffnungslos« oder »nicht unterrichtbar« eingestuft hatten.

Mit gemischten Gefühlen ging ich zum Tageshort, um Ted zum Abendessen abzuholen. In dem Raum befanden sich mehrere Kinder. Unter der Aufsicht freiwilliger Helfer schritten einige der Jugendlichen umher, als ob sie nach etwas Ausschau hielten. Andere schienen in einer eigenen Welt gefangen zu sein und erzählten vor sich hin oder warfen Spielzeug umher. Ein anderer las, wobei er sich gelegentlich unterbrach und schrie, bevor er weiterblätterte.

Ich brauchte ein paar Minuten, bis ich schließlich Ted am anderen Ende des Raumes entdeckte. Er saß zusammengekauert auf einem Stuhl, der eigentlich für ein kleineres Kind gedacht war. Er war fast einen Meter achtzig groß und sah in seinem neuen Polo-Hemd und der weißen Hose sehr sportlich aus. Sein dickes blondes Haar hatte kurz vor seiner Reise noch einen Schnitt bekommen. Nie hatte er besser ausgesehen, aber ich erkannte ihn kaum.

Er hatte mich nicht eintreten sehen. Daher beobachtete ich ihn erst eine Weile, bevor ich ihn rief. Er spielte Backe-backe-

Kuchen mit einer jungen freiwilligen Helferin, wobei sein hübscher Kopf sich auf seinem langen Hals ständig hin und her bewegte. Er gluckste und kicherte und machte hin und wieder Blasen aus Spucke, während er die Bewegungen des Mädchens, das ihn unterhielt, beobachtete.

Plötzlich machten sich Jahre der Frustration bei mir in einem Wutausbruch Luft. »Was machst du da, Ted?« fragte ich. Er sprang erschrocken auf. So auf den Füßen stehend war er wieder mein gut gepflegter, wohlerzogener Sohn, und wir gingen hinaus zum Speisesaal des Hotels. Ich brütete vor mich hin.

Würde er immer so sein? Würden sich alle meine und seiner Mutter Anstrengungen als nutzlos erweisen, so daß er rückfällig würde, sobald er unseren Blicken entschwunden war? Ich wußte, daß Fremde sehr schnell seine Behinderung erkennen und zu schnell die Erwartungen in seine Fähigkeiten herunterschrauben würden. Aber warum hatte er sich dafür entschieden, andere das Schlimmste annehmen zu lassen?

Keiner der Vorträge über die medizinische Forschung und Pädagogik, um deretwillen ich so weit gereist war, konnte mir helfen, das Rätsel zu entschlüsseln, das mein Sohn mir aufgab.

KAPITEL 27

Ein Mangel an Urteilsvermögen kann Verhaltensprobleme hervorrufen, die das autistische Individuum vom Rest der Gesellschaft isolieren. Diese Verhaltensprobleme sind vielleicht eine größere Behinderung als das ursprüngliche neurologische Problem.

Ich *will* aber kein Slurpee haben!« schrie der große junge Mann. Er stampfte mit den Füßen und schüttelte heftig den Kopf. Die Hände hatte er zu Fäusten geballt, sein Körper zitterte, und er stieß durch die zusammengebissenen Zähne ein schreiartiges, durchdringendes Wimmern aus.
Mehrere Leute in dem überfüllten Einkaufszentrum gafften. Einige blieben neugierig stehen, als der hysterische Jugendliche wiederholte: »Ich *will* aber kein Slurpee haben!« Er leierte den Satz immer wieder herunter, bis sie ihn am Arm nahm und sagte: »Komm, Ted, wir gehen nach Hause.«
Ted zuckte noch einmal mit dem Kopf und folgte dann Sara durch die Masse der Weihnachtseinkäufer hinaus auf den Parkplatz. Sie war fünfzehn Zentimeter kleiner als er, aber sie wirkte entschlossen, ignorierte die Blicke der Vorbeigehenden und führte ihren Sohn hinaus. Sie hatte schon so oft mit diesen Ausbrüchen zu tun gehabt, daß sie keine Verlegenheit mehr empfand. Sie war lediglich resigniert.
Dieser Wutausbruch hatte, wie viele andere auch, bei einem

einfachen Einkaufsvergnügen begonnen. Zehn Minuten zuvor hatte sie seiner Forderung nach einem Slurpee an einem Imbißstand nachgegeben. Er hatte das schmackhafte zerstoßene Eis hinuntergestürzt und schien ganz zufrieden, bis er einen anderen Stand sah, an dem Seven-Up verkauft wurde. Er wollte an dem zweiten Erfrischungsstand haltmachen und ein weiteres Getränk kaufen. »Nein, Ted«, sagte Sara, »du hast gerade einen Slurpee gehabt, und ich glaube nicht, daß du noch etwas zu trinken brauchst, wo Zucker drin ist.« Aber es war zwecklos.

Selbst ein Übermaß an Geduld und Argumenten half ihm nicht, zu verstehen. Er wollte ein Seven-Up anstatt des Getränks, das er bereits konsumiert hatte. Hysterisch bestand er darauf, daß er das erste Getränk nicht wollte. Er war unfähig zu verstehen oder zu akzeptieren, daß er seine vorher getroffene Wahl nicht rückgängig machen konnte. Und er zeigte offen seine Wut darüber, ohne Rücksicht auf seine Mutter und die zahlreichen Zeugen.

Als Sara mit leeren Händen von ihrem Einkaufsbummel zurückkehrte, gestand sie, daß sie mit Ted nicht mehr fertig wurde. Sie wußte zwar, daß sie seinen Forderungen nicht nachgeben und somit dieses schlechte Verhalten unterstützen durfte. Aber sie konnte seine Aufmerksamkeit genauso wenig in andere Bahnen lenken wie ich oder die Betreuer von Parkview.

Wir holten Ted weiterhin an einem Wochenende im Monat nach Hause. Normalerweise genossen wir diese Besuche und planten Aktivitäten, die er besonders mochte. Seine längeren Aufenthalte bei uns während der Weihnachtsferien oder zwischen dem Ende des Schuljahres und der Sommerschule bedeuteten jedoch eine Belastung für die Familie.

Wir konnten nicht ständig Ausflüge in den Zoo unternehmen, nicht ständig Videokassetten mit Dokumentarfilmen über wildlebende Tiere ausleihen oder dauernd in Restaurants gehen, um ihn länger als eine Woche zu beschäftigen und ihm Unterhaltung zu bieten. Ohne die vertraute Routine des Unterrichts und der Gruppenaktivitäten wie zum Beispiel Sonderwettkämpfe langweilte sich Ted mit der Zeit, und die Langeweile brachte gewöhnlich Forderungen und Aggressionen mit sich.

Teds Wutausbrüche versetzten uns in Alarmbereitschaft. Obwohl er es nicht verstand, wußten wir, daß sein Verhalten ihn in den Augen anderer als lästig oder gar gefährlich stigmatisierte. Die Gesellschaft ist gegenüber Verhaltensstörungen weniger tolerant als gegenüber jeder anderen Form von Behinderung, und Teds Ausbrüche konnten mit seinem Älterwerden zu immer mehr Ablehnung und sozialer Isolation führen.

Außerdem fühlten wir uns ein wenig als Versager. Trotz all der Jahre, in denen wir immer wieder Ratschläge eingeholt hatten, und unserer wachsenden Kenntnisse über Autismus fühlten wir uns inkompetent, weil wir dieses Wissen nicht wirksamer umsetzen konnten. Das Verständnis von Teds Behinderung befähigte uns noch nicht, sein Verhalten in positiver Weise zu beeinflussen.

Im Juni 1986 verbrachte er zweieinhalb Wochen bei uns, bevor sein erster Arbeitsvorbereitungskurs im Sommer begann. Wir hatten vor, den Nationalfeiertag mit Nachbarn zu verbringen. Nick hatte die Einladung einer anderen Familie in ihre Hütte auf einer Insel angenommen, so daß Sara und ich mit Ted allein waren.

In jenem Monat strahlte unser Kabelfernsehen mehrmals die Sendung *Sahara* aus. Ted wußte, wie man das Fernsehprogramm las, und er bestand darauf, jede Sendung mit der jungen und schönen Brooke Shields in der Hauptrolle zu sehen. Er saß allein im Fernsehzimmer, wimmerte und gab einfache Laute des Protests von sich, wann immer die Schurken Brooke Shields bedrohten oder mißhandelten. Und er strahlte vor Freude und gurrte vor Entzücken, wenn sie gerettet wurde.

Am vierten Juli sah er *Sahara* zum fünften oder sechsten Male. Als wir uns fertig machten und unsere eßbaren Geschenke zu den Nachbarn bringen wollten, weigerte er sich, das Haus zu verlassen. Sara und ich beschlossen, daß er uns begleiten sollte. Wir meinten, der soziale Kontakt würde ihm mehr nützen, als diesen Film noch einmal zu sehen.

Sobald wir bei unseren Nachbarn ankamen, fragte Ted, ob er fernsehen könne. »Ted, das ist unhöflich«, erklärte ich ihm. »Wenn du bei anderen Leuten bist, solltest du nicht fragen, ob du fernsehen kannst.«

Er wurde sehr erregt, sein Gesicht zuckte, und er begann zu schreien, so daß unsere Gastgeberin sich erbot, ihm ihr Fernsehgerät zu zeigen. Unglücklicherweise hatte sie nicht dasselbe Kabelprogramm, so daß er den Rest von *Sahara* nicht sehen konnte. Ted begann zu weinen.

Sara und ich sahen uns gegenseitig an. Wir dachten beide dasselbe. Wir wollten ihn nicht entschuldigen. Wir hüteten uns immer vor dem Weg des geringsten Widerstandes, der Beschwichtigung. Wenn wir seinen irrationalen Forderungen nachgaben, besonders nachdem er sich schlecht betragen hatte, so konnte ihn das womöglich in Verwirrung bringen. Und was noch schlimmer war, es konnte ihn dazu ermutigen, sich noch öfter so zu verhalten. Auf der anderen Seite schien er so außer sich zu sein, nicht nur trotzig, sondern betrübt und leidend. Wir ließen uns erweichen und gaben ihm die Wohnungsschlüssel, so daß er nach Hause zurückkehren und den Schluß von seinem Lieblingsfilm sehen konnte.

Ein paar Stunden später kamen auch wir wieder heim. Kaum hatte ich die Tür geöffnet, rief Ted: »Dad! Ich habe dir was Gutes zu erzählen!«

»Was denn, Ted?«
»Die guten Jungs sind gekommen und haben Brooke Shields gerettet!« verkündete er und wiederholte die Nachricht noch einmal für Sara. Er schien glücklich und erleichtert zu sein, als ob eine schreckliche Tragödie noch eben abgewendet worden wäre. Wir sahen unseren fünfzehnjährigen Sohn an und stellten in dem Moment fest, wie betroffen er gewesen war. Erleichterung und Dankbarkeit hatten sich nun auf seinem ganzen Gesicht breitgemacht.
»Weißt du«, sagte ich zu Sara, »er hat wirklich Angst um Brooke gehabt. Vielleicht hat er gemeint, sie würde von diesen Schurken gefangengehalten, solange er nicht persönlich Zeuge ihrer Rettung sei.«
»Das glaube ich auch«, antwortete sie.
Die Erfahrung hatte uns gelehrt, über die Gründe nachzudenken, die zu Teds irrationalem Verhalten führten. Aber wir konnten sie nur vermuten, und vielleicht würden unsere Vermutungen niemals bestätigt werden. Wenn wir ihn fragten »Warum?« lautete die Antwort »Darum« oder »Weiß nich«. Also hörten wir auf zu fragen.

KAPITEL 28

Er begriff nicht, daß die Zeit sich nur nach vorn bewegt, daß man die Vergangenheit nicht ändern kann. Kein Wunder, daß er Ursache und Wirkung oder die einfache, offensichtliche Aufeinanderfolge von Ereignissen nicht erkennen konnte.

Der State's Developmental Disabilities Planning Council (staatliche Institution zur Förderung Behinderter) hatte mir ein Stipendium gewährt, um die Programme für Autisten in verschiedenen Teilen des Landes zu untersuchen und Empfehlungen für den Staat Washington zu schreiben. Ich flog nach Washington, D.C., um zum zweiten Mal an einer Bundeskonferenz der Gesellschaft für Autismus teilzunehmen. Ich hoffte, dort weitere Informationen zu bekommen, um Ted besser zu verstehen.

Nach der Konferenz fuhr ich zuerst nach Chapel Hill, North Carolina. Seit 1970 war Chapel Hill ein international bekanntes Zentrum für Diagnostik, Evaluation und Lehre auf diesem Gebiet. Eine Vereinigung von Eltern und Fachleuten hatte die Regierung von North Carolina dazu gebracht, in der medizinischen Fakultät eine Sonderabteilung einzurichten, in der über Autismus gelehrt und geforscht und Hilfestellungen angeboten werden sollten.

Mit den Jahren wuchs das Programm soweit, daß fünf Diagnosezentren in verschiedenen Teilen des Staates entstanden und in sechzig Klassen Lehrer ausgebildet wurden. Nach fünfzehn Jahren war es weltweit als zuverlässigste Quelle für Informationen über Autismus bekannt und hatte annähernd viertausend Kindern nützliche Hilfe geleistet.

Die meisten statistischen Daten, die von anderen Fachleuten zitiert wurden, stammten aus den Akten von Chapel Hill. Dort hatte man Akten über autistische Personen angelegt, deren IQ von 10 bis 133 reichte. Der Rest der Welt übernahm die Ergebnisse hinsichtlich des Auftretens, der Geschlechterverteilung und des Intelligenzniveaus der autistischen Menschen aus North Carolina.

Eric Schopler, der Gründer und Direktor der Abteilung TEACCH (Unterricht und Erziehung bei autistischen und anderen Kindern mit Kommunikationsstörungen), arrangierte für mich einen Besuch in seiner Einrichtung. Am ersten Tag schloß ich mich Lehrern und Studenten aus verschiedenen Staaten an, die eine Vorlesung von Dr. Gary Mesibov über Autismus hörten.

Dr. Mesibov stellte die Methode vor, mit der er autistische Kinder unterrichtete. »Unser Problem ist, daß wir nicht in einen anderen Menschen hineinsehen können. Wir können nur das offenkundige Verhalten beobachten. Dieses sichtbare Verhalten jedoch ist nur die Oberfläche der Behinderung.«

Er projizierte das Diagramm eines Eisbergs auf die Leinwand. »Ich möchte den Autismus mit einem Eisberg vergleichen«, erklärte er, »da nur ein Achtel eines Eisberges sichtbar ist, die anderen sieben Achtel liegen unter der Oberfläche. Aber genau diese sieben Achtel bedingen den größten Teil der Behinderung.«

Er zeigte eine Reihe von Darstellungen, bei denen er immer die Eisbergmetapher verwendete. Bei einer ging es um aggressives Verhalten, das Oberflächenproblem. Unter der Wasseroberfläche standen die diesem Verhalten zugrundeliegenden Probleme bei Autisten aufgelistet; eine dürftige soziale Urteilsfähigkeit, eine abnormale Reaktion auf Schmerz, Ahnungslosigkeit hinsichtlich der Gefühle anderer.

Ich war fasziniert. Dreißig oder vierzig andere Leute saßen dichtgedrängt im Unterrichtsraum und versuchten angestrengt, Dr. Mesibov trotz der dröhnenden Klimaanlage zuzuhören. Ich hatte alle sechsundvierzig Jahre meines Lebens mit Autisten zusammengelebt, aber ich hatte nie so viel in so kurzer Zeit gelernt.

Abschließend zeigte Dr. Mesibov ein Diagramm, das sicher zu meinem besseren Verständnis für Sumner und Ted beitrug. Er deutete auf die sichtbare Spitze des Eisbergs. »Hier sehen wir gemeinhin beobachtete Probleme der Autisten. Sie erscheinen als faul, unmotiviert und übermäßig abhängig. Sie warten auf Anstöße oder Anleitung selbst bei den einfachsten Aufgaben.«

Damit hatte er eine der frustrierendsten und rätselhaftesten Eigenschaften meines Bruders und meines Sohnes beschrieben. »Um diese Probleme zu verstehen«, fuhr er fort, »müssen Sie die zugrundeliegenden mentalen und Wahrnehmungsprobleme erkennen.« Er deutete auf eine Liste von Defiziten. »Diese Menschen haben ein unzureichendes Zeitgefühl. Sie sind wahrscheinlich nicht in der Lage, ihr Verhalten zu organisieren, sie begreifen nicht, daß sich ein bestimmtes Verhalten erst in der Zukunft auszahlt, oder sie haben keine Motivation, anderen zu gefallen. Schließlich haben viele auch eine niedrige Reaktionsschwelle.«

Dann stellte Dr. Mesibov ein Kausalverhältnis zu einer »Zeitwahrnehmungsstörung« her. Dieser Begriff faszinierte mich, und ich hörte den restlichen Tag über ganz genau zu, wenn andere Redner Strategien vorstellten, mit denen man autistischen Kindern die Abfolge eines Schultages begreiflich machen konnte.

Einige benutzten Zeittafeln mit chronologisch angeordneten bildlichen Darstellungen der einzelnen Aktivitäten. Das Kind sollte erkennen, daß der Schulbus die Ankunft am Morgen symbolisierte und Papier und Stifte den beginnenden Unterricht anzeigten. Für Zwischenmahlzeiten, Pausen und andere Orientierungspunkte im Tagesablauf gab es ebenfalls Zeichen, die an die Tafel geheftet waren und das Kind in leicht verständlicher Weise an den Tagesablauf erinnerten.

Eine Lehrerin beschrieb das Phänomen, daß einige ihrer Schüler schnell gelangweilt oder frustriert waren, da sie keine Vorstellung davon hatten, wie lange sie schon gearbeitet hatten oder wie lange sie noch warten mußten, bis die nächste Aktivität begann. Sie entwickelte eine Strategie, bei der sie einfache Würfel benutzte, um einen optischen Hinweis für den Ablauf der Zeit zu geben. Wenn sie einen Schüler fünfzehn Minuten lang schreiben lassen wollte, stellte sie drei farbige Würfel auf seinen Tisch. Alle fünf Minuten nahm sie einen Würfel weg. Das Kind lernte sehr schnell, daß es eine Pause machen konnte, wenn sie den letzten Würfel weggenommen hatte. Diese einfache Gedächtnishilfe gab ihm die Sicherheit, daß die Zeit verging und es bald etwas essen oder eine Pause machen konnte.

Ich dachte an Teds schreckliche Ungeduld, wenn er wollte, daß etwas passierte, und ich fragte mich, welchen Anteil die Zeitwahrnehmungsstörung an diesem Problem hatte.

Im Flugzeug auf dem Weg nach Hause begann ich mich zu langweilen und schaute mehrere Male auf meine Uhr. Allmählich kam mir meine eigene Nervosität zu Bewußtsein, und ich dachte an Nicks sarkastische Reaktion auf Langeweile: »Die Zeit fliegt davon, wenn man Spaß hat.«

Das ist der Punkt! dachte ich. Niemand von uns hat ein wirklich genaues Zeitgefühl. Es gab Untersuchungen bei College-Studenten, die aufgefordert wurden zu raten, wie lange eine

bestimmte Aktivität gedauert hatte. Die befragten Personen durften nicht auf die Uhr sehen und sollten den Forschern mitteilen, wenn sie glaubten, daß eine Minute oder fünf Minuten um waren. Nur wenige konnten dies genau angeben.
Im Urlaub scheinen die Tage schnell zu vergehen. In Streßzeiten dagegen zieht sich die Zeit hin. Dennoch haben die meisten von uns ein generelles Bewußtsein von der Zeit, das uns erlaubt, abzuschätzen, ob ein Geschehen fünf Minuten oder fünf Stunden dauert. Was aber passiert, wenn die Zeitwahrnehmung ernstlich beeinträchtigt ist? Was passiert, wenn ein Mensch keine vernünftigen Grenzen besitzt, mit denen er wahrnimmt, wie lange eine Aktivität dauert? Wie soll er beurteilen können, ob eine Wartezeit Sekunden, Minuten, Stunden oder gar Tage bedeutet?
Sara und ich besprachen das Problem der Zeitwahrnehmung als Erklärung für eine ganze Reihe von Teds Schwierigkeiten. Mit Erstaunen stellten wir fest, wie klar diese Theorie eine bestimmte Struktur seiner Reaktionen erklärte.
Viele seiner Mißverständnisse erwuchsen aus seiner Unfähigkeit, die Tempi des Verbs zu erkennen. Er begriff nicht den Unterschied zwischen »wird essen«, »ißt« oder »aß«. Jahrelang hatten wir es vermieden zu sagen, wir »würden« einen Wunsch erfüllen, da er »würden« mit »werden« verwechselte. Und wenn wir nicht taten, was wir, wie wir gesagt hatten, »tun würden«, so betrachtete er das als ein nicht eingehaltenes Versprechen und reagierte hysterisch.
Alle Wörter, die sich auf Zeit oder Geschwindigkeit bezogen, verwirrten ihn. Ausdrücke wie »schneller«, »langsamer«, »eher«, »später« oder sogar »vorher« und »nachher« ergaben für ihn keinen Sinn und erschwerten es ihm, bestimmten Anweisungen zu folgen.
Obwohl er aber Zeit als eine grundlegende Struktur nicht verstehen konnte, hatte er ein ausgezeichnetes Gedächtnis,

das es ihm leicht machte, spezielle Zeiten von Geschehnissen zu identifizieren. Um ein Experiment zu machen, kauften wir Ted eine Armbanduhr. Wir unterrichteten die Betreuer in Parkview von unserem Plan und gaben Ted immer wieder Gedächtnishilfen hinsichtlich der Zeit und bestimmter Planungen.

In der Vergangenheit war es unmöglich gewesen, seiner Ungeduld Herr zu werden, wenn er sich langweilte oder etwas Erfreuliches vor sich hatte. Schließlich erkannten wir, daß er Erklärungen wie »ganz bald« oder »in ein paar Minuten« nie verstanden hatte. Nachdem er nun eine eigene Uhr hatte, gaben wir ihm genaue Hinweise über die Zeit. Wenn er nervös wurde und gehen wollte, während ich in einem Laden etwas suchte, sagte ich einfach: »Ted, ich bin in zehn Minuten fertig.«

Dann sah er auf seine Uhr und fragte: »Zehn fünfundzwanzig?« Ich bestätigte daraufhin, daß ich dann fertig sei, und er trollte sich zufrieden zur Farbenabteilung und sah sich die Bären auf der Rückseite des Schmirgelpapiers der Firma Brown Bear an. Oder er ging in die Kinderabteilung, wo ihn die Zeichnungen von Kugeln und Schnecken auf der Schachtel mit Angelhaken faszinierten.

Außerdem vermuteten wir, daß es einem Autisten noch aus einem anderen Grunde half, wenn man ihm Zeitgrenzen setzte. Wenn wir in einem Zahnarztstuhl sitzen, erwarten wir, daß alles in zwanzig Minuten oder einer halben Stunde vorbei sein wird. Wir glaubten aber, daß Ted Schwierigkeiten hatte vorauszusehen, daß eine Erfahrung, besonders eine unangenehme, überhaupt jemals zu Ende ging.

Lange zuvor schon hatten wir entdeckt, daß wir sogar eine Wartezeit neu mit ihm aushandeln konnten, so lange wir unsere Zeitforderung in einfachen, konkreten Begriffen ausdrückten. »Ich brauche noch fünf Minuten« beruhigte ihn, während das bei einer Formulierung wie »wenn ich gefunden habe, was ich brauche« niemals der Fall war.

Wir nutzten seine zunehmende Fähigkeit, mit der Uhr umzugehen, um seine Eigenständigkeit bei gemeinsamen Unternehmungen zu fördern. Wir machten uns keine Sorgen mehr, wenn er allein gehen wollte. Sara und ich sagten dann gewöhnlich einfach: »Du kannst in die Buchabteilung gehen, wenn du um zwei Uhr fünfzehn wieder bei uns am Auto bist.«

Die Uhr und der Kalender schienen ihm eine geistige Prothese für seine Zeitwahrnehmungsstörung zu liefern. Genauso wie Leuten, die in ihrer Seh- oder Hörkraft beeinträchtigt sind, eine Brille oder ein Hörgerät hilfreich sind, funktionierte Ted besser, wenn ein kleines Zifferblatt, das um sein Handgelenk gebunden war, ihm versicherte, daß die Zeit vergeht, und ihm sagte, wann er bestimmte Ereignisse erwarten konnte.

Wir waren aber immer noch frustriert, wenn Ted »vorher« oder »nachher« nicht verstand. Er wurde oft ärgerlich, daß er die Vergangenheit nicht ändern konnte. Wir hatten Angst vor Ausflügen mit seinem Bruder, bei denen jeder der beiden etwas anderes zu essen bevorzugte. Als wir zum Beispiel an einer Bäckerei vorbeikamen, bat Ted um ein Hörnchen. Nick lehnte vielleicht ab und wartete darauf, ein Stück Kuchen in einem anderen Geschäft kaufen zu können. Unter Garantie bat Ted dann um ein Stück Kuchen, wenn er sah, daß sein Bruder eins kaufte. Wenn wir ihm das dann verweigerten und ihn daran erinnerten, daß er schon zum Zuge gekommen sei, beklagte er sich: »Ich *will* aber kein Hörnchen!« Er konnte nicht verstehen, daß es zu spät war, seine Meinung zu ändern.

Obwohl wir glaubten, daß seine Wutausbrüche beim Einkaufen aus seiner Zeitwahrnehmungsstörung resultierten, wußten wir nicht im geringsten, wie wir ihm gegenüber argumentieren sollten. Er konnte so gut die Uhr lesen und bestimmten zeitlichen Anweisungen mit einer so erstaunlichen Genauigkeit folgen, indem er immer wieder die Zeit prüfte. Warum konnte er dann so einfache Dinge wie »zu spät« oder »schon« nicht begreifen?

Schließlich lieferte Ted selbst den Hinweis für dieses Rätsel. Als wir eines Nachmittags im Freizeitpark des Seattle Center waren, blickte Ted sehnsüchtig auf die kleinen Boote, die für Vorschulkinder gedacht waren, und sagte versonnen: »Ich bin schon zu groß dafür, nicht wahr, Dad?«

Ich warf einen Blick auf die Boote und wünschte, er würde mehr Interesse für die Aktivitäten der Erwachsenen im Park entwickeln. »Das ist richtig, Ted«, sagte ich.

»Sie sind für kleine Kinder, nicht wahr, Dad?« Er plapperte die Wörter nach, die ich so oft benutzt hatte, um zu erklären, warum er nicht mit diesen Booten fahren konnte. »Aber wenn ich wieder klein bin, kann ich damit fahren, nicht wahr, Dad?«

Plötzlich hielt ich inne. Ich hatte das Gefühl, auf der richtigen Spur zu sein. »Was hast du gesagt?«

»Wenn ich wieder klein bin, kann ich damit fahren. Wenn ich ein kleiner Junge bin, kann ich mit einem Boot fahren, weil es für kleine Kinder ist.«

»Ted, hör mir mal zu.« Ich blieb stehen und nahm seinen Kopf zwischen die Hände, so daß er mir ins Gesicht sah. »Ich muß dir etwas sehr Wichtiges sagen.«

Er sah mich an, und ich sprach sehr langsam und bewußt. »Die Zeit geht nur in eine Richtung. Zuerst warst du ein Baby, dann ein kleiner Junge. Danach warst du ein großer Junge. Und jetzt bist du ein junger Mann. Eines Tages wirst du ein älterer Mann sein. Du wirst nicht wieder ein kleiner Junge sein.«

Er fuhr zusammen und wandte sich von mir ab, als ob ich ihm etwas verweigert hätte, was er unbedingt haben wollte. »Hör

mir zu, Ted«, wiederholte ich. »Niemand kann wieder klein sein. Die Zeit geht nur in eine Richtung.«
Er blickte überrascht, holte tief Luft und zog die Schultern hoch. »Die Zeit geht nur in eine Richtung«, wiederholte er seufzend.
Ich fragte mich, ob er mich wohl verstanden hatte. Wenn sein Zeitgefühl so stark beeinträchtigt war, daß er in den fünfzehn Jahren seines Lebens nicht mitbekommen hatte, daß der Verlauf der Zeit unumkehrbar und chronologisch ist, wenn all seine Probleme mit der Aufeinanderfolge von Ereignissen, seine Unfähigkeit, Ursache und Wirkung zu verstehen, aus diesem erstaunlichen blinden Punkt erwuchsen, konnte er mich dann überhaupt in diesem Augenblick verstehen?

KAPITEL 29

Über die Gedanken und Empfindungen einer anderen Person können wir keine sicheren Aussagen machen. Das Zeitgefühl, das wir für selbstverständlich halten wie die fünf Sinne, kann bei einem autistischen Menschen stark beeinträchtigt, vielleicht sogar überhaupt nicht vorhanden sein.

Dad, erinnerst du dich noch daran, wie wir aus dem Laden nach Hause gegangen sind und ich den Hüttenkäse fallen gelassen habe, wie er auf dem Bürgersteig auseinanderlief und du gesagt hast ›Scheiße‹?«

»Nein, Ted, ich erinnere mich nicht«, antwortete ich wahrheitsgemäß. Eltern erinnern sich ungern an solche Dinge.

»Aber ich«, sagte er, wobei er triumphierend grinste. »Es war am zwölften Oktober Neunzehnhundertzweiundachtzig, ein Dienstag. Dieses Wort sollte man nicht sagen.«

»Das stimmt. Aber wenn ich mich dafür entschuldige, mußt du nicht noch einmal darüber reden.« Er wartete, bis ich den notwendigen Satz ausgesprochen hatte. »Es tut mir leid, daß ich das gesagt habe. Ted, wirst du meine Entschuldigung annehmen?«

»Ich nehme deine Entschuldigung an«, antwortete er mechanisch.

Sara und ich hatten uns schon daran gewöhnt, daß Ted mit tödlicher Genauigkeit solche banalen Ereignisse aus seinem

Gedächtnis kramte. Er konnte sich genau an jeden Zahnarzttermin, jedes Treffen oder andere soziale Ereignisse mit Tag, Jahr und Uhrzeit erinnern.

Er konnte auch für jedes Kalenderdatum des Jahres Zweitausend den Wochentag nennen und hatte sich Tausende von unwichtigen Ereignissen gemerkt.

Immer wenn wir eine Stichprobe bezüglich von Ereignissen machten, an die wir uns erinnern konnten, stimmten seine Angaben. Seine Erinnerung an Großmutters Tod, an die Familienurlaube und große Einkäufe waren immer korrekt, so daß wir auch auf sein Gedächtnis hinsichtlich von Haarschnitten und Gängen zum Lebensmittelladen vertrauten.

In der Literatur über Autismus gab es Fallstudien darüber. Die Psychologen benutzen den Begriff »kalendarische Begabung«, um diese unheimliche Fähigkeit zu beschreiben, mit nahezu fotografischer Genauigkeit Kalenderdaten zu behalten und sich an vergangene Ereignisse zu erinnern. Es überraschte uns nicht, als sich bei Ted diese Fähigkeit zeigte. Es verwirrte uns jedoch, daß er sie zu einer Zeit entwickelte, in der er eine so schwere Zeitwahrnehmungsstörung hatte.

Wie konnte sich ein Mensch so viele Daten merken und gleichzeitig kein Bewußtsein von ihrem Zusammenhang und der zeitlichen Abfolge haben, das uns befähigt, Ursache und Wirkung zu verstehen? Allem Anschein nach war seine kalendarische Begabung eine Art von Verteidigung, eine Fähigkeit der Anpassung, die er entwickelt hatte, um die wirre zeitliche Wahrnehmung zu kompensieren, in der nichts einen logischen Anfang oder Schluß hatte, sondern alles mit einem Datum versehen und dem Gedächtnis übergeben wurde.

Er lernte gern Reihen auswendig. Mit zweieinhalb Jahren kannte er das Alphabet, eine nützliche Fähigkeit, um Informationen zu ordnen und einzuteilen, die aber nicht auf einer bestimmten Logik basierte. Die Gewohnheit sagt uns, daß *B* auf *A* folgt, aber dafür gibt es keinen Grund außer der sprachlichen Konvention. Das Alphabet wäre vielleicht rationaler, wenn alle Vokale am Anfang stünden und die Konsonanten folgten, die vielleicht noch nach Kategorien wie Labial- und Dentallauten usw. geordnet wären.

Er hatte zu zählen gelernt, lange bevor er erkannte, daß die Zahlen einen Bezug zu Größen oder Mengen hatten. Zahlen waren nur viele weitere Namen für ihn, Namen, die er in einer bestimmten Ordnung, aber ohne bestimmte Bedeutung zu wiederholen lernte. Obwohl er kein Interesse an Arithmetik hatte, lernte Ted, Zahlen zur Addition, Subtraktion, Multiplikation und Division zu gebrauchen, ohne zu verstehen, was die Rechenaufgabe jeweils bedeutete.

Solange ein System einer festen Ordnung folgte, konnte er es ohne zu fragen wiederholen. Für ihn lag das Geheimnis des Gedächtnisses nicht in der Logik, sondern in der Assoziation. Wenn eine Einzelheit mit einer vertrauten und festen Ordnung verbunden war, konnte er eine Beziehung herstellen.

In der achten Klasse machte er in der Schulbibliothek seine erste Arbeitserfahrung. Die Bibliothekarin erklärte sich bereit, mit ihm zu experimentieren. Sie entdeckte schnell, daß er das System, in dem das Material alphabetisch, chronologisch oder numerisch geordnet werden mußte, beherrschte. Er sortierte die Zeitschriften nach Daten, da er wußte, daß April immer auf März folgt und Dezember 1980 vor Januar 1981 kommt.

Er konnte Titel in der Kartei finden, weil er das zuverlässige alphabetische System beherrschte. Er lernte, Bücher nach ihrer Ordnungsnummer auf dem Einband zu finden oder in die Regale einzuordnen. Er mußte nicht einmal die Bücher richtig herum stellen, um sie lesen zu können!

Als ich mir seinen Erfolg in der Bibliothek vergegenwärtigte, verstand ich die Art und Weise besser, in der er auf Daten angewiesen war, um sich an Vergangenes zu erinnern. Bibliothekare benutzen das Dewey-Dezimalsystem, um ihre Bestände zu organisieren und aufzufinden. Das Numerierungssystem dient ihnen dazu, einen bestimmten Band aus einer sonst verwirrenden Ansammlung von ähnlich aussehenden Büchern herauszufinden.

Ich ahnte, daß Ted seine kalendarische Begabung in der gleichen Weise benutzte, wie die Bibliothekarin ihr Dewey-Dezimalsystem. Indem er seine Erlebnisse mit einem bestimmten Datum versah, war er in der Lage, sich an sie zu erinnern und aus dem, was sonst ein verwirrendes und unorganisiertes Meer von Informationen wäre, eine sinnvolle Angelegenheit zu machen.

Wir leben alle in einer phänomenologischen Welt, sind Zeugen von Erfahrungen und erleben Dinge, die an sich wenig Bedeutung haben, solange sie nicht durch unser Kausaldenken miteinander verbunden werden. Ted aber kennt den Zusammenhang von Ursache und Wirkung nicht, geschweige denn, daß er Ereignisse als vorher oder nachher geschehend kategorisieren könnte. Er ist auf das angewiesen, was er hat: eine ungewöhnlich gut entwickelte Fähigkeit, sich an Daten zu erinnern. Diese Daten ermöglichen ihm, seine Lebenserfahrungen nach der überschaubaren und statischen Aufeinanderfolge des Kalenders zu sortieren, die er sich gemerkt hat.

Als er schon fast kein Teenager mehr war, verstand er immer noch nicht, daß alle Menschen immer jünger sein müssen als ihre jeweiligen Mütter. Dieses grundlegende Gesetz von biologischer Ursache und Wirkung ging über seinen Verstand. Es konnte passieren, daß er in einen Raum mit zwanzig Erwachsenen trat, nach ihren Geburtsdaten fragte, sich alle merkte und sie genau in chronologischer Reihenfolge sortierte und es trotzdem nicht schaffte, den offensichtlichen Schluß zu ziehen, daß die, die früher geboren waren, die Eltern sein könnten, und die, die als letzte geboren waren, ihre Kinder.

Einmal versuchte ich herauszufinden, wie Ted zu seiner kalendarischen Begabung gekommen sein könnte. Da ich dachte, daß er vielleicht mathematische Berechnungen anstellte, fragte ich ihn: »Wie viele Samstage wird es Neunzehnhundertsechsundachtzig geben?«

»Vier«, riet er.

»Nein, Ted. Es wird Neunzehnhundertsechsundachtzig viel mehr als vier Samstage geben. Denk noch einmal nach.« Bei seinem zweiten Versuch tippte er auf zweiundzwanzig.

Als ich erkannte, daß er das grundlegende Prinzip nicht verstand, warum es zweiundfünfzig Wochen im Jahr gab, versuchte ich, ihn zu überlisten. »Was für ein Tag wird der neunundzwanzigste Februar Neunzehnhundertsechsundachtzig sein?«

»Du meinst den ersten März«, korrigierte er mich schnell. »Es gibt Neunzehnhundertsechsundachtzig keinen neunundzwanzigsten Februar.« Dann fügte er hinzu: »Samstag, der erste März wird ein Samstag sein.«

Wenn ich einen Kalender vor mir gehabt hätte, hätte ich das ganze Jahr in beliebiger Reihenfolge durchgehen und 365 korrekte Antworten von ihm erhalten können. Aber er war nicht in der Lage, aus diesen unzähligen Einzelheiten den einfachen Schluß zu ziehen, daß es insgesamt zweiundfünfzig Samstage gab.

Wir fragten uns oft, ob Sumner dieselbe kalendarische Begabung hätte entwickeln können. Da er aber nie zur Schule gegangen war oder die Gelegenheit zu einer Kommunikationstherapie gehabt hatte, werden wir nie erfahren, welches Potential eigentlich in ihm steckte. Er war bis in seine Sechziger hinein Analphabet und im allgemeinen sprachunfähig. Dennoch versetzte seine Erinnerungsfähigkeit die Familie oft in Erstaunen.

Manchmal wiederholte Sumner Bruchstücke von Gesprächen

oder Bemerkungen, die er vor dreißig Jahren gehört hatte. Noch in den fünfziger Jahren murmelte er gelegentlich: »Kurbel den Wagen an«, eine Äußerung, die seit der Entwicklung der Zündung in seiner frühen Kindheit in den zwanziger Jahren obsolet geworden war.

Trotz der Unterschiede zwischen Teds und Sumners sprachlichen Fähigkeiten schienen sie beide einen ähnlichen blinden Fleck hinsichtlich des Zeitverständnisses zu haben. Auf das Abendessen zu warten konnte eine frustrierende und spannungsreiche Erfahrung sein. Ted hatte gelernt, konkrete Hinweise wie »Das Abendessen wird in zwanzig Minuten fertig sein« zu akzeptieren. Aber ohne seine Armbanduhr und genaue Zeitangaben war die Wartezeit für ihn unerträglich. Er hatte immer noch kein Gefühl dafür, wie lange es dauert, Spaghetti zu kochen oder einen Hamburger zu grillen.

Die fehlende Zeitwahrnehmung war auch eine Erklärung dafür, warum Sumner bewegungslos vor seiner Wohnungstür stand und darauf wartete, daß jemand den Knauf herumdrehte und ihn hineinbat.

Nachdem wir gelernt hatten, mit diesem gestörten Verhältnis zur Zeit zu rechnen, fiel es uns leichter, viele Verhaltensweisen zu verstehen, die uns so lange als irrational erschienen waren. Manchmal hörten wir von anderen Autisten, bei denen derselbe Mangel an Zeitgefühl auftrat. Hin und wieder führte ein Zeitungsbericht Sara und mich in Versuchung, die Diagnose Autismus zu stellen, obwohl wir Laien waren.

»Polizei entdeckt vor Monaten gestorbene Frau«, lautete die Schlagzeile eines in mehreren Zeitungen erschienenen Artikels in der *Seattle Times* vor ein paar Jahren. Sara und ich lasen die Geschichte eines Samstags beim Morgenkaffee und wunderten uns, genauso wie viele andere Leser im ganzen Land auch. Dennoch hatte der merkwürdige Bericht für uns mehr Bedeutung als für den Durchschnittsleser.

Die Geschichte war einer Zeitung aus Indiana entnommen, wo ein Reporter die Polizei interviewt hatte. Sie war gerufen worden, um einem »merkwürdigen Geruch« nachzugehen, der aus einem Haus in einer ruhigen Gegend kam. Das Haus gehörte einer älteren Dame und ihrem erwachsenen Sohn.

Die Nachbarn hatten die Mutter schon seit Monaten nicht gesehen, obwohl der Sohn weiterhin jeden Tag das Haus verließ, um zur Arbeit zu gehen, und zur üblichen Zeit heimkehrte. Er mähte auch weiterhin den Rasen, ging einkaufen und erledigte alle üblichen Hausarbeiten.

Schließlich bemerkten die unmittelbaren Nachbarn einen unangenehmen Geruch, der am stärksten im Hof neben dem geheimnisvollen Haus war. Sie brachten den Geruch mit dem Verschwinden der alten Mutter in Verbindung und baten daher die Polizei, der Sache nachzugehen.

Als die Polizei kam, um den Sohn zu befragen, ließ er sie ruhig ins Haus. Er erklärte, seine Mutter sei in ihrem Zimmer, antworte aber nicht, wenn er klopfe. Die Polizei öffnete die unverschlossene Tür und entdeckte den Körper der Frau in einem fortgeschrittenen Stadium des Verfalls. Sie war bereits Monate zuvor gestorben, anscheinend eines natürlichen Todes, und lag ungestört, aber verfaulend in ihrem Bett.

Die Polizei fragte den Sohn, warum er nicht nach seiner Mutter gesehen oder um Hilfe gebeten habe. Er antwortete, in seiner Kindheit habe sein Vater ihm gesagt: »Öffne niemals die Schlafzimmertür, solange nicht jemand ›herein‹ sagt.«

Diese merkwürdige, traurige Geschichte warf bestürzende Fragen über den Sohn auf. Was für ein Mensch war er, daß er das Schweigen seiner Mutter monatelang ignorierte, ohne dem nachzugehen? Wie konnte ein Mensch in der Lage sein, weiterhin fünf Tage in der Woche zur Arbeit zu gehen und an einem Tagesablauf mit Einkäufen und Hausarbeiten festhalten, während er ein so offensichtliches Problem ignorierte?

Und warum gehorchte ein erwachsener Mann in einer kritischen Situation weiterhin dem Befehl eines lange verstorbenen Vaters, anstatt die Dinge eigenständig zu beurteilen?
Sara und ich sahen uns über den Frühstückstisch hinweg an. Wir meinten, die Antworten auf diese Fragen zu haben. Ein autistischer Mensch mit annähernd normaler Intelligenz konnte einen routinemäßigen Arbeitszeitplan einhalten und gewisse Hausarbeiten erledigen. Er konnte sich auch mit quälender Klarheit an einen dreißig Jahre alten Befehl erinnern. Und doch konnte es ihm vollkommen an Urteilsfähigkeit mangeln, besonders wenn irgend etwas mit der Zeit in Zusammenhang stand. Einem solchen Menschen erschien es möglicherweise falsch, die Mutter zu stören, während sie noch schlief, auch wenn es schon spät am Tag war. Seine Erziehung hatte ihn gelehrt, die Tür niemals ohne Erlaubnis zu öffnen. »Niemals« konnte er verstehen, es war ein klarer und bestimmter Befehl. Er konnte jedoch kein qualitatives Urteil über die Zeit fällen. Er konnte nicht erkennen, daß ein paar Stunden länger zu schlafen harmlos, ein paar Tage länger verdächtig und ein paar Monate länger unmöglich und alarmierend ist.
Meine autistischen Angehörigen hatten mir eine nicht gewollte Aufgabe gestellt. Ich mußte versuchen, die verwirrendsten Beispiele menschlichen Verhaltens und menschlicher Fehlurteile zu verstehen. In meiner Kindheit hatte ich Sumner als einzigartig, unfaßbar und unveränderbar betrachtet. Die Beschäftigung mit der Erziehung meines Sohnes und die Auseinandersetzung mit Fachleuten hatten mich gelehrt, daß die mit dem Autismus verbundenen Probleme, auch wenn er nur selten auftritt, nicht einzigartig, nicht unfaßbar und nicht notwendig unveränderbar sind.
Um diese Menschen zu verstehen, mußte ich alle meine Theorien über die menschliche Intelligenz aufgeben. Ich lernte, daß ich keine Aussagen über das geistige Gerüst eines

Menschen oder seine Fähigkeiten machen konnte. Das Zeitgefühl, das uns selbstverständlich erscheint wie die fünf Sinne, kann schwer beeinträchtigt oder vielleicht gar nicht vorhanden sein.
Die meisten Menschen wissen, daß das Sehen und Hören nicht bei allen funktioniert. Die Behinderung kann bedeuten, daß der jeweilige Sinn vollkommen fehlt, lediglich gestört oder begrenzt ist. Auf jeden Menschen, der als blind oder taub gilt, kommen Tausende, die kurzsichtig oder schwerhörig sind. Und noch mehr Menschen leiden unter subtileren Behinderungen wie Farbenblindheit oder Tontaubheit.
Diese Sinne, die eine so wichtige Rolle in unserer Entwicklung spielen und entscheidend sind für die Fähigkeit, auf unsere Welt zu reagieren, liefern nicht allen Menschen dieselbe Informationsqualität.
Die moderne Technik hat es möglich gemacht, Unterschiede festzustellen zwischen der jeweiligen Art, wie Menschen auf den Tast-, Geruchs- und Geschmackssinn reagieren. Viele Untersuchungen zeigen, daß autistische Menschen oft extrem stark oder schwach auf diese Sinne wie auch auf die optische und akustische Wahrnehmung reagieren.
Vielleicht zieht man nicht einmal in Betracht, daß man auch noch von anderen Wahrnehmungen abhängig ist: denen der Zeit und der Richtung. Diese sind so grundlegend mit der Fähigkeit zu denken verbunden, daß man sie entweder als selbstverständlich betrachtet oder sie zusammenfaßt unter der vagen und allgemeinen Kategorie der Intelligenz. Aber Intelligenz ist nicht bei jedem Menschen gleich. Sie kann variieren, nicht nur in der Geschwindigkeit, Genauigkeit und Kapazität, sondern ebenso auch in der Funktion.
Das offensichtlichste Problem des Autisten, das Problem der Sprache, verdeckt oft eine ganze Palette anderer Lernschwierigkeiten, die nur schwer zu erkennen sind. Selbst soziale

Probleme, in denen viele die schwerste Behinderung sehen, resultieren nicht aus einem Mangel an Gefühl oder unangemessenem menschlichen Kontakt, wie man einst geglaubt hat. Die Schwierigkeiten, Beziehungen zu anderen Menschen herzustellen, entweder mittels der Sprache oder durch soziales Verhalten, scheinen ein Hinweis auf andere, subtilere Probleme zu sein, die die Psychologen erst anfangen zu erkennen. Das wichtigste könnte, wie weitere Forschungen vielleicht einmal zeigen werden, die Störung des sechsten Sinnes, des Zeitsinnes sein.

Erkennt ein Kind, das kein Gefühl für Geschwindigkeit hat, überhaupt, daß Autos schneller sind als Fußgänger? Ignoriert es dann nicht – wie Ted – die Gefahren beim Überqueren einer verkehrsreichen Straße?

Wenn man keinen Sinn für die natürliche Ordnung oder für Ursache und Wirkung hätte, würde man sich dann auch mechanisch an einen festen Tagesablauf als einzigen zuverlässigen Faktor in einer beängstigenden und verwirrenden Welt halten wie Sumner?

Wenn man kein Gefühl für das eigene Alter oder das anderer hätte, würde man dann nicht auch frustriert und abweisend sein wie Ted, wenn die Leute einem sagten, daß man zu alt für sein Lieblingsspielzeug und Karussell sei?

Wenn man Wörter wie »dann«, »einmal«, »war« oder »wird sein« nicht verstünde, wäre man dann nicht verwirrt, wenn andere sie benutzen? Würde es einen nicht wütend machen, weil man denkt, daß andere diese Wörter ganz nach Laune benutzen oder ihre Versprechen nicht halten? Würde es einen nicht wütend machen wie Ted?

Wenn man kein Zeitgefühl hätte, würde man dann nicht auch nervös werden, wenn man fünfzehn Minuten auf das Abendessen warten müßte, oder einen Wutausbruch bekommen, wenn das Auto an der Ampel stehenbliebe, wie Sumner?

Wenn man bei Gesprächen kein Zeitgefühl hätte, würde man dann nicht die anderen unterbrechen anstatt zu warten, bis man an der Reihe ist, wie Ted?
Wenn man den Unterschied nicht erkennen würde zwischen einem spontanen und einem allmählich entstehenden stärkeren Lächeln, würde es einem dann nicht schwerfallen, festzustellen, ob die Leute einen mögen? Hätte man nicht Schwierigkeiten zu lernen, wem man vertrauen kann oder wie man erreicht, daß die Menschen einen mögen, wie Ted?
Der Mann in Indiana, der nicht mitbekam, daß der Körper seiner Mutter hinter der geschlossenen Schlafzimmertür allmählich verweste, war nicht notwendigerweise unachtsam oder gefühllos. Vielleicht vermißte er sie am Frühstückstisch. Vielleicht hat er sogar weiterhin ihr Lieblingsessen nach einer Einkaufsliste besorgt, die er routinegemäß benutzte. Seine Schwäche bestand vielleicht in der Unfähigkeit, die Zeit einzuschätzen, nicht in einer Unfähigkeit zu lieben.
Sara und ich hatten festgestellt, daß Ted und Sumner in einer kritischen Situation den gleichen Mangel an Verantwortungsgefühl gegenüber meiner Mutter an den Tag legten. Vor vielen Jahren, als Ted acht Jahre alt war und Sumner achtundfünfzig, ließen wir sie einmal mit meiner Mutter allein, um mit Nick neue Schuhe kaufen zu gehen.
Wir verbrachten etwa zwei Stunden im Einkaufszentrum. Als wir wieder an ihrer Wohnung waren, wußten wir, daß etwas nicht stimmte. Niemand reagierte auf unser Klingeln. Nachdem wir immer wieder geklopft und Sumner zugerufen hatten, er solle öffnen, reagierte er schließlich.
Im Hintergrund brummte der Fernseher. Sumner war damit beschäftigt gewesen, die Teller abzutrocknen. Ted spielte zufrieden mit ein paar Dinosauriern aus Plastik. Beide schienen meine Mutter vergessen zu haben, die, fast bewußtlos vor Schmerz, zwischen ihnen auf dem Boden lag.

Sara und ich kümmerten uns sofort um meine Mutter. Selbst der fünfjährige Nick erkannte augenblicklich, daß Großmama Hilfe brauchte. Sie war von einem Stuhl gefallen und lag, das rechte Bein verdreht und unter ihrem Körper eingequetscht, da. Unfähig, sich zu bewegen, hatte sie fast eine ganze Stunde darauf gewartet, daß wir zurückkehrten.

Wir waren entsetzt und erstaunt, daß ihr autistischer Sohn und ihr autistischer Enkel sie so lange unbeachtet gelassen hatten. Offensichtlich begriff keiner von beiden ihren Schmerz oder machte sich Gedanken über ihre merkwürdige Lage. Ohne sich aus der Ruhe bringen zu lassen, übersahen sie ihr Leiden, bis wir ankamen und rettend eingriffen.

Erlebnisse wie dieses erwecken den Anschein, daß autistische Menschen rücksichtslos sind oder nur Interesse an sich selbst entwickeln können. Und doch hatte ich dieselben beiden Menschen erlebt, wie bei ihnen Zeichen von Treue, Liebe und sogar Kummer sichtbar wurden, als diese Frau starb und »für immer fort und verloren war«.

Sara und ich gelangten zu der Ansicht, daß die Art und Weise, wie unser Sohn uns und seine Großmutter behandelte, nicht bedeutete, daß er uns nicht lieben konnte, sondern daß er lediglich die Gestik und den Rhythmus nicht beherrschte, die die »universelle Sprache der Liebe« ausmachen. Seine fehlende Reaktion auf unsere Umarmungen, seine Unfähigkeit, zu sagen »Ich liebe euch« oder andere Zeichen der Betroffenheit an den Tag zu legen, bedeuteten nicht Ablehnung oder Rückzug aus seiner Umwelt. Sie waren Ausdruck einer Verwirrung der Sinne, die ihm genauso rätselhaft war wie uns.

Wir hatten lange und hart daran gearbeitet, dieses Kind dazu zu ermutigen, von der Sprache Gebrauch zu machen. Aber noch härter war es für uns gewesen, richtig einzuschätzen, wie extrem schwer es ihm fiel, die Regeln unserer Kommunika-

tion zu verstehen. Und manchmal ernteten wir unerwarteten Lohn für unsere Mühen.
Nach alter Familientradition sprechen wir bei bestimmten Mahlzeiten an Feier- oder Geburtstagen immer ein Tischgebet. Und wir fordern unsere Söhne auf, sich dieser Sitte anzuschließen. So bat Sara Ted an meinem fünfundvierzigsten Geburtstag, das Gebet zu sprechen.
»Lieber Gott, laß uns dankbar sein für das, was wir nun empfangen werden«, sprach er mechanisch.
»Ted«, ermunterte Sara ihn, »möchtest du nicht etwas über deinen Vater sagen, wo er doch heute Geburtstag hat?«
»Hmmm.« Er redete nicht weiter und dachte krampfhaft darüber nach, was er Passendes sagen könnte. Dann sprach er in seiner typischen stockenden Art. »Und heute hat mein Dad Geburtstag, und er ist mein Freund. Und ich mag ihn sehr. Und er hat mir eine Radiouhr für mein Zimmer hier gekauft. Und er hat dieses gute Knoblauchbrot gemacht, und ich habe ihm danke schön gesagt dafür und für die Nudeln und für die Wurst und für die Soße. Amen.«
Teds Worte machten mich verlegen. Er hatte große Hindernisse überwunden, um so viele Sätze zu sprechen. Und er hatte Tränen der Freude bei mir ausgelöst, die an die Stelle derer traten, die ich aus Sorge vergossen hatte.
Aber der Autismus bleibt für immer, und die kleinen Triumphe, die wir feierten, konnten die Tatsache nicht auslöschen, daß unser Sohn nicht die ganze Bandbreite der Kommunikation beherrschte und sein Verhalten nicht kontrollieren konnte, wenn ihm die Worte fehlten.

KAPITEL 30

Jedes menschliche Verhalten hat eine Bedeutung, und ein Mensch, der in seiner Kommunikation beeinträchtigt ist, wie es bei einem Autisten der Fall ist, wird ein zum Ziel führendes Verhalten so lange nicht aufgeben, bis er eine neue, wirksamere Methode gefunden hat.

Im Herbst 1985 wurde Ted fünfzehn. Körperlich hatte er die Größe eines Erwachsenen, und er war in dem Alter, wo man sich mit den Eltern mißt. Eine Woche vor Weihnachten klingelte spät abends das Telefon. Wir vermuteten, es sei ein Ferngespräch von einem Verwandten oder eine weitere Einladung für die Ferien, obwohl es schon ziemlich spät für derartige Gespräche war.

Ich nahm den Hörer ab und vernahm eine ruhige, gepreßte Stimme: »Mr. Hart, ich rufe von Parkview an.« Sofort erkannte ich die Stimme. Es war einer der Wohngemeinschaftseltern, und mir wurde angst. Er fuhr fort: »Ted ist mit zwei Betreuern auf dem Weg zum Harborview-Krankenhaus.«

Ich war unfähig, nach Einzelheiten zu fragen, und hielt den Atem an, bevor er weitersprach. »Ted hatte einen Streit mit den Leuten vom Personal, weil sie ein Fest für alle Bewohner geplant hatten und er zu einer anderen Veranstaltung vom Parks Department gehen wollte. Und da kein Betreuer zur Verfügung stand, ihn zu begleiten, mußten wir nein sagen.«

»Ich verstehe«, sagte ich, »aber was ist geschehen?«
»Ted wurde ziemlich aggressiv, deshalb schickten wir ihn in sein Zimmer. Aber er kam wieder heraus, trat ein paar Mal gegen die Wand und schlug die Scheibe des Feueralarmkastens ein. Er schnitt sich dabei in die Hand. Jetzt wird er wahrscheinlich in der Notaufnahme genäht.«
»Ich bin in zwanzig Minuten dort.« Nachdem ich Sara die Sache erklärt hatte, eilte ich angsterfüllt zur Notaufnahme. Harborview liegt oben auf dem Beacon-Hügel und wird von den Einwohnern Seattles »Pillenhügel« genannt. Es ist ein Bezirkskrankenhaus, in dem die Hilflosen und Armen aufgenommen werden.
Opfer von Verkehrsunfällen oder Gewaltverbrechen werden ebenfalls nach Harborview gebracht. Insassen des Bezirksgefängnisses, Landstreicher, Drogenabhängige, Alkoholiker, alle, die von der Polizei aufgelesen werden und medizinische Versorgung benötigen, landen an den Türen der Notaufnahme. In den Parkplatz ist ein Hubschrauberlandeplatz integriert, auf dem Patienten mit Brandwunden aus den beiden angrenzenden Bundesstaaten und Notfälle von den Schiffen auf hoher See ankommen.
Ich hielt kurz inne, bevor ich den stark frequentierten Flügel der Notaufnahme betrat. Niemals hätte ich mir träumen lassen, daß mein so beschütztes Kind einmal Patient an diesem chaotischen Ort sein würde.
Jahrelang hatten Sara und ich gefürchtet, daß Ted eines Tages damit anfangen würde, Scheiben einzuschlagen, aber all meine Ängste hatten mich nicht auf den tatsächlichen Eintritt eines solchen Ereignisses vorbereitet. Wir hatten schon so viel über autistische Jugendliche gehört, die – manchmal zwanghaft und immer wieder – Fenster oder Spiegel zerschlagen hatten. Es gab immer ein erstes Mal, so wie jetzt bei Ted. Bei vielen signalisierte das erste Mal den Beginn eines neuen unsozialen

Verhaltens, das zur Gewohnheit werden würde, bis es eines Tages alle anderen Probleme überschattete.
Warum Fenster einschlagen? Die Antwort auf diese Frage setzt ein Wissen um die grundlegenden Probleme eines Autisten mit dem vernünftigen Denken voraus. Die Unfähigkeit, kausale Zusammenhänge zu verstehen, hindert sie daran, die gefährlichen Folgen eines solchen Akts zu begreifen. Es ist leicht, Scheiben zu zerschlagen. Wenn die betreffende Person eine abnorm hohe Schmerzgrenze hat, erscheint ein einfacher Schnitt möglicherweise nicht so unangenehm wie bei anderen Menschen. Die Möglichkeit, daß es zu einer Blutvergiftung oder einer Durchtrennung von Nerven oder Arterien kommt, sind hypothetische Folgen, die jenseits ihres Verständnisvermögens liegen.
Während sie gleichgültig gegenüber Gefahren sind, gefällt ihnen vielleicht die Reaktion auf ihr Verhalten – daß andere Leute aufgeregt herumspringen, ihnen Aufmerksamkeit entgegenbringen und erste Hilfe leisten. Sobald ein autistischer Mensch einmal entdeckt hat, daß eine einfache Handlung wie das Einschlagen eines Fensters Alarm auslösen und eine starke Wirkung auf die Umwelt haben kann, neigt er dazu, dieses Verhalten zu wiederholen. Und wenn er aus derartigen Ereignissen lernt, daß er eine erwünschte Reaktion seitens seiner Betreuer hervorruft, macht er sich vielleicht dieses Verhalten zur Gewohnheit. Es wird eine bevorzugte Methode im Umgang mit anderen.
In dem Wissen um zahlreiche derartige Fälle sah ich der Begegnung mit Ted im Wartezimmer ängstlich entgegen. Er saß in seinem blaßblauen Schlafanzug, mit einer Decke um die Schultern, verweint und ängstlich zwischen den beiden Angestellten von Parkview. Die Atmosphäre in der Notaufnahme erinnerte mich an eine bitterböse Slapstick-Komödie im Fernsehen. Die Feriendekoration und die farbigen Lampen

kamen mir geschmacklos und unpassend vor. Niemand von den im Warteraum Versammelten saß aus reiner Geselligkeit oder zum Feiern da, vielmehr hatte jeder mit seiner persönlichen Krise zu kämpfen.

Mein fünfzehnjähriger Sohn schien völlig fehl am Platze in dieser Runde von menschlichen Wracks, Abhängigen und Opfern von Gewalt, die von den dunklen Straßen der Stadt hier hineinbefördert worden waren. Und doch erkannte ich, kaum daß ich im Raum war, was wir mit jenen anderen Patienten gemeinsam hatten. Ted war vielleicht der einzige, dessen Vater mit ihm in der Notaufnahme wartete, aber auch alle anderen, egal wie alt und in welcher Verfassung sie waren, hatten irgendwo Väter und Mütter, Eltern, die auch ein besseres Leben für ihre Kinder wünschten.

Jahre zuvor hatte mich meine Liebe zu einem behinderten Kind gelehrt, verwahrloste Menschen mit anderen Augen zu sehen, ihre unordentliche Kleidung, ihr merkwürdiges Verhalten und ihren üblen Geruch zu ignorieren. Noch vor kurzem waren viele von ihnen behinderte Kinder gewesen, deren Mängel toleriert wurden. Ihre biologischen Störungen dauerten auch im Erwachsenenalter noch an, aber aus den Programmen, die ihnen als Kinder noch hatten helfen sollen, waren sie herausgewachsen. Und zu ihnen kam noch eine Reihe von geistig Kranken hinzu, deren Probleme sich erst nach der Jugendzeit zeigten.

Alle diese Leute waren, wie mein verängstigter Sohn in seinem Schlafanzug, einmal Kinder gewesen. Viele ihrer Mütter und Väter fühlten wie Sara und ich. Wir zogen unsere Kinder groß, sorgten uns um ihre Zukunft und hofften gegen alle Hoffnung, daß unser »Baby« niemals dieses Schicksal erleiden müsse – die Notaufnahme des Bezirkskrankenhauses.

Ich sah mich in dieser traurigen Runde um und hoffte, daß ich niemals hierher würde zurückkehren müssen. Ich wollte

mein ängstliches Kind umarmen, aber ich mußte mich beherrschen. Viele Jahre des Lernens und der Arbeit mit autistischen Menschen hatten mich gelehrt, was ich zu tun hatte – und das war in diesem Augenblick, meine Gefühle zu verleugnen.
»Hallo, Ted«, sagte ich in möglichst sachlichem Ton. »Kannst du mir sagen, was passiert ist?«
Seine Pupillen waren vor Angst fast bis zum Rand der Iris geweitet, und er stammelte: »Ich habe mir in die Hand geschnitten, und es wird keine Stiche oder Spritzen geben, und es wird nicht weh tun, weil es ein Unfall war!« In seiner typisch irrationalen Art zu sprechen schaffte er es, in einem Satz eine Information, eine Vermutung und eine Entschuldigung unterzubringen. Es war nun meine Aufgabe, ihm dabei zu helfen, seinen Verstand auf eine Sache zu konzentrieren.
»Laß mich deine Hand sehen, Ted«, fuhr ich so ruhig ich konnte fort.
Noch immer zitternd streckte er mir seine rechte Hand entgegen und gestattete mir, den Verband zu lösen, den er mit seiner Faust fest umschloß. Eine rote, fünf Zentimeter lange Wunde verlief quer über seinen Handrücken, mitten zwischen dem Handgelenk und den Fingerknöcheln. Glücklicherweise schien nur die Oberhaut verletzt zu sein, aber die Wunde klaffte weit auseinander, und ohne den Druck durch den Verband schoß das Blut in Strömen heraus.
Ich sprach den Satz, den ich an jenem Abend immer wieder sagen sollte: »Das passiert, wenn man Scheiben einschlägt, Ted.«
In diesem Stadium der Erregung konnte er nicht viel Information verarbeiten. Ich mußte zusehen, daß er so ruhig wie möglich blieb, und gleichzeitig der Botschaft Nachdruck verleihen, daß das Einschlagen von Scheiben Verletzungen mit sich bringen kann.
Die Betreuer von Parkview kannten die Prinzipien der Verhal-

tensmodifikation und hatten vollkommen richtig auf diese Krise reagiert. Wie ich wußten sie um die Notwendigkeit, daß Ted ohne außergewöhnliches Mitgefühl und Aufmerksamkeit beruhigt werden mußte. Wir waren übereinstimmend der Meinung, daß es keine Umarmungen, Küsse oder Süßigkeiten geben durfte, um seine Tränen zu stillen. Ich konnte ihm lediglich in ruhigem Ton versichern, daß er keine Spritze vom Arzt brauchte, und ihn immer wieder daran erinnern, daß »das passiert, wenn man Scheiben einschlägt«.

Schließlich verabschiedete ich mich von Ted und seinen Mitpatienten, um mit der diensthabenden Schwester zu sprechen. Ich erklärte ihr meine Besorgnis und bat um Erlaubnis, dem Arzt und seinen Mitarbeitern etwas mitzuteilen, bevor sie Ted behandelten. Ich wollte nicht als grausamer oder herzloser Vater erscheinen, aber ich wollte auch nicht, daß irgend jemand Ted Mitgefühl oder Freundlichkeit entgegenbrachte, die er vielleicht als Bestärkung seines Handelns mißdeuten würde.

Die ganze Feuerprobe hindurch wiederholten wir immer wieder mit Worten und mit unserem Handeln dieselbe Botschaft: Glas schneidet. Glas kann einen verletzen. Wenn man Scheiben zerschlägt, bekommt man keine Aufmerksamkeit, sondern eine medizinische Behandlung.

Der Arzt und das übrige Personal verhielten sich kooperativ. Obwohl sie mich nervös beobachteten, hielten sie sich an meine Anweisungen und behandelten Ted freundlich, aber unpersönlich.

Nach der Behandlung kehrte Ted nach Parkview zurück. Gefühlsmäßig hätte ich ihn am liebsten mit nach Hause genommen, aber ich merkte, daß er das vielleicht als Bestärkung für sein Handeln betrachten und beschließen würde, es zu wiederholen in der Erwartung, daß jeder Gewaltausbruch ihm einen Besuch zu Hause »einbringen« würde. Schließlich beschlossen die Betreuer von Parkview und ich noch, ihm auch die letzte Bestätigung zu verweigern. Er durfte die Verletzung nicht als Entschuldigung benutzen, um nicht in die Schule zu gehen. Also stand er am nächsten Morgen mit verbundener Hand neben seinen Mitbewohnern an der Bushaltestelle.

Ich war durchaus in der Lage, mit diesem Vorfall fertigzuwerden, fürchtete aber weitere Gefühlsausbrüche und weitere zerbrochene Scheiben, weitere Wunden und weitere Besuche in der Notaufnahme. Ich hatte von einem autistischen Jugendlichen gehört, der sich mit der Zeit auf diese Art von Gewalt verließ, um sämtliche Bedürfnisse auszudrücken. Einmal ließ man ihn fünf Minuten unbeaufsichtigt im Auto sitzen. Er stieg aus und zerschlug die Windschutzscheiben aller Autos auf dem Parkplatz eines Restaurants.

Ted hat nie wieder Scheiben eingeschlagen. Anscheinend haben wir ihm erfolgreich zu verstehen gegeben, daß diese bestimmte Form der Gewalt ihm nicht mehr nützt als Worte. Aber er war ein Teenager geworden mit all den Bedürfnissen nach Unabhängigkeit und Selbstbestimmung wie andere in seinem Alter auch.

In den nächsten paar Jahren sollten wir noch weitere Beispiele des Protests gegen Autoritäten kennenlernen. Seine Vorgehensweise war oft unangemessen, aber das Bedürfnis sich auszudrücken schien für sein Alter normal zu sein. Dr. Reichert hatte uns eine neue Möglichkeit gezeigt, diese Verhaltensprobleme zu betrachten. Er sah in ihnen Versuche, zu kommunizieren oder zu verhandeln, und nicht sinnlose Handlungen, die mit Gewalt unterdrückt werden mußten.

Die ersten Lehrer für zurückgebliebene oder autistische Kinder hielten körperliche Strafen für ein Mittel, die Schüler zu anständigem Benehmen zu zwingen oder ihren Forderungen entgegenzuwirken. Die neueren Methoden gehen davon aus, daß jedes menschliche Verhalten eine Bedeutung hat und daß ein Mensch mit einer beschränkten Kommunikationsfähigkeit, wie beispielsweise ein Autist, ein zum Ziel führendes Verhalten so lange nicht aufgibt, bis er eine effektivere Methode gefunden hat.

Ein Autist entwickelt vielleicht erschreckende Methoden der Interaktion mit seinen Betreuern. Schlagen, treten, spucken, Kot verschmieren sind noch harmlos im Vergleich zu anderen Formen der Gewalt oder der Selbstverstümmelung. Dennoch entstehen auch diese Verhaltensweisen im allgemeinen aus dem Bedürfnis, Einfluß auf andere auszuüben.

Mit einem derartigen Verhalten umzugehen wird dann ausgesprochen schwierig, wenn der behinderte Mensch einmal Erfolg damit gehabt hat. In ihrem Buch *Alternatives to Punishment (Alternativen zur Bestrafung)* besprechen Anne Donnellan und Gary LaVigna dieses Syndrom und stellen einen detaillierten Plan vor, mit dem man eine Verhaltensänderung erreichen kann.

Wenn wir berücksichtigen, daß das entscheidende Handicap eines autistischen Kindes sein Sprachdefizit ist, bekommen die meisten sozialen Probleme und störenden Verhaltensweisen einen Sinn. Bei meiner ehrenamtlichen Tätigkeit mit anderen Eltern hatte ich oft Gelegenheit, dies zu beobachten. Ich werde nie den hungrigen keinen Jungen vergessen, der nach einer langen Fahrt in unsere Stadt, wo die Eltern ihn medizinisch untersuchen lassen und über Nacht bleiben wollten, müde und reizbar war. Während ich mit den Eltern über den Tagesablauf und die Diagnose für ihren Sohn sprach, unterbrach er uns und sagte: »Ich habe Hunger.«

Obwohl Eltern eines weniger sprechfähigen Kindes überschwenglich reagiert hätten, war die Mutter dieses Fünfjährigen an einfache Äußerungen gewöhnt, die nur aus ein oder zwei Wörtern bestanden. In diesem bestimmten Augenblick hörten die Eltern lieber mir als dem Kind zu und reagierten, wie die meisten Eltern es getan hätten. Sie übergingen den Jungen.

Während wir weitersprachen, beobachtete ich nervös den Jungen. Ich bezweifelte, daß er noch andere Wörter finden würde, um seinen Fall vorzutragen. Ein Durchschnittsjunge in seinem Alter hätte insistiert und mit Sätzen wie »Bitte, Mami, ich habe wirklich Hunger, wann essen wir etwas« weitergebohrt. Dieser Junge aber konnte keine Wörter benutzen, um seine Verhandlungen weiterzuführen. Wie vorauszusehen war, benutzte er sein Verhalten.

Das Kind wurde immer unruhiger. Zuerst ging der Junge im Zimmer herum und suchte in Taschen und im Gepäck nach etwas Eßbarem. Als er nichts Geeignetes fand, begann er, seinen Vater mit Kissen zu bewerfen. Und nachdem er keine Reaktion darauf bekam, grapschte er nach seinem Vater und versuchte, ihm auf den Rücken zu klettern. Kurz darauf sprang er auf dem Bett herum.

Als nichts von alledem zum Erfolg führte, griff er seine Mutter an. Ein paar Schläge gegen ihre Brust erwiesen sich als erfolgreich. Wir unterbrachen unser Gespräch und erlaubten ihm, das Zentrum unserer Aufmerksamkeit zu werden. Wir gingen mit ihm zu McDonald's, wo ich seinen Eltern meinen Standpunkt mitteilte, daß es besser sei, die erste verbal geäußerte Forderung zu bestärken – besonders dann, wenn sie legitim ist –, als die Reaktion hinauszuzögern, bis das Kind ein Verhalten an den Tag legt, das sie nicht mehr ignorieren können.

Wenn das Kind zu viele Erfahrungen wie diese gemacht hat, wird es lernen, daß die Mutter anzugreifen besser funktioniert, als zu sprechen. Es wird dann vielleicht direkt zu diesem Verhalten übergehen und das sozial gesehen passendere, das man ignoriert hat, überspringen.

Unsere Familie versuchte, Ted soviel wie möglich für jeden

angemessenen Gebrauch der Sprache zu belohnen. Er mußte Vertrauen in die Sprache als bessere Methode gewinnen, mit anderen Menschen zu verhandeln. Das bedeutete aber auch, ihn manchmal seinen Weg gehen zu lassen, auch wenn wir mit seinen Entscheidungen nicht einverstanden waren. Wenn er Wörter benutzte, um auf seiner Forderung zu bestehen, verdiente er meiner Ansicht nach eine Belohnung, die seine Anstrengungen bestärkte.

Ich war insgeheim stolz, wenn mein autistischer Sohn ein Streitgespräch mit mir »gewann«, selbst wenn es darum ging, einen Film zu sehen, den ich nicht sehen wollte, oder einer Abneigung gegen ein bestimmtes Essen entgegenzukommen.

Allmählich hatten Sara und ich gelernt, Ted so zu akzeptieren, wie er war, und nicht zu erwarten, daß er Entscheidungen traf, die unserer Ansicht nach einem Sohn im Teenageralter angemessen waren. Es war wichtiger, daß er Vertrauen gewann, indem er seine eigenen Entscheidungen traf, als daß wir jede seiner Bewegungen kontrollierten. Wir mußten dagegen ankämpfen, ihn zu sehr zu beschützen, und erteilten ihm mit der Zeit die Erlaubnis, Ausflüge auf eigene Faust zu unternehmen.

Ihn allein mit dem Bus fahren, allein einkaufen oder zu McDonald's gehen zu lassen, barg Risiken in sich. Es würde Momente geben, da er nicht angemessen handeln würde. Er konnte mißverstanden, betrogen oder fälschlicherweise des Ladendiebstahls bezichtigt werden. Andere konnten ihn hänseln oder schikanieren. Aber ich hatte gesehen, welches Trauma Sumner im Alter von Sechzig durchmachen mußte, als er stolpernd die ersten Schritte der Trennung von seiner Mutter unternahm.

Ted würde niemals völlig normal erscheinen, und seine Verstandesleistungen würden niemals die anderer Leute erreichen. Aber wir würden nicht sein ganzes Leben um ihn sein können. Eines Tages würde er allein zurechtkommen und in Situationen, die wir uns nicht einmal vorstellen wollten, seinen eigenen, unverwechselbaren Weg finden müssen, mit anderen Menschen umzugehen. Es war besser, ihn durch Versuch und Irrtum lernen zu lassen, solange er noch die Begeisterung und das Vertrauen eines Jugendlichen hatte.

Auf seine Art erinnerte Ted uns aber weiterhin daran, daß wir über sein Leben bestimmen sollten. Immer wenn seine Entscheidungen uns zu merkwürdig vorkamen oder ihn auffällig zu machen drohten, versuchten wir, ihn in eine andere Richtung zu lenken. Wir ließen nicht zu, daß er sich gelbe oder rosafarbene Golfhosen für die Schule kaufte; wir betrachteten es als wichtig, daß er Jeans anzog wie die anderen Schüler auch.

Als wir feststellten, daß wir seinen Geschmack hinsichtlich des Spielzeugs nicht beeinflussen konnten, kamen wir ihm entgegen, indem wir sagten: »Du kannst in deinem Zimmer mit deinen Dinosauriern aus Plastik und deinen Masters-of-the-Universe-Figuren spielen, aber du kannst sie nicht mit in die Schule nehmen oder im Bus mit ihnen spielen.«

Wir versuchten, möglichst nicht tadelnd oder urteilend aufzutreten, wenn wir ihm einen Rat erteilten, der verhindern sollte, daß er sich lächerlich machte. Wenn wir ihn onanieren sahen, sagten wir: »Ted, wenn du das machen willst, geh in dein Zimmer. Die anderen Leute möchten dir nicht dabei zuschauen.« Wir versuchten, ihm ständig diese Botschaft zu vermitteln: »In deinem Zimmer kannst du tun, was du willst, aber in der Öffentlichkeit mußt du dich wie alle anderen benehmen.«

Manchmal traf Ted Entscheidungen, die uns nicht gefielen, aber wir mußten sein Bedürfnis, sich zu artikulieren, abwägen gegen unseren Wunsch, daß er sich an bestimmte Normen hielt. Eines Tages bat er mich, sein Zimmer in Parkview rosa anzustreichen. Ich machte mir Sorgen, was die anderen Jugendlichen wohl darüber denken würden oder daß er in der Schule gehänselt würde, wenn er seinen Klassenkameraden erzählte, daß er ein rosafarbenes Zimmer hätte. Daher versuchte ich, ihn davon abzubringen.

»Nun, Ted«, begann ich, »Rosa ist eine schöne Farbe, aber es gibt auch noch eine Menge anderer Farben.«

Er richtete sich in voller Größe auf, biß die Zähne zusammen und begann zu zittern. »Blau ist zum Beispiel eine schöne Farbe«, fuhr ich fort, »und Grün und Grau sind auch schöne Farben.« Ich sprach langsam und beruhigend in der Hoffnung, ihn von seiner Wahl abbringen zu können.

»Kann ich Spielzeug auf das Sofa legen? Kann ich Spielzeug auf das Sofa legen?« Er begann, eine alte Leier von vor Jahren herunterzubeten, als wir ihm gesagt hatten, er solle keine Buntstifte auf den Wohnzimmermöbeln herumliegen lassen.

Er ballte die Fäuste, und erschrocken stellte ich fest, daß er sehr wütend und kurz davor war, die Kontrolle über sich zu verlieren. Als ich meinen Irrtum bemerkte, hielt ich mitten im Satz inne. Sara und ich hatten Ted jahrelang erzählt, in seinem Zimmer könne er tun, was immer er wolle. Und nun hörte er, daß er nicht einmal seine eigene Wandfarbe aussuchen durfte. Seine Wut machte mir klar, daß ich ihm eine widersprüchliche Botschaft übermittelt hatte. Sie zeigte mir außerdem, daß er unsere Beziehung verstand, vielleicht sogar besser als ich. Er wußte, daß »Dad« besser reden konnte, ihm argumentativ überlegen war. Nur weil ich die Sprache besser beherrschte, hatte ich ihn einzuschüchtern und zu beeinflussen versucht. Jetzt aber wollte er seinen Willen durchsetzen. Und wenn er mit Worten nicht darauf bestehen konnte, tat er es mit den Fäusten.

»Gut, Ted. Wenn du wirklich willst, daß wir dein Zimmer rosa anstreichen, du hat die Wahl. Es ist dein Zimmer.«

In der folgenden Woche kauften Sara und ich dunkelblaue Rollos und Laken für sein neues rosafarbenes Zimmer. Wir waren alle mit dem Ergebnis zufrieden. Was aber noch wichtiger war, wir hatten Teds Freiheit respektiert, Entscheidungen zu treffen, die er mit Worten nicht verteidigen konnte.

Wenn ich ihm in die Augen schaute und darin das Gefühl der Empörung und der Frustration ablas, erinnerte mich das an ein persönliches Erlebnis, das ich einmal in Paris hatte. Sara und ich waren 1976 nach Frankreich geflogen, weil sie dort in den Ferien als Französischlehrerin arbeiten wollte.

Da es meine erste Reise nach Europa war, wollte ich unbedingt ein paar der klassischen touristischen Attraktionen sehen. Ich war bezaubert von den Bücherständen an der Seine und blieb stehen, um ein paar Radierungen zu kaufen. Meine Einkäufe beliefen sich schließlich auf siebenundachtzig Francs.

»Quatre-vingt-dix-sept Francs«, verlangte der Buchhändler.

»Non«, sagte ich mit meinem beschränkten Französisch, »quatre-vingt-sept.«

Er wiederholte seine Forderung, und ich wiederholte meine Antwort. Nachdem es noch ein paar Mal so hin und her gegangen war, wuchs meine Frustration. Ich bemerkte, daß wir aneinander vorbeiredeten. Während er glaubte, mein Französisch zu korrigieren und geduldig darauf bestand, daß ich »quatre-vingt-dix-sept« lernte, ging ich davon aus, daß ich seine Berechnung korrigierte. Als meine Wut sich verstärkte, verwünschte ich mein beschränktes Französisch, das mich daran hinderte, ihm das Problem darzulegen. Schließlich konnte ich ihn überzeugen, indem ich noch einmal die einzelnen Preise aufschrieb und ihm die korrekte Summe zeigte.

Wir beseitigten unsere Differenzen mit Hilfe der überall bekannten Sprache der Zahlen.

Trotz meiner damaligen Frustration lernte ich etwas aus dieser Begegnung. Sie half mir, Ted und sein Leben besser zu verstehen, eine Welt, in der Taten leichter sind als Worte. Wenn ich nicht in der Lage gewesen wäre zu schreiben, hätte ich mein Problem mit dem Buchhändler nicht lösen können. Wenn das nicht geklappt hätte, wäre ich wahrscheinlich weggegangen, ohne etwas erstanden zu haben… oder ich hätte etwas noch Unangenehmeres getan. Aus dieser Erfahrung lernte ich, Kommunikation niemals als etwas Selbstverständliches hinzunehmen und jeden zu respektieren, der darum kämpfen muß, seine Meinung zu äußern.

KAPITEL 31

Die medizinische Wissenschaft kann Abweichungen in der Gehirnstruktur nachweisen und, bis zu einem gewissen Grade, auch messen, aber sie kann nicht deren Wirkung auf das Denken voraussagen.

»Wenn ich groß bin, werde ich Rockstar«, verkündete Ted hin und wieder, wenn er die Platten durchsah, die in unserem Supermarkt zum Sonderpreis angeboten wurden.

»Das ist ein schöner Beruf, Ted«, sagte ich dann, unsicher, wie ich reagieren sollte. Mit sechzehn dachte Ted genauso über seine Zukunft nach wie andere Jugendliche auch. Seine Zeitvorstellung und sein Mangel an Selbsteinschätzung machten es ihm jedoch schwer, realistische Pläne zu schmieden. Erst eine Woche zuvor hatte er mir erzählt, er wolle Geld sparen, um einen Freizeitpark an der Küste von Seattle, dem teuersten Streifen Land im ganzen Staate, zu bauen.

»Es gibt da allerdings ein Problem, wenn man Rockstar werden will«, erklärte ich langsam. »Viele Leute möchten das gerne sein, aber es gibt nicht soviel Arbeit für alle.« Ich wollte vermeiden, ihn auf seine Unfähigkeit anzusprechen oder irgend etwas zu sagen, das sein Selbstwertgefühl zerstören könnte, aber ich hielt es doch für wichtig hinzuzufügen:

»Rockstars müssen singen oder ein Instrument spielen können. Es dauert sehr lange, bis man lernt, ein Rockstar zu sein.«

»Vielleicht werde ich Polizist«, erwiderte er, rasch sein Ziel ändernd.

»Bei der Polizei arbeiten viele Leute«, erklärte ich. »Einige als Polizisten auf der Straße, einige arbeiten aber auch im Büro und verrichten andere Arbeiten, zum Beispiel Akten anlegen oder am Computer sitzen. Vielleicht arbeitest du einmal bei der Polizei.«

Seit seinem vierzehnten Geburtstag hatten Sara und ich versucht, Ted darauf vorzubereiten, daß er einmal arbeiten würde. Wir mußten sehr genau auswählen und Arbeiten finden, die er bewältigen konnte. Für jemanden, der ernsthafte Probleme mit dem Denken und mit der Kommunikation hat, gab es nur sehr wenig Möglichkeiten. Sein scharfer Blick und sein bemerkenswertes Gedächtnis hatten zur Folge, daß seine Aufmerksamkeit sich auf Einzelheiten richtete, eine Eigenschaft, die vielen Arbeitgebern sicher sehr entgegenkam. Wenn Ted nur seine größten sozialen Probleme überwinden könnte!

Mit fünfzehn hatte er, gefördert vom Seattle Youth Program (Jugendprogramm der Stadt Seattle) und dem Special Education Department (Abteilung Sonderpädagogik) der Schule, in der Cafeteria eines Colleges gearbeitet. Er säuberte die Cafeteria, wischte den Boden und half bei den alltäglichen Vorbereitungsarbeiten für das Essen. Sara und ich hätten eine Arbeit vorgezogen, bei der Teds Talente mehr zum Zuge gekommen wären. Aber es war schwierig, das Personal der Jugendabteilung davon zu überzeugen, daß dieser Junge mehr konnte als Teller spülen oder Tische abwischen, um sich seinen Lebensunterhalt zu verdienen. Außerdem war es, wie der Arbeitsberater der Schule erklärte, bei jeder Arbeit notwendig, auch

allgemeine Dinge zu lernen. Der Schüler muß lernen, Anweisungen seitens einer Aufsichtsperson zu befolgen und Aufgaben zu Ende zu führen, ob sie nun Spaß machen oder nicht.
In den ersten Wochen machte sich Ted sehr gut in der Cafeteria. Dann hatte er seinen ersten »Zwischenfall«. Eine Aufsichtsperson erwischte Ted dabei, wie er eine Flasche Orangensaft stahl. Nachdem sein Chef ihn gescholten und gedroht hatte, ihn nach Hause zu schicken, wenn er noch einmal Orangensaft stehlen würde, gelobte Ted Besserung.
Kurze Zeit darauf sah derselbe Mann, wie Ted sich wieder ohne Erlaubnis eine Flasche Orangensaft nahm. Als er Ted an seine Drohung erinnerte, schwor er wieder und trat ihn mit dem Fuß. Wenn dies eine reguläre Stelle gewesen wäre und nicht ein Praktikum für behinderte oder benachteiligte Jugendliche, wäre er umgehend gefeuert worden.
Sara und ich schauten nur mit Widerwillen zu, wie sich eine weitere Tür für Ted schloß, selbst wenn es eine war, die wir nicht für allzu passend hielten. Wir versuchten, mit Ted zu reden. Warum-Fragen vermeidend, sagten wir: »Wann hast du den Orangensaft genommen?« und »Hattest du Durst?« und »Wann war deine Mittagspause?« Langsam setzten wir die einzelnen Teile des Bildes zusammen, das Ted nicht allein rekonstruieren konnte. Er hatte keine Kontrolle über seinen Durst oder seinen Hunger. Er verließ sich ganz darauf, daß seine Uhr ihm sagte, wann Essenszeit war. Aber immer wenn er andere Leute essen sah oder seine Lieblingsspeisen oder -getränke in die Hände bekam, verspürte er den Drang, zu essen oder zu trinken. »Ted, du weißt, daß du Wasser trinken kannst, wenn du Durst hast. Niemand bekommt Schwierigkeiten, wenn er bei der Arbeit Wasser trinkt.« Wir versuchten, eine Lösung für sein Problem mit dem Durst zu finden.
»Ich *will* aber kein Wasser trinken!« Er schüttelte heftig den Kopf und schaute trotzig. »Bitte, sagt das nicht! Laßt mich nicht Wasser trinken!«

Plötzlich und geheimnisvollerweise hatte er eine neue Phobie. Er wollte kein Wasser trinken und schien zu glauben, daß Durst nur durch Saft, Milch oder Cola, vor allem durch Cola zu löschen sei. Bei seinen Besuchen zu Hause hatte sich ein neues Ritual entwickelt. Sobald er im Auto saß und Parkview verließ, begann er, über die Getränke für das ganze Wochenende zu verhandeln. »Krieg ich 'ne große Coke, wenn wir zu Burger King gehen?« – »Krieg ich 'ne Pepsi Light, bevor ich ins Bett gehe?« – »Wenn ich morgen zum Frühstück meine Milch trinke, kann ich dann auch ein Glas Orangensaft haben?«
Bei dem, was er sagte, schien so vieles bedeutungslos oder unpassend zu sein, daß wir manchmal das Entscheidende überhörten. Aber wir besprachen unsere Beobachtungen mit den Betreuern von Parkview und stellten fest, daß man dort dieselben Probleme bemerkt hatte.
Im Herbst 1986 hatte sich Teds fixe Idee, Essen und Trinken betreffend, zu einem Verhaltensproblem in seiner ganzen Bandbreite ausgewachsen. Bei den Wochenendbesuchen merkten wir es nicht so deutlich wie die Wohngemeinschaftseltern, die regelmäßig mit Ted zu tun hatten. Schließlich bekamen wir wieder einen Anruf.
»Mr. Hart, wir machen uns Sorgen wegen Ted. Er ist kürzlich sehr aggressiv gewesen, und wir haben nicht genügend Personal, oder das Personal ist nicht stark genug, noch weiterhin mit ihm fertigzuwerden.« Ich geriet in Panik, als der Anrufer fortfuhr: »Gestern abend hat er sich ohne Erlaubnis aus dem Kühlschrank etwas zu essen genommen, so daß wir ihn auf sein Zimmer geschickt haben. Aber er kam wieder heraus und hat Paul geschlagen. Und Paul wird nicht mehr mit ihm fertig.«
Wie auch? dachte ich. Ich wußte, wie sehr Ted Paul mochte, diesen liebenswürdigen Künstler, der als Hausvater arbeitete und Ted an seinen freien Tagen soviel Zeit gewidmet hatte, um ihn auf Ausflügen zu begleiten.

Wir mußten den Betreuern von Parkview durch diese Persönlichkeitskrise hindurchhelfen. Wenn sie mit Ted nicht mehr fertigwurden, wenn er Parkview, das in den letzten fünf Jahren sein Zuhause gewesen war, verlassen mußte, waren seine Chancen für die Zukunft sehr begrenzt.
Seit Jahren schon hatte man Sara und mich gewarnt, daß Ted nach der Pubertät gewalttätig werden oder sich bei ihm eine dramatische Veränderung der Persönlichkeit vollziehen könnte. Viele andere Eltern, die mit Schrecken zusehen mußten, wie einst fügsame Kinder plötzlich als Jugendliche aggressiv wurden, glaubten, daß eine chemische Veränderung im Gehirn oder ein anderer biologischer Faktor in der Pubertät ihr Kind zerstörte.
Wir waren uns nicht sicher. Ich hatte Sumner so viele Verhaltensänderungen durchmachen sehen und war überzeugt, daß kein neues Verhalten von Dauer war, sondern daß dramatische Verschiebungen in der Persönlichkeit nur hilflose Versuche des Autisten sind, mit Drucksituationen oder Veränderungen in seinem Leben zurechtzukommen.
Gemeinsam mit dem Personal von Parkview setzten wir einen Termin bei einer anerkannten Verhaltenstherapeutin, Donna Dykstra, an. Obwohl wir alle die Verhaltenstherapie anderen Formen der Kontrolle – wie Medikamenten, verschlossenen Türen oder sich steigernden Strafen – vorzogen, wußten wir, daß es sich dabei nicht um eine exakte Wissenschaft handelte. Gespannt sahen wir unserem Treffen mit Donna entgegen und hofften, daß sie uns helfen konnte.
Wir trafen uns in dem großen Rekreationsraum in Parkview, während die Jugendlichen noch in der Schule waren. Obwohl wir höflich miteinander sprachen, merkten wir, daß die Betreuer von Parkview genauso nervös waren wie Sara und ich.
Als Donna mit einem Flip-Chart und einem großen Stapel

Papier eintrat, ließ ihr gelegentliches Lachen uns alle aufatmen. »Ich habe diesen Papierblock mitgebracht, damit wir eine Liste von all den Dingen anfertigen können, die wir über Ted wissen, sowohl seine Stärken als auch seine Schwächen.«

Sie zog ein paar Linien auf dem großen Blatt und forderte uns auf, ihr Informationen über Ted zu geben. Wir begannen mit den einfachsten Dingen, seinem Alter und seinem Geschlecht, und sprachen dann über das, was mit diesen Faktoren verbunden ist.

»Was wissen Sie über andere sechzehnjährige Jungen?« fragte Donna. »Was sind Ihrer Meinung nach seine Bedürfnisse, Bedürfnisse, die er nicht ausdrücken kann, die wir aber auf jeden Fall kennen sollten?«

Alle, die versammelt waren, machten Vorschläge, die sie aufschrieb. »Jungen im Teenageralter haben einen hohen Hormonspiegel. Sie wachsen rasch. Sie haben eine Menge Energie. Sie lernen, sich dem neuen Körper anzupassen. Normalerweise haben sie eine Phase des Rebellierens, fordern Autoritäten heraus und möchten ihr Leben mehr selbst bestimmen.«

Als die Liste unter Donnas Anleitung immer länger wurde, faßten Sara und ich allmählich Mut. Und wir bemerkten, daß auch die Betreuer von Parkview sich entspannten. Das meiste, worüber hier gesprochen wurde, war uns vertraut, es ging um unsere eigenen Erfahrungen und die nicht behinderter Jugendlicher, und wir fühlten uns wohl.

»Wir wissen, daß Teenager nicht immer die Veränderungen erklären können, die sie durchmachen. Es ist sogar typisch für diesen Lebensabschnitt, daß man sich mißverstanden fühlt. Aber Teds Probleme sind ein bißchen schwieriger, weil er sich nicht so wie nichtautistische Jungen ausdrücken kann.«

Als nächstes bat sie uns alle, Einzelheiten anzugeben über die

Probleme, die wir in letzter Zeit festgestellt hatten. Mit Hilfe ihrer Fragen sahen wir allmählich eine klare und kalkulierbare Struktur. Die meisten Probleme, die Ted hatte, schienen mit Essen zu tun zu haben: Er nahm sich etwas ohne Erlaubnis, er griff bei Tisch gierig nach dem Essen, er trat oder schlug, wenn er auf sein Zimmer geschickt wurde oder keinen Nachtisch bekam, weil er ungehorsam gewesen war.

Donna stand merkwürdig lächelnd vor dem Ständer mit dem großen Papierblock. »Was versucht er uns Ihrer Meinung nach mit seinem Verhalten zu sagen?« Ich sah Sara und die Wohngemeinschaftseltern an. Schüchtern saßen wir da und fühlten uns ein wenig dumm, weil wir das Offensichtliche übersehen hatten.

»Vielleicht hat er wirklich Hunger«, sagte Sara. »Vielleicht müssen wir aufpassen, daß er genug zu essen bekommt, damit er es nicht nötig hat, Regeln zu mißachten, und keinen Ärger bekommt.« Zustimmend nickten alle.

Wir entwarfen einen Plan, damit er nicht mehr ungehorsam sein mußte. Ted sollte die Wahl haben zwischen einem Sandwich oder Obst, wenn er von der Schule kam. Er sollte beim Essen größere Portionen bekommen. Er sollte nach wie vor um Erlaubnis bitten, wenn er sich etwas zu essen nehmen wollte, so daß er nicht die Bestandteile der nächsten Mahlzeit aus dem Kühlschrank ausräumen mußte. Von da ab würde es jedoch einen Unterschied geben. Immer wenn er um etwas zu essen bitten würde, würde die Antwort lauten: »Du kannst noch einen Apfel haben oder dir ein Sandwich mit Erdnußbutter machen.« Niemals sollte die Antwort ein plattes Nein sein, sondern eine Wahlmöglichkeit beinhalten.

Diese Optionen würden nicht nur sein körperliches Wachstum unterstützen, sondern auch seinem Bedürfnis nach mehr Kontrolle und Wahlmöglichkeiten in seinem Leben entgegenkommen. Wir, die wir alle Ted liebten, hatten, ohne es zu

wissen, übersehen, daß seine Bedürfnisse vollkommen normal für einen wachsenden jungen Mann waren. Die Verbissenheit, mit der wir sein schlechtes Benehmen unter Kontrolle zu bringen versuchten, hatte uns blind gemacht für das Naheliegendste, nämlich daß seine Behinderung ihn davon abhielt, seine Rechte durchzusetzen. Er mußte gewalttätig und aggressiv werden, um unsere Aufmerksamkeit auf sich zu lenken.
In der Gesellschaft für Autismus gab es eine ganze Reihe von Eltern, die ähnliche Probleme hatten. Manchmal nahmen Gewohnheiten wie in den fließenden Verkehr hineinzulaufen, Eigentum zu zerstören, andere anzugreifen oder sich selbst zu verstümmeln, solche Ausmaße an, daß die Familie die Kontrolle als einzige Möglichkeit sah, mit dem Kind fertigzuwerden.
Tragischerweise schlagen viele Bemühungen, die Kontrolle zu behalten, fehl und zwingen den Autisten zu immer seltsameren und gefährlicheren Formen, sich auszudrücken. Manchmal drängt das Kind seine Eltern oder Lehrer in eine ausweglose Situation. Nachdem alle vernünftigen Versuche, die Kontrolle zu gewinnen oder eine gewisse Disziplin zu erreichen, fehlgeschlagen sind, versuchen es selbst die wohlmeinendsten Pfleger mit restriktiven Methoden, die ebenso hart oder unmenschlich sind wie das Verhalten, das sie eigentlich beseitigen wollten.
Unsere Gesellschaft für Autismus erhielt einmal einen Anruf von einer verängstigten und verstörten Mutter, die sich Sorgen machte darüber, wie man in der Schule mit ihrem fünfjährigen Sohn umging. Als die Lehrerin nicht mehr wußte, wie sie sein Verhalten lenken oder seine Aufmerksamkeit in einer Klasse voller aktiver Kinder wachhalten sollte, schickte sie das Kind auf die »Strafbank« nach draußen in den Flur.
Unglücklicherweise betrachtete der Junge das aber nicht als Strafe. Im Gegenteil, er schien die Ruhe dort draußen zu

mögen, so daß er noch mehr spuckte und biß, nachdem er ja gelernt hatte, daß er dafür hinausgeschickt wurde. Als er begann, draußen herumzuspazieren, kam die Lehrerin zu dem Schluß, daß die Strafe wirkungslos war. Sie brauchte noch mehr »Kontrolle« und begann daher, ihn an einen Stuhl anzubinden und auf den leeren Schulhof zu setzen, so daß er nicht entkommen konnte.

Ein Anruf im Büro des Schulleiters löste das unmittelbare Problem rasch: Das Kind sollte nicht mehr hilflos angebunden der Unbill des Wetters ausgesetzt oder in sonstiger Weise schikaniert werden. Aber das eigentlich größere Problem blieb ungelöst. Der Junge hatte immer noch eine Lehrerin, die mehr Wert auf Kontrolle als auf Erziehung legte, und eine Mutter, die weiterhin verstört und frustriert war, weil die Außenwelt so verständnislos auf ihr Kind reagierte.

Sie hatte erkannt, was es bedeutete, ein Kind voller Probleme zu haben, die niemand verstand, ein Kind, das an ihrer Welt, ihrem Alltag und dem normalen Sozialverhalten nicht teilnehmen konnte, die für andere selbstverständlich waren. Ihr Sohn verstand die Signale nicht, die mittels einer Liebkosung oder eines finsteren Blicks ausgesendet wurden. Er mußte seine eigene einmalige Art finden, mit seiner Umgebung zurechtzukommen. Und diese Umwelt war von anderen bevölkert, die ihn als jemanden ansahen, den man mit ihren Regeln unter Kontrolle bringen mußte.

In Wahrheit weiß aber niemand genau, was der kleine, auf dem Schulhof an einem Stuhl festgebundene Junge denkt. Die medizinische Wissenschaft kann zwar inzwischen Abweichungen in seiner Gehirnstruktur – fehlende Leitbahnen, Unregelmäßigkeiten und Bereiche mit hoher oder niedriger Aktivität bei verschiedenen Tätigkeiten – nachweisen und, bis zu einem gewissen Grade, auch messen. Aber sie kann nicht deren Wirkung auf das Denken voraussagen.

Lehrer und Psychologen können das Verhalten und die Sprache beobachten, die Reaktion eines Kindes auf verschiedene Situationen und über einen bestimmten Zeitraum sich ergebende Veränderungen festhalten. Aber sie können nicht in Erfahrung bringen, was das Kind wirklich gelernt hat. Selbst bei nicht behinderten Schülern können die Lehrer keine Veränderungen im Denken messen, sondern nur Veränderungen in der Leistung.

Ted hat uns wiederholt gezeigt, daß er Schwierigkeiten damit hat, Aufgaben zu lösen, die ein eigenständiges Denken erfordern. Versuche, ihm beizubringen, wie er sich verhalten sollte, wenn das Telefon klingelte, oder wie man wäscht, waren eine Herausforderung an seine Lehrer. Sie taten sich schwer, zu erkennen, daß es ein Unterschied war, ob er sich eine Reihe von einfachen Anweisungen merkte oder ob er den wirklichen Sinn der einzelnen Handlungen verstand. Er lernte mechanisch, der nächststehenden Person den Hörer zu geben, ohne zuzuhören, was der Anrufer wollte. Er lernte, die Wäsche aus dem Trockner zu nehmen, sobald der Summer ertönte, und sie in seine Schubladen zu legen, ohne zu prüfen, ob sie auch trocken war.

Heute kämpfen die Fachleute mit den immer noch verbliebenen Rätseln des Autismus: Wie läßt sich der genaue Zusammenhang zwischen der neurologischen Störung und dem Lernproblem bestimmen? Welche Teile des Gehirns steuern die verschiedenen Ebenen der Entwicklung wie die Sprache und das Sozialverhalten? Wie kann man einen Autisten dazu bringen, sich trotz seiner enormen und komplizierten Behinderung mit Hilfe der funktionierenden Teile seines Gehirns eine gewisse Anpassungsfähigkeit anzueignen?

Je mehr ich über Teds Art zu denken wußte, über sein außergewöhnliches räumliches Vorstellungsvermögen, sein Gedächtnis, das nahezu vollständig fehlende Zeitgefühl und

das kaum vorhandene Gespür für menschliche Interaktion, um so mehr habe ich meine Überzeugungen hinsichtlich der menschlichen Intelligenz, der Realität und selbst der Wahrheit in Frage gestellt.
Dieses Kind hat uns gezeigt, daß der menschliche Geist so individuell verschieden wie ein Fingerabdruck sein kann. Vielleicht gibt es so etwas wie ein normales Denken gar nicht, sondern nur ein Denken, das die meisten Dinge mit einer normalen Wahrnehmungsstruktur auffaßt. Vielleicht sind unsere Vorstellungen von Wahrheit und Wirklichkeit nur Konventionen einer großen Anzahl von Menschen, deren Denkstruktur sich so ähnelt, daß sie miteinander kommunizieren können.
Was wäre, wenn unsere Vorstellung von Wahrheit und Wirklichkeit lediglich auf einer Übereinkunft beruhte, auf Überzeugungen, die nur deshalb funktional erscheinen, weil sich die meisten von uns auf sie beziehen können?
Vielleicht sollte man Ted und andere Autisten nicht als behindert oder gestört betrachten, sondern als evolutionäre Alternativen zu unserer Spezies. Keine lebensfähigen Alternativen allerdings, denn ihre Probleme hinsichtlich der sozialen Interaktion und der Kommunikation würden die gesellschaftliche Organisation und die von uns so geschätzten Institutionen wie Schulen, Universitäten, ja sogar den Handel, unmöglich machen. Ist unser normales Denken nicht lediglich das Ergebnis einer über Tausende von Generationen sich erstreckenden Anpassung an die Umgebung?
Und wenn das so ist, hat dann unsere Sicht der Welt – unsere gesamte Weisheit und Wissenschaft – überhaupt Gültigkeit? Oder handelt es sich dabei nur um eine Anpassung an unsere Geistes- und Wahrnehmungskraft? Wenn unsere Zeitwahrnehmung radikal anders wäre oder wenn die Signale, die wir von den Augen und Ohren erhalten, etwas anderes abbildeten,

sähe unsere »Wahrheit« dann anders aus? Vielleicht schulden wir diesen Menschen mehr Respekt.

Anstatt sie als ein gestörtes Abbild unserer selbst zu betrachten, sollten wir sie nicht vielmehr als Beispiele einer anderen geistigen Struktur sehen, genauso menschlich wie wir selbst und mit dem gleichen Recht auf ihre Andersartigkeit wie die Mitglieder anderer Kulturen und Glaubenssysteme?

Obwohl ich mit diesen Menschen durch Geburt und Vererbung nur unfreiwillig zu tun habe, lerne ich fortwährend von ihnen.

Sie haben mich gelehrt zu fragen, was es heißt, ein Mensch zu sein, was es heißt, in dieser verwirrenden Welt von Bildern, Klängen und Botschaften zu leben. Bei ihnen scheint es offensichtlicher zu sein, daß sie vieles falsch verstehen, als bei mir. Dennoch haben sie mich gelehrt, niemals zu vergessen, daß meine Mitmenschen jederzeit kommunikativ versagen oder etwas falsch verstehen können.

Eines aber haben sie mich vor allem gelehrt: daß ich nicht davon ausgehen kann, daß auch nur zwei Menschen gleich denken oder daß Wörter dasselbe für den Leser bedeuten wie für den, der sie geschrieben hat.

Danke, Sumner und Ted. Es tut mir leid, daß ich so lange gebraucht habe, um das zu lernen, daß ihr so lange warten und so sehr leiden mußtet, bis ich das alles begriffen habe.

KAPITEL 32

Die meisten von uns verstehen und akzeptieren, daß die Sprache, das Verhalten, ja das Leben selbst, vieldeutig sind. Autistische Menschen aber empfinden dies als verwirrend, ja störend. Für sie muß etwas, um es zu verstehen, eindeutig sein.

Dad, wohin gehen wir zum Mittagessen?« Ted lehnte sich an einen Aktenschrank im großen Büro des Gewerbeamtes der Stadt Seattle.

»Wir sprechen später darüber. Jetzt sprechen wir erst einmal über deine Arbeit im Sommer.«

Er schnaufte wütend und verlagerte sein Gewicht auf das andere Bein. Ich versuchte, meinen bemerkenswerten Sohn mit den Augen des Abteilungsleiters zu sehen, der nervös zu Ted hinüberblickte. Wir hatten einen Gesprächstermin wegen einer Anstellung für Ted den Sommer über. Ich wußte, daß Ted keine Schwierigkeiten haben würde, die Arbeit auszuführen, die darin bestand, Steuerakten nach einem numerischen System zu ordnen. Aber ich befürchtete, daß das Gespräch aufgrund seiner dürftigen sozialen Qualitäten negativ ausgehen könnte.

Er hatte dem Abteilungsleiter schlaff die Hand zur Begrüßung entgegengestreckt, schaute ihm aber nie in die Augen. Ted schien ihm keinerlei Aufmerksamkeit zu schenken, als er die

Arbeit und die Arbeitszeit erklärte. Sein Auftreten insgesamt, seine Körpersprache und sein Gesichtsausdruck sandten die falschen Signale aus. Wenn ich der Leiter der Abteilung wäre, würde ich diesen Jungen einstellen? fragte ich mich. Mein gesunder Menschenverstand schrie mir entgegen: »Nein!«
Ich war verzweifelt und dachte nur noch daran, daß ich unbedingt Teds erstaunliche autistische Stärken betonen und sie vorführen mußte: »Wann haben Sie Geburtstag?« fragte ich den Beamten.
»Am zwanzigsten November«, antwortete er verwundert.
»Ted, was für ein Wochentag war letztes Jahr der zwanzigste November?«
»Hmm, Freitag«, antwortete er sachlich und zuckte dabei mit den Schultern. Der Sachbearbeiter blickte erstaunt.
»Ted, siehst du, daß alle Schubladen am Griff kleine Karten haben, die mit einer Nummer versehen sind?« Seine Augen wanderten zu den Reihen von Schubladenschränken, die den riesigen Arbeitsraum füllten. »Kannst du mir zeigen, welche Schublade die Nummer ›116924‹ haben wird?«
Scheinbar aufmerksamer geworden, richtete er sich auf und ging die Etiketten auf den Schubladen der Reihe nach durch. »Die da.« Er deutete auf den richtigen Aktenschrank in der Mitte der nächsten Reihe.
Die Augen des Sachbearbeiters folgten Teds Hand, und er lächelte überrascht.
»Ted hat ein erstaunliches Zahlengedächtnis und kann Informationen ohne Schwierigkeiten ordnen, wenn er das System erkannt hat, sei es nun numerisch, alphabetisch oder chronologisch... je nachdem, was Sie brauchen«, erklärte ich.
Ted bekam die Stelle und arbeitete so hart er konnte, wo andere junge Menschen sich leicht getan hätten. Er hatte keinerlei Probleme mit den alltäglichen Aufgaben. Vorher hatte er beim Seattle Hearing, Speech and Deafness Center

(Zentrum für Hör- und Sprachgeschädigte) gearbeitet, wo er einfache Informationen in den Computer eingegeben und Patientenberichte einsortiert hatte. In dem ruhigen Aktenraum im Keller war er allein ganz gut zurechtgekommen. Dieses große Büro der städtischen Abteilung für Steuern aber, in dem es sehr hektisch zuging, und der neue Vorgesetzte stellten für ihn eine Herausforderung dar, mit der er nicht immer fertig wurde.

Er arbeitete nicht immer so schnell, wie er sollte, und er konnte nicht einmal begreifen, um wieviel schneller »schneller« bedeutete. Er stellte die Geduld seines Vorgesetzten auf die Probe, indem er hin und wieder schrie – achtmal während dieses Sommers, laut Teds Zählung. Ich vertraue zwar darauf, daß Ted ein sehr gutes Gedächtnis hat, aber diese achtmal mögen einem frustrierten Vorgesetzten wohl wie tausendmal vorgekommen sein.

Sara und ich wissen nicht, ob Ted einen Lebenslauf zustandebringen wird, mit dessen Hilfe er in Zukunft eine Arbeit findet. Es fällt ihm schwer zu verstehen, daß andere ihn nach seinem Sozialverhalten und seinem Benehmen beurteilen. Da er den Zusammenhang zwischen Ursache und Wirkung nicht kennt, begreift er nicht, daß andere ihn aufgrund seines auffälligen Verhaltens, selbst wenn man es ihm nachsieht, meiden und sich damit weitere Möglichkeiten für ihn verschließen.

Er weiß nicht, daß er seinen Vorgesetzten oder einen Kunden anders als seine Mitschüler oder die Wohngemeinschaftseltern behandeln muß. Außerdem macht es ihm seine Behinderung schwer, das Verhalten anderer zu verstehen. Er kann den Gesichtsausdruck, den Ton der Stimme oder die Körpersprache, die wir übrigens als Signale erkennen, nicht interpretieren. Es verwirrt ihn, daß einige Menschen freundlich und vertrauenerweckend sind, während andere ihn hänseln, grausam oder gar gefährlich sind.

Als Schutzmaßnahme hat Ted gelernt, in der Stadt niemals mit Fremden zu sprechen. Diese Regel hilft ihm, an Bettlern oder Sexualverbrechern vorbeizukommen. Aber gleichzeitig erweckt er dadurch oft den Anschein, grob und feindselig zu sein, wenn ein älterer Mensch oder eine junge Mutter mit einem Kind auf dem Arm ihn an der Bushaltestelle fragen, ob der Bus schon abgefahren sei.

Wir wünschen uns oft, man könnte alle komplizierten Varianten der menschlichen Persönlichkeit auf eine Reihe von Regeln reduzieren, die er sich nur merken und anwenden müßte als Ausgleich für seinen Mangel an Intuition und gesundem Menschenverstand. Aber er kann nicht einmal ein vernünftiges Urteil über eine so offensichtliche Eigenschaft wie das Alter eines Menschen fällen.

Vor kurzem wollten Sara und ich Teds Urteilsvermögen prüfen und fragten ihn: »Ted, was glaubst du, wie alt John James ist?«

Ted sah unseren sechsundvierzigjährigen Freund an und schien ratlos. »Dreizehn?« riet er blind.

»Nein, ich glaube, John ist viel älter. Versuch es noch einmal.«

»Vierundzwanzig?« Ted riet weiter, ohne die geringste Ahnung zu haben, ging höher auf »Dreißig?« und vorsichtig immer weiter. Weder das Erstaunen, das er bei unserem Freund damit auslöste, noch sein ergrauendes Haar noch das Gesicht eines Mannes im mittleren Alter gaben ihm einen Hinweis.

Ted ist auf Hilfe angewiesen, um entscheiden zu können, wem er vertrauen kann und wen er meiden sollte. Er hat gelernt, verschiedene Arten von Schlangen, Vögeln, Fischen und Säugetieren zu erkennen, aber er hat keinerlei Kategorien, um seine Mitmenschen unterscheiden zu können.

Einmal fragte er mich: »Wie sehen Feinde aus?«

Ich überlegte sorgfältig, bevor ich antwortete: »Ein Feind kann wie jeder andere Mensch auch aussehen. Jeder kann ein Feind sein.« Als ich merkte, daß dies die falsche Antwort war, die ihn vielleicht unnötig mißtrauisch gegenüber jeden machte, startete ich einen weiteren Versuch: »Man nennt Leute wegen der Art, wie sie einen behandeln, Feinde, nicht wegen ihrem Aussehen. Ich kann dir nicht sagen, wie ein Feind aussieht; ich kann dir nur sagen, was sie tun und daß sie nicht nett zu einem sind.«

»Ich weiß«, erwiderte er. »Ich werde unter ›Feinde‹ im Lexikon nachsehen.«

Wie schön wäre es, wenn man alle Fragen und Mißverständnisse durch einen einfachen Blick in ein Buch lösen könnte, wenn jedes menschliche Gefühl und Verhalten definiert, karteimäßig erfaßt, illustriert und in eine alphabetische Ordnung gebracht werden könnte. Dann könnte Ted verstehen. Vielleicht würde er dann aufgrund seines außergewöhnlichen Gedächtnisses mehr von den Menschen wissen als wir übrigen.

Aber unsere Welt ist anders. Selbst vertraute Wörter bekommen in einem anderen Zusammenhang manchmal eine andere Bedeutung. Und Menschen sind komplizierter als Wörter.

Wir wissen um die Mehrdeutigkeit der Dinge. Wir rechnen damit, daß in jedem Menschen Gutes und Böses existiert. Wir sind uns sogar bewußt, daß diese Begriffe selbst subjektiv sind und je nach den Umständen unterschiedliche Urteile gefällt werden müssen. Wir erwarten, daß die Personen in Romanen und Filmen sich entwickeln. Wir wollen den Bösewicht genauso verstehen wie den Helden. Wir wollen Zugang zu ihrer Persönlichkeit bekommen, um einen allen gemeinsamen roten Faden zu finden, der ihr Handeln glaubwürdig und verstehbar macht.

Ted begreift all diese Dinge nicht. Ihm gefallen Cartoons oder Filme mit einer einfachen Erzählstruktur, in der die Helden sich immer gut benehmen und die Bösen immer schlecht. Er braucht keine Begründung für ihr Verhalten, aber er erwartet Beständigkeit.
Kürzlich entdeckte er die Ninja-Actionfilme. Seine Lieblingsfilme sieht er sich gern immer wieder an. Er genießt es, daß er sofort die Kräfte des Bösen und Guten erkennen kann, nicht selten an der Farbe ihrer Kleidung. Und was noch besser ist, am Ende gewinnen immer die Guten.
Als er erfuhr, daß einer meiner Klassenkameraden vom College, Art Roberts, den Bösewicht in *Revenge of the Ninja* gespielt hatte, wurde Ted ganz aufgeregt angesichts der Möglichkeit, dem Mann zu begegnen. Er begriff, daß ein »guter« Schauspieler eine »schlechte« Rolle spielen kann und wurde sein begeisterter Fan.
Nachdem Art freundlicherweise Ted ein paar mit einem Autogramm versehene Fotos von sich geschickt hatte, plante Ted eine Reise nach Hollywood, um seinen Lieblingsschauspieler persönlich kennenzulernen. Ein Wochenende in Arts Wohnung in Marina Del Ray war die Belohnung für einen Sommer, den er mit dem Ordnen von Steuerformularen verbracht hatte. Dieses Erlebnis wird Ted wohl nie vergessen.
In dem gleichen Maße wie Ted Schwierigkeiten hat, andere aufgrund ihres Verhaltens zu beurteilen, begreift er auch nicht, daß sie ihn ebenfalls beurteilen. In Hinblick auf sein Äußeres, seine Haltung und die Wirkung seiner exzentrischen Sprechweise auf Fremde ist er nachlässig, und es kümmert ihn nicht. Nach dem Vorbild seiner Betreuer und Lehrer haben Sara und ich versucht, ihn dazu zu bringen, seiner äußeren Erscheinung und seinem Sozialverhalten mehr Aufmerksamkeit zu schenken. Aber schon wenige Augenblicke, nachdem man ihn daran erinnert hat, vergißt er es wieder.

Vor kurzem wurde mir klar, daß Ted zu sehr von seinem Verhalten in Anspruch genommen wird. In unserem Verlangen, aus ihm einen möglichst unauffälligen Menschen zu machen, damit er in der Öffentlichkeit für »normal« gehalten wird, haben wir ihn hinsichtlich seines Verhaltens überbewußt gemacht. Das geht so weit, daß er ständig von seinem Benehmen spricht. »Ich habe Geduld«, erinnert er mich jedesmal, wenn ich mich irgendwo länger aufhalte, wo er sich langweilt. »Ich bin sicher, daß ich mich anständig benehme« oder »Freust du dich nicht, daß ich nicht mehr schreie?« pflegt er stolz zu verkünden.

Am Ende wurde diese Angewohnheit, über sein eigenes Benehmen zu sprechen, seine auffälligste Eigenart. Daher paukte ich ihm noch eine andere Richtlinie ein. Ich erklärte ihm, es sei nicht notwendig, in der Öffentlichkeit über sein eigenes Verhalten zu sprechen. Wie immer begierig, mir zu gefallen, prägte sich mein achtzehnjähriger Sohn diese neue Anweisung ein. Und nun rühmt er sich laut und vernehmlich: »Ich spreche in der Öffentlichkeit nicht über mein Verhalten!« ohne die Reaktion derjenigen wahrzunehmen, die in Hörweite sind. Die Ironie, die darin liegt, daß er ausposaunt, wie zurückhaltend er ist, wird ihm niemals zu Bewußtsein kommen.

Ich habe den größten Teil meines Lebens damit verbracht, auf autistische Familienmitglieder einzureden, sie sollten gerade stehen, Wörter benutzen oder richtig handeln. Ich glaubte immer, dies aus Liebe und dem Wunsch zu tun, sie zu beschützen, aber es bleibt doch ein Herumnörgeln an ihnen, und es muß sie genauso ärgern, wie ihr Verhalten und Benehmen mich ärgert.

Zu meinen frühesten Kindheitserinnerungen gehört, daß ich versuchte, Sumner oder seine Behinderung vor der Außenwelt zu verstecken. Später war ich besorgt, sobald Ted die

Aufmerksamkeit auf sich zog. Ich fürchtete mich vor den Blicken Fremder, und mein Wunsch, Ted zu beschützen, war eine Rationalisierung. Ted beschützen? Sumner beschützen? Allmählich mußte ich erkennen, daß es Scham war, aus der heraus ich sie verstecken wollte. Ebenso sicher, wie ich sie vor ihren imaginären Verfolgern verbergen wollte, wollte ich *mich* vor dem Urteil anderer schützen.

Allmählich wuchs meine Selbsterkenntnis bis zu einem abschließenden plötzlichen Erwachen in diesem Jahr. Ted hatte Sommerferien, und ich nahm ihn mit zum Supermarkt. Wir liefen durch sämtliche Gänge und füllten unseren Wagen mit den Dingen, die auf unserer Liste standen, und den Extras, die er als Belohnung für ein bestimmtes Verhalten hatte heraushandeln können. Es gefiel uns, und ich freute mich darüber, wie gut er die einzelnen Sachen und die Preisschilder fand. Schließlich stellten wir uns an der Kasse in die Reihe.

Ted lächelte mir zu und stützte seinen ein Meter achtzig großen Körper auf den Einkaufswagen. Ein Bestellcoupon auf der Rückseite einer Cornflakes-Schachtel erregte seine Aufmerksamkeit: »Da gibt's ein Smurf-T-Shirt, Dad.«

Ich hielt den Atem an und spürte, wie sich mein Magen zusammenzog. Seine Stimme war so laut, daß die Leute drei Reihen weiter sie noch hören konnten. Und in seiner monotonen Art fuhr er fort: »Aber ich brauche das nicht, nicht wahr, Dad? Weil Smurfs für kleine Kinder sind, und ich bin schon zu groß dafür, nicht wahr, Dad?«

Sofort prüfte ich, wie die Leute um uns reagierten. Und in diesem Augenblick waren vierzig Jahre der Angst und Scham mit einem Schlag zu Ende. Niemand im ganzen Supermarkt stellte eine Bedrohung dar, niemand kümmerte sich auch nur im geringsten um uns. Ich lächelte Ted ebenfalls an und gab ihm einen Klaps auf den Rücken. »Das stimmt, Ted, du bist jetzt ein großer junger Mann, und ich bin stolz auf dich.«

Ich fühlte mich von einer lebenslangen Last befreit. Sicher, er war immer noch autistisch, und wir würden uns noch weiteren Herausforderungen gegenübergestellt sehen, aber es würden reale Herausforderungen sein, keine Phantome. Von nun an würde ich mich weigern, wegen meines Sohnes in Verlegenheit zu geraten. Ich war mein eigener Erpresser gewesen, indem ich zugelassen hatte, daß sich eine Verunsicherung in unsere Beziehung einschlich. Nun bin ich frei, und ich werde mich nie wieder seiner schämen.

Vor langer Zeit sagte der Sozialarbeiter des Seattle Children's Home, Teds alter Schule, einmal zu uns: »Alle Eltern machen eine Zeit der Trauer um das ›vollkommene Kind‹ durch, das sie sich erhofft haben, was ihr Kind aber nie sein wird. Und diese Zeit der Trauer kann ein paar Monate dauern, vielleicht aber auch mehrere Jahre, ja sogar Jahrzehnte.«

Sara und ich hatten längst aufgehört, um den vollkommenen Ted zu trauern. Wir liebten unseren Sohn und verstanden ihn inzwischen so wie er war, nicht wie wir ihn uns wünschten. Dennoch trauerten wir weiter, trauerten wegen der Ungerechtigkeiten der Gesellschaft, der Ausbeutung der Schwachen durch die Starken und der Intoleranz gegenüber Menschen, die anders sind. Wir hatten gesehen, daß diese Intoleranz selbst gute Menschen dazu verleiten konnte, ein Verhalten, das sie nicht verstanden, blindlings zu diskriminieren oder zu bestrafen. Wir lebten weiterhin in der Angst, daß dieser arglose junge Mann, der Karussells, Lexika und Dinosaurier liebt, nach unserem Tod alt werden und mißverstanden, mißhandelt oder sogar ins Gefängnis gesteckt werden könnte.

KAPITEL 33

Zur Freiheit gehört das Recht, anders zu sein, sich wohl zu fühlen und auch mit ungewöhnlichen Interessen und sozialen Verhaltensweisen als Person anerkannt zu werden. Ted ohne Rücksicht auf seine individuellen Interessen auf eine oberflächliche Nachahmung »normalen« Verhaltens hinzudrillen, würde aus ihm keinen besseren oder glücklicheren Menschen machen.

Während Sie dieses Buch gelesen haben, wurden in den Vereinigten Staaten Hunderte von weiteren autistischen Kindern geboren. In der Zeit, die man braucht, um ein Kapitel zu lesen, wird eine weitere nichtsahnende Mutter ein normal aussehendes Baby zur Welt bringen, das bald zu einem Kind mit seltsamen Verhaltensweisen heranwachsen wird.

Die Möglichkeit, daß dieses Kind ein Junge ist, beträgt achtzig zu hundert. Der autistische Junge wird außerdem mit großer Wahrscheinlichkeit auch geistig zurückgeblieben sein. Wenn er zu den glücklichen dreißig Prozent mit annähernd normaler Intelligenz gehört wie Ted, wird es um so schwieriger sein, seine Behinderung in früher Kindheit zu erkennen.

Die Familie wird erst dann ein Problem vermuten, wenn er etwa zweieinhalb Jahre alt ist, in einem Alter also, in dem die meisten Kinder drastische Fortschritte hinsichtlich der Sprache und der Denkprozesse machen. Er wird zwar sprechen, aber nicht eigene Sätze, die eine Bedeutung haben.

Wenn eine schwere oder auch eine harmlosere Retardation zu

seinem Autismus hinzukommt, wird er überhaupt nicht in der Lage sein zu sprechen. Er wird vielleicht nicht einmal merken, daß die Töne, die aus dem Munde der Mutter oder des Vaters kommen, eine Bedeutung haben. Eine Unterhaltung zwischen Menschen wird für ihn möglicherweise nicht mehr Bedeutung haben als der Verkehrslärm oder die Geräusche im Haushalt. Er wird tastend nach Möglichkeiten suchen, mit seiner Familie und der Welt im ganzen in Verbindung zu treten. Er wird keinerlei Anhaltspunkte haben, die ihn eine verbale Kommunikation oder ein bestimmtes Verhalten verstehen lassen, etwas, was seine Brüder und Schwestern so spielend leicht erlernen.

Dieses verstörte Kind, das in dem Augenblick, da Sie diese Seite lesen, zur Welt kommt, wird vollkommen normal aussehen, was seine Eltern, Lehrer und Ärzte um so mehr verunsichert. Man wird ihn vielleicht einfach für trotzig oder verzogen halten, für emotional gestört oder zurückgeblieben. Nur wenige werden erkennen, daß seine Probleme weitaus komplizierterer Natur sind. Viel Zeit wird ungenutzt verstreichen, bis seine Familie seine Behinderung erkennt, seine verheerende Beschränktheit und die Art und Weise, wie am besten mit ihm umzugehen ist.

Dieses Kind und seine Familie werden sich einer Welt gegenüber sehen, die im großen und ganzen kein Verständnis hat und in der es Mythen und veraltete Ansichten im Überfluß gibt. Unwissende Fachleute erzählen den Eltern vielleicht, daß ihr Kind nicht autistisch sein kann, wenn es spricht. Andere werden sagen, das Kind lebe in einer eigenen emotionalen Welt, oder es habe sich aufgrund eines Traumas oder eines Fehlverhaltens der Eltern zurückgezogen.

Die Eltern verschwenden möglicherweise Jahre damit, Gerüchten über Heilungsmöglichkeiten oder Wunder nachzugehen. Sie werden durch die Aussagen verschiedener Autoren und Experten so verwirrt sein, daß sie jegliche Hoffnung aufgeben. Schließlich werden sie aufhören, Mittel und Wege für dieses Kind zu suchen und werden immer mehr Zeit allein mit der Familie verbringen. Diese soziale Isolation wird das Leben für die Eltern und die Geschwister immer mehr erschweren, und das Kind wird zunehmend abhängiger von diesen wenigen Menschen und ihrer Fürsorge werden.

Sie werden versuchen, seine Gedanken zu lesen und nach einer Erklärung für ein Verhalten suchen, das um so befremdender ist, je älter das Kind wird. Seine irrationalen Ängste, Essensphobien und sein erstaunlicher Mangel an gesundem Menschenverstand werden die Familie durcheinanderbringen, bis sie so frustriert ist wie das behinderte Kind selbst.

Sein ganzes Leben über, das genauso lange dauern wird wie Ihres oder meins, wird es ratlos vor einer Welt stehen und von ihr, die es nicht versteht, bedroht sein, einer Welt von Ursache und Wirkung, von Wörtern, die nicht immer bedeuten, was das Kind denkt, und von menschlicher Interaktion, die aus Gesten besteht, die zu subtil sind, als daß es mit ihnen umgehen könnte.

Unfähig, seine eigenen Besonderheiten zu erkennen, unfähig auch, das zum Ausdruck zu bringen, was allgemein menschlich ist, wird die größte Bedrohung für dieses Kind unsere Unkenntnis und unsere Neigung sein, es aufgrund seines Verhaltens zu beurteilen.

In dieser feindlichen Welt von Menschen, die unterstellen, daß alle Menschen gleich denken und in der Lage sein sollten, auch gleich zu handeln, wird es wegen seines merkwürdigen Verhaltens verurteilt werden, eines Verhaltens, welches aus einer abweichenden neurologischen Struktur resultiert, einem neurologischen System, welches seine Sinne verdunkelt, Botschaften verzerrt und es ihm erschwert, das, was wir mitteilen wollen, zu verstehen.

Selbst die Menschen, die das Kind lieben, wenden vielleicht Gewalt oder Medikamente an, um es unter Kontrolle zu bringen. Es wird nicht verstehen, warum es nicht in die Hände klatschen, schreien oder Gegenstände herumwerfen darf, Handlungen, die es beruhigen oder eine einfache Kommunikation mit anderen ermöglichen. Und nachdem es seine Kindheit als kleine, schwache Person mit einer Kommunikationsstörung hinter sich gebracht hat, wird es erwachsen und ein großer, starker Mensch mit einer Kommunikationsstörung werden.

Die Entdeckung seiner eigenen körperlichen Stärke wird diesen Menschen vielleicht zunächst überraschen, aber schließlich wird er lernen, daß er Kraft – möglicherweise gewaltsam oder selbstzerstörerisch – anwenden kann, um denjenigen die Herrschaft über sich zu entreißen, die ihn so lange gelenkt haben. Unfähig zu denken, wird er nicht verstehen, daß sein merkwürdiges und unsoziales Verhalten nur momentan belohnt wird und daß die wiederholte oder gewohnheitsmäßige Anwendung ihn zu einer Zukunft verdammt, in der er nur noch weniger Chancen hat und härteren Kontrollmaßnahmen von seiten der Menschen ausgesetzt ist, die sich um ihn kümmern.

Ironischerweise werden seine unangemessenen Versuche, selbst die allgemeinsten menschlichen Bedürfnisse zu artikulieren, fehlschlagen, denn die anderen werden sich auf sein merkwürdiges Verhalten konzentrieren, anstatt die natürlichen Bedürfnisse zu sehen, die er zum Ausdruck bringen will.

Wenn die, die ihn lieben, aufgeben, wie es so häufig vorkommt, wird er Menschen zur Fürsorge überlassen, die keine Zeit haben für die anstrengende Aufgabe, die Welt für ihn zu deuten oder auf sein Verhalten zu »lauschen«. An diesem Punkt wird er wirklich allein sein, und ihm wird jede Möglichkeit genommen sein, mit Menschen zu kommunizieren. Sein verständliches Bedürfnis, einfache Entscheidungen zu treffen und auszudrücken, wird der praktischen Notwendigkeit geopfert werden, ihn und andere vor seiner zunehmenden Wut zu schützen.

Aber es ist nie zu spät.

Im Alter von achtundsechzig Jahren hat sich Sumner noch an ein Leben ohne seine Mutter gewöhnt. Er lebt in einem schönen Ziegelsteinhaus mit fünf anderen Erwachsenen auf dem Gelände eines unserer großen staatlichen Heime. Fünf Tage in der Woche fährt er mit dem Wagen zum Northwest Center, wo er arbeitet, seitdem seine Mutter ihm zum ersten Mal erlaubte, sich der Welt außerhalb ihrer vier Wände zu stellen.

Im letzten Jahr hat er mehr als zweihundert Dollar im Monat verdient, indem er einfache Montagearbeiten verrichtete. In einem Alter, da die meisten Menschen in Rente gehen, ist er bereit, eine neue Arbeit zu beginnen. Die Betreuer halten ihn für einen ihrer produktivsten Mitarbeiter und suchen jetzt in der Privatwirtschaft eine neue Stelle für ihn, wo er mit anderen nicht behinderten Menschen zusammenarbeiten kann.

Nachdem man ein paar Jahre lang versucht hatte, ihn einzugewöhnen, haben er und seine Pfleger einen Kompromiß gefunden. Sie wenden keine Gewalt mehr gegen ihn an, geben ihm auch keine Medikamente mehr und erwarten auch nicht mehr, daß er seine zwar nicht gewalttätigen, aber doch exzentrischen Gewohnheiten ablegt. Im Gegenzug hat er ihren Alltag als seinen eigenen akzeptiert. Planmäßig schläft er, ißt und geht zur Arbeit. Seine Kommunikation wird sich vermutlich nicht verbessern, aber diejenigen, die ihn kennen, haben sich an seine bruchstückhafte Sprechweise wie auch an sein Schweigen gewöhnt. Sumner hat sich über unsere kühnsten Hoffnungen hinaus an dieses Leben angepaßt. Aber sein Erfolg ist nicht einzigartig.

Eine meiner Freundinnen konnte vor kurzem ihren dreiundfünfzigjährigen Bruder Bruce vor einem Leben in einem privaten Heim, in dem er kaum Zuwendung erfahren hätte, bewahren.

Bruce hatte mehr als vierzig Jahre ohne Kommunikationstherapie und ohne Kommunikationstraining verbracht. Seine Pfleger stuften ihn als stark behindert und von der Intelligenz eines sechs Monate alten Kindes ein. Er besaß keine Sprache, nicht einmal eine primitive Verständigungsmöglichkeit. Seine einzige Methode, mit Menschen in Kontakt zu treten, war, sie zu kneifen, um ihre Aufmerksamkeit zu gewinnen, seine grundlegendsten Bedürfnisse zu artikulieren oder sich zu unterhalten.

Nachdem seine Schwester eine diagnostische Untersuchung im neuropsychiatrischen Institut der University of California, Los Angeles, arrangiert hatte, begann sich Bruces Welt zu wandeln. Eine weitere medizinische Untersuchung zeigte, daß er die Medikamente gegen Anfälle und zur Regulierung des Gehirns, die er so lange genommen hatte, gar nicht brauchte. In seinen ersten Unterrichtsstunden artikulierte er sich in Zeichensprache. Inzwischen lebt er in einer Wohngemeinschaft in Kalifornien, arbeitet im Gerätedepot einer Baumschule und hat Interesse für sein Äußeres entwickelt.

Teds Zukunft müßte eigentlich noch heller sein als die dieser beiden älteren Männer. Aber auch er wird immer Hilfe benötigen, um mit der Gesellschaft zurechtzukommen. Es wird immer Mißverständnisse zwischen ihm und seinen Vorgesetzten, Nachbarn oder Mitarbeitern geben.

Seine Gewohnheiten, sein Geschmack und seine Art, sich auszudrücken, werden immer merkwürdig, ja grotesk sein. Er wird nie in der Lage sein, sein Verhalten zu erklären, da er nicht weiß, warum es so ist. Es wird immer ein anderer da sein müssen, der es für ihn erklärt. Ted wird immer jemanden brauchen, der Verständnis und die Fähigkeit besitzt, den anderen seine Probleme und die Möglichkeiten, die in ihm schlummern, klarzumachen. Aber diese Person kann nicht immer ich sein.

Ich denke oft darüber nach, wie meine Eltern mit ihrem behinderten Kind und meinen Schwestern und mir umgingen. Obwohl sie weniger Möglichkeiten und Alternativen hatten als meine Generation, haben sie uns all die Liebe und Unterstützung zuteil werden lassen, die ihnen zur Verfügung stand. Und sie haben mir noch etwas Besonderes gegeben, etwas, was eigentlich alle Eltern behinderter Kinder brauchen – sie gaben mir ein Beispiel, wie man aus seinen Fehlern lernen und Nutzen daraus ziehen kann.

Der Weg, den wir mit Ted gehen müssen, ist nicht derselbe, den meine Eltern mit Sumner gegangen sind. Sie wollten ihr Kind ihr Leben lang behüten und beschützen, und auf ihrem Sterbebett übertrugen sie ihre Verantwortung auf die anderen Kinder. Sara und ich dagegen haben beschlossen, unser Kind auf eine eigene Zukunft vorzubereiten, da wir wissen, daß wir nicht immer für Ted dasein werden.

Um dies zu erreichen, bleiben wir ein aktives Moment in Teds Leben, aber aus einer gewissen Distanz heraus, so daß er sich nicht immer auf uns stützen kann. Wir sind die Manager, die Überwacher, die Verwalter all der Hilfestellungen, derer er bedarf. Wir bemühen uns, die Einrichtungen zu unterstützen, die ihn gut und richtig behandeln, und ich versuche, die Mittel dazu zu sichern, denn ich bin der Überzeugung, daß unsere Gesellschaft eine Verantwortung übernehmen muß gegenüber allen Menschen, die behindert sind.

Meine Mutter hat mir durch ihr Beispiel mehr beigebracht als jeder andere Mensch durch Worte. Ihre Kinder waren ihr Lebenswerk. Niemand könnte jemals die Liebe, die sie uns gab, und die unglaubliche Ausdauer, mit der sie ihren autistischen Sohn nahezu sechzig Jahre lang bei sich behielt, in Zweifel ziehen. Und diese sechzig Jahre vergingen langsam und ohne jegliche Unterstützung durch die Gesellschaft, ja meine Mutter tat dies alles ohne die Gewißheit, daß eines Tages jemand die Last übernehmen würde, unter der sie alt geworden war.

Wir haben vieles anders gemacht, als sie es getan hätte. Und doch handelten wir nach ihrem Beispiel.

In einem bestimmten Sinne habe ich Nutzen daraus gezogen, daß ich in zwei aufeinanderfolgenden Generationen dieses Gebrechen eines Familienmitglieds mitbekommen habe. Denn ich wußte, daß unser entzückendes Kleinkind mit seiner offensichtlich geringen Begabung eines Tages ein Erwachsener mit einer merkwürdigen Mischung aus Talenten und Mängeln werden würde. Ich wußte, daß er zwar nie wie der Durchschnitt sein würde, aber dennoch ein lebenswertes Leben würde führen können.

Als Sumners jüngerer Bruder kann ich mich mit den Ängsten und Verlegenheiten identifizieren, mit denen Nick konfrontiert ist. Auch ihm schulde ich Verständnis und Unterstützung. Sicherlich wird er von meiner Sichtweise profitieren. Ich weiß etwas, was meine Eltern nicht wissen konnten – daß die Träume keines Heranwachsenden durch die Verantwortung für einen behinderten Bruder verdunkelt werden dürfen. Die Zukunft meiner Söhne ist ihr eigenes Pfand, nicht meins. Ich möchte, daß beide ein Höchstmaß an Freiheit haben, ihre Talente zu entwickeln und ihren Neigungen nachzugehen.

Was Ted betrifft, so gehört zur Freiheit das Recht, anders zu sein, sich wohl zu fühlen und trotz ungewöhnlicher Interessen und unsozialer Verhaltensweisen als Person anerkannt zu werden. Ted ohne Rücksicht auf seine individuellen Interessen auf eine oberflächliche Nachahmung »normalen«

Verhaltens hinzudrillen, würde aus ihm keinen besseren oder glücklicheren Menschen machen. So viele Jahre lang habe ich gebetet: Laß Ted sich, soweit es seine Fähigkeiten erlauben, entwickeln, was immer das auch beinhaltet, und gib, daß wir übrigen ihn akzeptieren, wer immer er auch sein mag.

Mein Sohn und mein Bruder sind nicht die Behinderung. Sie sind Menschen. Und daher gibt es mehr Gemeinsamkeiten als Trennendes zwischen uns.

Normalerweise bin ich jedesmal, wenn ich Ted zurück nach Parkview fahre, traurig. Obwohl wir schon seit sieben Jahren nicht mehr unter einem Dach leben, trauere ich jedesmal, wenn wir uns trennen. Meine Gedanken schweifen dann häufig ab, und ich denke an unsere gemeinsame Zeit und meine persönlichen Hoffnungen und Ängste. Während dieser einsamen Autofahrten wünsche ich mir immer, ich könnte Ted seine Behinderung erklären, ihm helfen, sie zu verstehen und zu akzeptieren. Vor allem aber möchte ich, daß er stolz wäre auf seine bemerkenswerten Fortschritte und daß er sich als Teil der menschlichen Familie fühlen könnte.

Kürzlich kam mir bei einer dieser stillen Fahrten ein beruhigender Gedanke, eine Art spirituelle Bewußtwerdung.

An jenem Wochenende hatten Ted und ich das Pacific Science Center besucht. Er interessierte sich für die Abteilung mit den Dinosauriern, und ich war lediglich daran interessiert, die Zeit totzuschlagen. Als ich so herumwanderte, stand ich plötzlich vor dem mechanischen Gerät, mit dem die Theorie der Wahrscheinlichkeit veranschaulicht werden soll.

Diese Maschine besteht aus einem großen Glasbehälter mit Tausenden von kleinen Gummibällen. Die meisten sind schwarz; etwa ein Prozent sind weiß. Der Behälter ist sehr groß und hat oben einen Schacht und eine Reihe von Stahlstangen, die waagerecht verlaufen.

Von Zeit zu Zeit werden sämtliche Gummibälle auf ein Förderband gehoben. Dann wandern sie langsam in dem Behälter nach oben. Wenn alle in dem Schacht sind, fallen sie hüpfend hinunter und prallen an den Stahlstangen ab. Schließlich liegen alle wieder unten in dem Behälter.
Vielleicht landet keiner der Bälle jemals wieder an derselben Stelle, wo er vorher gelegen hat, aber bei jedem Mal werden zwei statistische Prinzipien sichtbar: Die Bälle bilden immer eine vollkommene, glockenförmige Kurve, wobei sich im Zentrum die größte Masse befindet. Und man kann eigentlich keine Voraussage darüber treffen, wo die einzelnen Bälle landen werden.
An jenem Tag beobachtete ich lange diese mechanische Darstellung der Wahrscheinlichkeit, die, für mich unverständlich, in mir ein Gefühl der Ruhe auslöste. Stunden später, als ich allein nach Hause fuhr, erinnerte ich mich wieder daran und verstand plötzlich.
Teds Autismus, dieses statistische Risiko, das eins zu tausend auftritt, ist einfach ein Beispiel für die zufällige Abweichung. Wenn wir nur das eine Ende der glockenförmigen Kurve betrachten und uns nur auf die Unterschiede in der Erscheinungsform oder die Entfernung vom Mittelpunkt konzentrieren, übersehen wir das Wesentliche.
Mein Bruder und mein Sohn sind Teile des Ganzen. Ohne sie gäbe es keine Struktur natürlicher Verschiedenartigkeit, keine glockenförmige Kurve, keine »normale Verteilung«, keine Menschheit, die reich an Variationen und Verschiedenartigkeit ist.
Weißhäutig, dunkelhäutig, männlich, weiblich – wir sind alle Teil dieses Musters. Und irgendwie hat das Schicksal, gegen alle statistische Wahrscheinlichkeit, sowohl Sumner als auch Ted in mein Leben geworfen. Als ich aber diese Maschine sah, erkannte ich, daß sie nicht nur zu meiner Familie, son-

dern zum Ganzen dazugehören. Ihre Eigenarten werden durch die anderer ausgeglichen. Wie die Gummibälle, die zu weit vom Zentrum herunterfallen, vervollständigen sie ein Muster, das unveränderbar und ewig ist.
Ted würde das gefallen. Er mag keine Veränderungen.

EPILOG: Gespräche mit Ted

Die Sprache der Autisten, die sich verbal ausdrücken können, gibt uns Einblick in ihren Denkprozeß und ermöglicht es uns, auch diejenigen unter ihnen besser zu verstehen, die überhaupt nicht sprechen.

Das Geheimnis des Autismus, das die Öffentlichkeit, Eltern und selbst Fachleute so lange vor Rätsel gestellt hat, beginnt sich allmählich zu lüften. Dennoch bedeutet es für die Forschung noch immer eine Herausforderung. So ist zum Beispiel die Frage offen, welcher Zusammenhang genau besteht zwischen den neurologischen Abweichungen und der merkwürdigen Mischung von Begabungen und Unfähigkeiten, die die Einzigartigkeit jedes Autisten ausmacht.

Niemand sollte Ted einen typischen jungen Autisten nennen. Er gehört zu der glücklichen Minderheit, die gelernt hat, einen großen Teil ihrer Kommunikationsprobleme zu bewältigen. Das, was er sagt, ist nicht repräsentativ für alle Autisten. Und dennoch gibt seine Redeweise mir Einblick in die Eigenart eines bemerkenswerten Denkens, eines Denkens, das mir geheimnisvoll erschien, solange es mir durch das Schweigen meines Bruders verschlossen war.

Als Kleinkind begann Ted, einfache, aus einem Wort bestehende Äußerungen zu gebrauchen, um etwas zu benennen oder um bestimmte Dinge zu bitten. Daher konnten wir gar nicht bemerken, daß er eines Tages schwere Kommunikationsprobleme haben würde. Wir hörten ihn im frühen Alter »Mama«, »Papa«, »Kuchen« und »Appe« (Apfel) sagen und mit zwei Jahren das Alphabet korrekt herunterbeten. Wir wußten nicht, daß diese Sprachfunktionen einfach ein Ausdruck seiner mechanischen Erinnerungsfähigkeit waren und ein schweres Sprachproblem überdeckten. Letzteres trat erst zutage, als es ihm nicht gelang, die Regeln der Logik und Grammatik zu begreifen.

Ted liebt es, etwas über die Natur und das Leben wilder Tiere zu lesen. Er kann sich stundenlang in das Lexikon oder Bücher über Schlangen, Lurche, Vögel und Säugetiere vertiefen. Die kurzen beschreibenden Abschnitte, die mit Illustrationen versehen sind, ermöglichen ihm, eine Vielzahl von Fakten über das Verhalten, die Größe, die Farbe, die Ernährung und die zoologische Zugehörigkeit verschiedener Arten zu speichern. Solange die Sprache einfach ist und nicht aus komplizierten Satzstrukturen oder metaphorischen Begriffen besteht, versteht er alles und kann es sich merken. Sobald aber die Sprache abstrakt wird oder das Verstehen von Nebensätzen erfordert, ist er verloren.

Kürzlich verbrachten Ted und ich einen Tag in dem bekannten Provincial Museum in Victoria, British Columbia. Ein ganzes Stockwerk ist der Flora und Fauna des pazifischen Nordwestens gewidmet. Hinter großen Glaswänden hat man mit äußerster Sorgfalt die großen Wälder der Küstenregion seit der letzten Eiszeit rekonstruiert. Auf Schildern an der Wand stehen die Bezeichnungen der Baumarten und der wild lebenden Tiere.

Ich hatte erwartet, daß Ted von diesem Museum begeistert sein würde. Überraschenderweise schien er aber gelangweilt oder gleichgültig zu sein, so daß ich versuchte, sein Interesse auf die Schilder an der Wand zu lenken. Ich bat ihn, mir eins vorzulesen, und er begann in der stockenden Art, in der er immer liest, wenn er einen Text nicht versteht: »In der Morgendämmerung der Geschichte, nach der großen Eiszeit…«

Plötzlich erkannte ich, was das Problem war. Die Schilder enthielten zahlreiche Informationen über die Naturgeschichte, bestimmte Arten, die Größenordnung der Wälder und Klimaveränderungen. All das hätte eigentlich Teds Interesse an der Anhäufung von faktischen Informationen entgegenkommen müssen, aber die Art der Sprache stellte ein Hindernis für ihn dar. Ted versteht den Begriff »Morgendämmerung« nur in seiner wörtlichen Bedeutung.

Ein anderes Beispiel für eine derartige Verunsicherung ereignete sich sogar einmal, als er in seinem Lieblingslexikon, der Enzyklopädie der Welt, las. Eines Abends sprachen wir darüber, daß wir nach England reisen wollten. Teds Patentante, Tante Laurie, war gerade dorthin gezogen, weil ihr Mann dort auf einem Luftwaffenstützpunkt stationiert wurde.

Ted wollte etwas über England wissen. Daher schlugen wir ihm vor, unter dem Begriff im Lexikon nachzuschlagen. Er ging in mein Arbeitszimmer, um zu lesen. Ein paar Minuten später kam er zufrieden lächelnd wieder heraus und verkündete: »England ist in Alabama!«

»Ted«, sagte ich, »ich glaube nicht, daß das gemeint ist. Bitte, bring mir das Buch, und wir werden es zusammen lesen.«

Er bekam einen bekümmerten Gesichtsausdruck und stieß einen wimmernden, leisen, schreiartigen Laut zwischen den zusammengebissenen Zähnen hervor. Als er mit dem Band zurückkam, lasen wir gemeinsam. Der Artikel über England begann mit dem Satz: »Obwohl England eins der größten Industrieländer der Welt ist, ist es so klein, daß es in einen Staat von der Größe Alabamas hineinpaßt…«

Sofort begriffen Sara und ich den Grund für das Mißverständnis und Teds wütende Reaktion. Sein bewährtes Lexikon, das ihm so zuverlässige Informationen über Schlangen, Wale und Gorillas geliefert hatte, hatte ihn betrogen und unabsichtlich durch einen einfachen Nebensatz getäuscht.

Abstrakta und Ausdrücke der Umgangssprache stürzen Ted in schreckliche Verwirrung. Er erwartet, daß Begriffe eine wörtliche Bedeutung haben, und übersieht deren allgemein übliche Verwendung. Daher hat er meist ein naives Vertrauen in die Sprache, oder er versteht einen Witz nicht.

Als wir einmal an einer Reklametafel für einen Autohändler vorbeifuhren, las Ted den Text unter der Fotografie eines Ackergauls: »Keine lahmen Gäule.«

»Weißt du, was das bedeutet, Ted?« fragte Sara.

»Das ist Pferd ohne Arbeit«, sagte er wie aus der Pistole geschossen.

Als wir alle über das freche Wortspiel lachten, wurde Ted ungehalten. Als ich merkte, daß er es ernst gemeint hatte, fragte ich: »Wer hat dir gesagt, was ein lahmer Gaul ist?«

»Paul.« Paul war einer der Betreuer von Parkview. Er war mit Ted schon mehrmals an dem Plakat vorbeigefahren. Dieser witzige Begleiter hatte Teds Frage bezüglich der Reklametafel mit einem klugen Wortspiel beantwortet. Unglücklicherweise hatte Ted den Witz nicht verstanden, sondern einfach die Antwort in seinem Gedächtnisspeicher einsortiert.

Unwissenheit über den menschlichen Körper und Ernährungs- und Gesundheitsregeln bereiten schon nicht behinderten Menschen Schwierigkeiten, erst recht aber Ted. Seine Probleme mit Ursache und Wirkung erschweren es ihm besonders, Ratschläge zur Ernährung und Gesundheit einzuschätzen und anzuwenden. Obwohl er in der Schule Informationen darüber bekommen und schon viele Erwachsene über ihre Eßgewohnheiten hat reden hören, versteht er sie zum größten Teil nicht.

»Ein zu hoher Blutdruck kann Krebs verursachen ... oder ist es Salz?« fragte er mich. Wieder einmal trat seine Neigung zutage, Fakten miteinander zu verbinden, ohne ihre allgemein bekannte Beziehung zu verstehen. »Zu viel Zucker kann die Arterien verstopfen«, fügte er hinzu. Es war offensichtlich, daß die Aufklärung über Gesundheit in der Schule völlig an ihm vorbeigegangen war.

Im frühen Teenageralter war Ted fasziniert von Menschen mit künstlichen Gliedmaßen. Es kam vor, daß er zum Beispiel auf eine Fremde zeigte und laut verkündete: »Die Frau hat ein Bein aus Plastik.«

Da Sara und ich Wert darauf legten, ihm ein angemessenes Sozialverhalten beizubringen, erklärten wir ihm: »Ted, es ist unhöflich, in der Öffentlichkeit auf Fremde zu zeigen oder über sie zu sprechen.« In dem Versuch, folgsam zu sein, hielt er es beim nächsten Mal für geschickter, weithin hörbar zu flüstern. »*Manche* Leute haben einen Arm aus Plastik«, sagte er, als er wieder einmal jemanden mit einer Prothese sah.

Wir vermuteten, Ted sei deshalb so fasziniert von Prothesenträgern, weil er Angst habe, daß er selbst eines Tages mit künstlichen Gliedmaßen herumlaufen müsse. Daher versuchten wir, ihn aufzuklären: »Wenn jemand bei einem Unfall einen Arm oder ein Bein verliert, oder wenn der Arzt ein Bein wegen einer Krankheit entfernen muß, kann er diesem Menschen ein Bein aus Plastik oder Holz machen. Aber du brauchst keine Angst zu haben. Ich glaube nicht, daß dir das passieren wird.«

Wir übersahen die Fragen, die er nicht stellen konnte, denn wir waren uns nicht bewußt, daß dieser heranwachsende Jugendliche immer noch fast vollkommen unwissend hinsichtlich der Funktionsweise seines eigenen Körpers war.

Schließlich wurde mir klar, warum Ted so neugierig auf Körperteile achtete, als ich wieder einmal mit ihm telefonier-

te. Offensichtlich hatte er festgestellt, daß er zwar Menschen mit künstlichen Armen und Beinen gesehen hatte, aber niemand mit einem Plastikkopf herumlief. »Dad«, sagte er ins Telefon, »man stirbt, wenn einem der Kopf abgeschnitten wird!«
»Das stimmt, Ted«, erwiderte ich, wußte aber nicht, warum seine Stimme so aufgeregt klang.
Nach einer kurzen Pause fragte er: »Warum stirbt man, wenn einem der Kopf abgeschnitten wird?«
Ich freute mich, daß er das Wörtchen »warum« benutzte, um eine Information zu bekommen, auch wenn es ihm vielleicht nicht klar war. »Nun«, erklärte ich, »der Kopf ist sehr wichtig. Wir atmen durch den Kopf, durch den Mund oder die Nase, und der Körper braucht den Sauerstoff. Außerdem befindet sich das Gehirn im Kopf, und das Gehirn ist sehr wichtig. Das Gehirn sagt dem übrigen Körper, was er zu tun hat. Sogar den inneren Organen sagt das Gehirn, was sie zu tun haben.«
Ich erkannte, daß meine Erklärungen über ihn hinweggingen. Vorsichtig suchte ich nach anderen Worten, um mit ihm zu sprechen. »Weißt du, was ein inneres Organ ist?«
»N-nein«, war die zögernde Antwort.
»Ein inneres Organ ist ein bestimmter Teil des Körpers, aber es befindet sich innen im Körper. Darum nennt man es ›inneres‹ Organ.« Um zu kontrollieren, inwieweit er mich verstanden hatte, fragte ich: »Kannst du mir ein inneres Organ nennen?«
»Das Herz«, schlug er vor.
»Das ist eine gute Antwort, Ted«, lobte ich ihn. »Das Herz ist ein inneres Organ. Kannst du mir noch eins nennen?« Ohne zu überlegen, sagte er: »Scheiße?«
Seine Antwort zeigte mir, daß ich zwar »inneres« recht treffend erklärt hatte, es mir aber nicht besonders gut gelungen war, »Organ« zu definieren.

Ted zeigt zwar Interesse daran, mit anderen Menschen zu sprechen, es bereitet ihm aber Schwierigkeiten, richtig mit der Sprache umzugehen, so daß er ein Gespräch aufbauen könnte, an dem sich die anderen auch gern beteiligen. Als Ted acht Jahre alt war, kam Nick einmal mit seinem Lieblingsdialog vom Kindergarten nach Hause. Nick stellte einer Person eine Reihe von Fragen. »Was ist deine Lieblingsfarbe?« – »Was ist deine Lieblingszahl?« – »Was ist dein Lieblingstier?« Nachdem eine beliebige Person geantwortet hatte, faßte Nick die drei Antworten dann zum Beispiel so zusammen: »Gut, dann hast du eine rote Katze mit drei Köpfen!«

Innerhalb weniger Tage war Nick dieser Gespräche überdrüssig; man konnte einem Menschen nicht mehr als einmal diese Reihe von Fragen stellen. Außerdem stellte er fest, daß die Kombinationsmöglichkeiten begrenzt waren und daher langweilig wurden.

Obwohl Nick bald abließ von dieser Art des Dialogs, war Ted davon fasziniert. Er wies ihm einen Weg, ein Gespräch zu beginnen und aufrechtzuerhalten. Und er begann, fremden Leuten im Supermarkt oder Gästen zu Hause dieselbe Reihe von Fragen zu stellen.

Schließlich nahm diese Gewohnheit zwanghafte Züge an. Anstatt eine Hilfe für ihn zu sein, ein Gespräch aufzubauen, wurde sie zum Ersatz für sinnvollen Dialog. Sara und ich kamen zu dem Schluß, daß wir ihm dieses Spiel abgewöhnen mußten, und baten die Leute, Teds Fragen zu ignorieren. Nachdem wir uns einige Wochen lang eingemischt hatten, hörte Ted auf, Fremde nach ihrer Lieblingsfarbe, nach ihrer Lieblingszahl und nach ihrem Lieblingstier zu fragen. Und wir lobten ihn jedesmal, wenn er ein »richtiges« Gespräch zu führen versuchte.

Einmal nahm ich Ted zu einem Treffen der Gesellschaft für Autismus mit. Einer meiner Freunde, den Ted noch nie gesehen hatte, saß neben uns. Ted beäugte ihn sorgfältig, dann sah er mich an. Schließlich wandte er sich an meinen Freund und sagte: »Ich werde dich nicht fragen, was deine Lieblingsfarbe ist.«

Ted war zwar nicht in der Lage zu lernen, daß ein bestimmter Satz nicht geeignet war, ein Gespräch zu beginnen, aber er war unfähig, eigenständig eine bessere Einleitung zu finden. Er konnte eine Reihe von Regeln beherrschen, konnte befolgen, was zu tun oder zu lassen war. Aber er begriff nicht die allgemeinen Prinzipien, die Menschen bei einem Gespräch anwenden.

Als Ted älter wurde, lernte er, daß es bestimmte Floskeln wie »Wie geht es dir?« und »Danke, gut« gab, die nicht wörtlich zu verstehen sind. Es handelt sich um Höflichkeitsformen wie »Bitte« und »Danke«. Wir merkten nicht, daß Ted den sozialen Gebrauch dieser Ausdrücke vollkommen von ihrem Ursprung abgetrennt hatte, bis ihn Sara eines Abends in Parkview anrief. Ein Freund der Familie hatte Ted zu Weihnachten ein Terrarium mit zwei Eidechsen geschenkt. Wir brachten Ted bei, wie er seine Lieblinge pflegen mußte, und er machte seine Sache sehr gut, säuberte regelmäßig das Terrarium, gab den Tieren frisches Wasser und legte einen Vorrat von Grillen und Mehlwürmern an.

Ted hatte die Eidechsen Rick und Sascha getauft und schien mehr Spaß an ihnen zu haben als an seinen übrigen Besitztümern. Dennoch starb Sascha aus unbekannten Gründen, und Rick schien lethargisch und krank zu sein.

Sara befürchtete, daß Rick auch bald sterben würde und wir einen Ersatz beschaffen müßten. Daher rief sie Ted an und fragte: »Wie geht's Rick?«

»Gut.« Dann fügte er hinzu: »Rick ist heute gestorben.«

Ted hat ein paar Verhaltensweisen gelernt, die den Anschein erwecken, er sei höflich und möchte gefallen. Er nahm an, daß die höfliche Antwort auf Saras Frage »Wie geht's Rick?« »gut« sein mußte. Genauso mechanisch verwendet er »bitte« und »danke«, tut sich aber schwer damit, die Grundregeln der Etikette zu begreifen.

Als Ted kürzlich die Ferien über zu Hause war, verkündete er, er wolle eine seiner Lieblingsbetreuerinnen von Parkview in ihrem Elternhaus besuchen. »Aber du kannst Krissie erst besuchen, wenn sie dich einlädt«, erklärte ich ihm. »Es ist nicht höflich, jemanden zu Hause zu besuchen, wenn man nicht eingeladen ist.«

»Ich kann mich selbst einladen«, beharrte er.

»Nein, Ted«, schaltete sich Nick unaufgefordert ein. »Es ist unhöflich, sich selbst einzuladen.«

»Ich weiß was!« Ted strahlte. »Ich kann ja Krissie anrufen und sie bitten, mich einzuladen, über Nacht bei ihr zu Hause zu bleiben.« Ich sah die Begeisterung in seinem Gesicht und dachte darüber nach, wie traurig seine Behinderung war. Er wollte anderen gefallen und hatte das Bedürfnis, soziale Erfahrungen wie andere Jungen im Teenageralter auch zu sammeln, aber er verstand die Regeln des Sozialverhaltens nicht und auch nicht die Sprache, in der wir versuchen, diese Regeln zu vermitteln.

Ted hatte teilweise recht gehabt. Man kann um eine »Einladung« zu einer Party oder einem bestimmten Anlaß bitten. »Einladen« hat aber eine andere Bedeutung, nämlich daß der andere freiwillig die Einladung ausspricht beziehungsweise sie von ihm ausgeht. Ted wird wahrscheinlich nur sehr wenigen Menschen in seinem Leben begegnen, die bereit sind, ihn in ihre Gemeinschaft aufzunehmen. Je älter er wird, um so weniger tolerant werden die anderen gegenüber seinen unschuldigen Versuchen sein, sich selbst einzuladen, um Zeit und Raum mit ihnen zu teilen.

Mindestens zweimal in der Woche klingelt nach dem Abendessen mein Telefon, und ich weiß, es ist wieder einmal Ted. Seine Anrufe beginnen immer mit dem Satz: »Ich rufe nur an, um mich ein wenig mit dir zu unterhalten.« Dann folgt gewöhnlich: »Ich wette, du rätst nicht, was ich heute gemacht habe.« Dann geht es weiter mit der Aufzählung von alltäglichen Aktivitäten in der Schule.

Manchmal, wenn ich sorgfältig zuhöre und die richtigen Fragen stelle, nimmt das Gespräch eine überraschende Wendung, so wie an dem Abend, als er erwähnte, daß er zu einem Tanzabend für Teenager gegangen sei.

»Was machst du, wenn du tanzen gehst, Ted? Tanzt du?« fragte ich.

»Uh huh.«

»Tanzt du mit jemandem, oder tanzt du allein?« Ich hatte ihn einmal bei einem Marathon im Seattle-Zentrum drei Stunden lang allein tanzen sehen, und es fiel mir schwer zu glauben, daß er wußte, wie man mit einer Partnerin tanzt.

»Ich tanze mit jemandem.«

»Mit wem tanzt du?« Wenn ich etwas von ihm wissen wollte, mußte ich all meine Geduld und meine Ausdauer aufwenden.

»Meistens David DiJulio und Helen Brown.«

David war sein bester Freund, aber Helen hatte er noch nie erwähnt. Also fragte ich: »Wie bittest du sie zum Tanz?«

»Kann ich diesen Tanz bekommen, bitte?«

Er sprach freundlich, aber ein wenig hölzern, und ich unterdrückte ein Lachen, obwohl er es gar nicht gesehen hätte. Wenn ich Nick oder irgendeinem anderen durchschnittlichen Jugendlichen diese Frage gestellt hätte, hätte ich eine aufgebrachte Antwort erhalten, aber Ted antwortete mechanisch in demselben flotten Tonfall, den er immer hatte, wenn er diesen Satz aussprach. Wir sagten beide einen Moment lang nichts, während ich versuchte, mir eine neue Frage zu überlegen.

»Ich tanze meistens mit Helen Brown«, platzte Ted plötzlich

heraus. »Und wenn ich fünfunddreißig bin, werde ich sie heiraten, und wir werden in einer Wohnung in Ballard wohnen.« Ballard war ein Viertel in Seattle. »Und wir werden euch mit dem Bus besuchen.«

So viele Gedanken rasten in diesem Augenblick durch meinen Kopf, daß ich nicht sofort antworten konnte. Wußte er wirklich, was er da sagte? Begriff er überhaupt, daß er erst in achtzehn Jahren fünfunddreißig war?

»Danke, daß du das gesagt hast«, konnte ich gerade noch herausbringen. »Wir werden uns darüber noch öfter unterhalten, bis du fünfunddreißig bist.«

Als unser Gespräch beendet war und er aufgelegt hatte, sprach ich mit Sara. Wir sahen deutlich all die Probleme vor uns, die mit Teds Plänen verbunden sein würden. Daß er sich für eine Heirat das Alter von fünfunddreißig ausgesucht hatte, lag daran, daß einer der Betreuer von Parkview, den er sehr gern mochte, vor kurzem in diesem Alter geheiratet hatte.

Je länger wir uns über dieses Gespräch mit Ted unterhielten, um so besser fühlten wir uns. Kein Teenager weiß wirklich, was er in ferner Zukunft tun wird. Nur wenige der ersten Schwärmereien entwickeln sich zu einer lebenslangen Romanze. Ted könnte viele Enttäuschungen und Frustrationen erleben, wenn er versuchen würde, eine dauerhafte Beziehung zu einem anderen Menschen zu entwickeln. Aber all unsere Ängste schienen unbedeutend angesichts der herrlichen Vorstellung, die er im Augenblick genoß.

Es erschien uns wunderbar, daß dieser Junge, behindert durch Umstände, die eine Kommunikation und eine soziale Entwicklung so schwierig machten, so eine normale und seinem Alter angemessene Erfahrung machen konnte. Im Augenblick zumindest hat Ted eine Freundin mit dem Down-Syndrom. Wenn die beiden zusammen sind, können sie sich selbst so sehen wie all die anderen jungen Leute, die in der

Fernsehwerbung und in Fernsehfilmen auftauchen. Ihr Gefühl, zusammenzugehören und geliebt zu werden, ist so natürlich und normal wie die erste Schwärmerei jedes Cheerleaders oder College-Sportlers.

Aus Teds Sehnsucht nach Gemeinschaft, ja nach einer Romanze schließe ich, daß die Vermutungen, Autisten seien unsozial, nicht zutreffen. Obwohl er sich nach wie vor in Gesellschaft ungeschickt verhält und sich häufig von großen Menschengruppen zurückzieht, scheint sein Problem nicht darin zu bestehen, keine normalen Gefühle zu haben, sondern sie auszudrücken oder das Verhalten der anderen zu deuten.

Sein spezifisches Denken bleibt das andere große Hindernis. Immer wieder sind Sara und ich erstaunt über den nahezu vollständigen Mangel an gesundem Menschenverstand und über seine Neigung, einer einmal aufgestellten Regel auch dann zu folgen, wenn der Grund dafür längst nicht mehr existiert.

Im letzten Sommer brachen Diebe unseren Wagen auf. Bevor wir die Zeit hatten, das eingeschlagene Seitenfenster zu ersetzen, mußten wir Ted für das Wochenende abholen. Auf dem Weg nach Hause machten wir an einem Einkaufszentrum halt. Ted stieg aus dem Auto und stellte seine übliche kurze Frage: »Die Tür verriegeln?«

»Nein, Ted. Du brauchst die Tür nicht zu verriegeln, weil das Fenster kaputt ist.«

»Huh?« Er sah mich fragend an.

Ich merkte, daß ich das genauer erklären mußte. »Normalerweise verriegeln wir die Tür, damit die Leute nicht in das Auto hinein können, um etwas zu stehlen.« Ich machte eine Pause, um zu sehen, ob er mir folgen konnte. »Aber jetzt würde es nichts nützen, das Auto zu verriegeln, weil eh jeder durch das kaputte Fenster hinein kann.«

Er sah zu, wie ich es ihm vormachte, und schüttelte langsam

den Kopf. »Das klingt aber merkwürdig«, sagte er und verriegelte weiterhin jedes Wochenende die Tür.
Er versucht so viel wie möglich, seine Denkunfähigkeit dadurch zu kompensieren, daß er sich feste Regeln merkt oder die Informationen nach bestimmten Kategorien ordnet. Obwohl er nicht beurteilen kann, wann er »genug« Cola an einem Tag getrunken hat oder wann er »zuviel« Zucker gegessen hat, akzeptiert er im großen und ganzen eine bestimmte Grenze, etwa eine Cola oder drei Stücke Zucker pro Tag. Vor kurzem verkündete er stolz: »Ich weiß, zu welcher Sorte von Essen Zucker gehört, ›anderes‹!«
Es ist nach wie vor nicht leicht für uns, ihn dazu zu bringen, daß er uns die Gründe für seine Verhaltensweisen erklärt, warum er zum Beispiel Angst hat oder sich zurückzieht. Ted hat keine Ahnung, was hinter »Warum«-Fragen steckt, aber manchmal wissen Sara und ich einfach nicht, wie wir ihm das, was wir von ihm wollen, verständlich machen sollen.
Jahrelang machten wir immer wieder die Feststellung, daß Ted Partys haßte, sogar wenn mehrere Leute zusammenkamen, die er als einzelne sehr gern hatte.
An einem Wochenende war Ted ganz erregt und bat, auf sein Zimmer gehen zu dürfen, weil wir ein Dutzend Gäste hatten, unter anderen einen seiner Lieblingslehrer und verschiedene andere Leute, die er mochte. Später an diesem Abend beschloß ich, ihn dazu zu bringen, mir zu erklären, warum ihm die Party nicht gefiel. Ich suchte nach den passenden einleitenden Worten und fragte ihn schließlich: »Ted, sag mir einmal, was auf einer Party passiert.« Seine Augen weiteten sich vor Schrecken. Er holte tief Luft und platzte heraus, was er die ganze Zeit schon sagen wollte, von sich aus aber nicht konnte, bevor ich nicht die richtigen Fragen gestellt hatte. »Krach und viele Leute, die lachen.« In wenigen Sekunden löste er das Rätsel, über das Sara und ich uns seit Jahren Gedanken gemacht hatten.

Er war plötzlich in der Lage, einen ganzen Katalog von Dingen aufzuzählen, die ihm bei einer Party nicht gefielen. Und ihn nach dem »Warum« zu fragen, war immer der falsche Weg gewesen, ihn zu einer Antwort zu bewegen. Vielleicht meinte er, unser »Warum« verlange von ihm mehr als eine einfache Formulierung seiner Vorlieben und Abneigungen und beinhalte eine tiefere Erklärung von Ursache und Wirkung, die er ja nicht begriff.

Schon in seiner frühen Kindheit hatten wir versucht, durch Wer-, Was- oder Wo-Fragen etwas in Erfahrung zu bringen, wenn wir in Wirklichkeit wissen wollten »Warum hast du das getan?« Und manchmal enthielten seine sich ständig wiederholenden Äußerungen einen Kern an Information, der uns zu einer weiteren aussichtsreichen Frage führte.

Eines Morgens schrie Ted plötzlich am Frühstückstisch: »Setz dich und sei still!«

»Wer sagt das?« fragte ich schnell.

»Der Busfahrer«, antwortete Ted und aß weiter. Ob absichtlich oder zufällig, ich werde es nie erfahren, jedenfalls machte er mich auf diese Weise darauf aufmerksam, daß er irgendein Problem mit dem Busfahren hatte.

Er beherrscht die Grundregeln der Grammatik nicht. Er fühlt sich am sichersten, wenn er Sätze wiederholt, die er von anderen gehört hat, und stellt bei Fragen nicht immer das Verb vor das Substantiv. So sagt er zum Beispiel nicht: »Kann ich in den Laden gehen?« Er fühlt sich sicherer, wenn er fragt: »Ich kann in den Laden gehen?«

Hin und wieder versucht er, eigene Beobachtungen zu machen, und dann erscheinen seine Formulierungen sehr merkwürdig. Nachdem wir zum Beispiel einmal mit dem Bus nach Victoria in British Columbia gefahren waren, zeigte sich Ted an der chinesischen Sprachschule interessiert, auf die der Busfahrer hingewiesen hatte. »Es gibt einige Schulen, die in Victoria sind«, sagte Ted.

Jahrelang hatten Sara und ich versucht, mit Ted über seine Behinderung zu sprechen, um zu erfahren, in welchem Maße er sich der Unterschiede zwischen seinem und unserem Denken bewußt ist. Bis jetzt ist es uns nicht gelungen, ihm zu erklären, was Autismus bedeutet. Wir werden es aber weiterhin versuchen, weil wir glauben, daß es gut für ihn wäre, seine eigenen Schwächen und Stärken zu erkennen.
Unser Hauptaugenmerk wird immer auf seinem Selbstbild liegen. Ted hat wie jeder andere Mensch – ob behindert oder nicht – das Bedürfnis, sich als Mensch wertvoll und als mit bestimmten Fähigkeiten ausgestattet zu empfinden. Aus diesem Grund beginnen wir Gespräche über Autismus immer mit Bemerkungen über Dinge, die er besser kann als wir. Wir sagen zum Beispiel: »Ted, du kannst dich an viele Dinge erinnern, die wir uns nicht merken« oder »Du kannst die Dinge besser sehen als wir, und du weißt, wie man irgendwo hinkommt, wenn wir uns verlaufen haben.«
Nachdem wir auf diese Weise ehrlich auf seine Stärken hingewiesen haben, gehen wir zu dem schwierigeren Thema, seine geistigen Schwächen betreffend, über. »Ich weiß, daß es schwierig für dich ist, alles zu verstehen, was andere Leute sagen«, oder: »Manchmal fällt es dir schwer, das zu sagen, was du willst.«
Unglücklicherweise waren diese subtilen Versuche, mit ihm über sein Kommunikationsproblem oder seinen Mangel an Urteilskraft zu sprechen, nie erfolgreich. Normalerweise antwortete er darauf: »Ich kann wirklich gut sprechen, weil ich eine Zahnklammer hatte. Darum kann ich alles gut aussprechen.«
Er begreift nicht, daß unsere Kommunikation mehr erfordert als eine gute Aussprache oder die Beherrschung eines Vokabulars, das auf einer bestimmten Definition vertrauter Wörter beruht. Schließlich sind wir zu dem Schluß gekommen, daß

ein Mensch mit schweren Denk- und Kommunikationsproblemen seine eigene Behinderung nicht erfassen kann. Wenn er die Fähigkeit zu einer besseren Selbstwahrnehmung hätte, hätte er der Definition nach diese Behinderung nicht.
Auf seine Art und Weise hat Ted jedoch gelernt, uns zu ärgern. Er benutzt sein außergewöhnliches mechanisches Gedächtnis dazu, uns seine Überlegenheit auf bestimmten Gebieten zu demonstrieren. Unglücklicherweise nützen ihm aber die meisten Beispiele seiner Kunst nicht viel, weder bei einer Anstellung noch für andere Lebenslagen.
Er bringt mich gern in Verlegenheit, indem er lange Wörter rückwärts buchstabiert und mich dann fragt, was ihre Bedeutung ist. Ich rate niemals richtig.
Manchmal fordert er uns auf, lange Wortketten ohne Zusammenhang zu wiederholen, wie zum Beispiel: »Ah, nimm das, ah, nimm das, Jack Smother, Hershey sieht Pferd.« Und er freut sich über unsere Unsicherheit, wenn wir diese unsinnigen Sätze nicht korrekt wiedergeben können.
Er wäre sicher gern humorvoll, aber er weiß nicht, was an einem Witz für andere so lustig ist. Wenn er wieder einmal einen Witz nach der Art kreiert hat wie »Bum, bum.« »Wer ist das?« »Ms.« »Ms. wer?« »Ms. Gorilla-Untier«, dann fragt er wahrscheinlich: »Lustig?«
Wir haben es aufgegeben, ihm zu erklären, warum wir die einen Witze lustig finden und andere nicht. Ein Witz beruht auf einer falsch angewendeten Logik, der falschen Verwendung eines Wortes oder einer Regel, wird aber so vorgetragen, daß er sowohl eine wörtliche Bedeutung als auch eine absurde Mißdeutung beinhaltet. Und da Ted keinen natürlichen Sinn für Logik hat, versteht er auch nicht das Prinzip der falschen Logik, das Witze für andere Menschen so lustig macht.
Aber er macht trotzdem Fortschritte in Wortspielen. Letzte Woche fragte er mich: »Was macht ein Wortklauber?« Als ich

ihm den Gefallen tat und sagte, ich wisse es nicht, sagte er: »Fragen zerlegen.«
Da Ted langsam erwachsen wird, befürchten wir, daß seine Kommunikationsstörungen und seine Denkunfähigkeit ihn äußerst verwundbar machen, nicht nur gegenüber böswilligen Menschen, sondern auch gegenüber Menschen mit guten Absichten, die glauben, sie müßten über ihn bestimmen oder ihn ändern. Wenn wir in achtzehn Jahren auch nichts anderes begriffen haben, so doch wenigstens dieses eine: Ted wünscht sich dasselbe Gefühl der Freiheit, des Entscheidenkönnens und der Selbstbestimmung wie jeder andere auch.
Wir haben gelernt, daß wir mit Argumenten kaum etwas bei ihm ausrichten können. Er kann unseren Gedankengängen nicht genügend folgen, um logische Entscheidungen zu treffen, die auf den für ihn unverständlichen Voraussetzungen von Ursache und Wirkung beruhen. Daher reagiert er auf Druck oder Beharren unsererseits, als ob es sich dabei um verbale Einschüchterung oder eine unfaire Übervorteilung handle.
Als Teds Milchzähne ausfielen und seine zweiten Zähne wuchsen, sahen wir uns einer großen Herausforderung gegenüber. Seine neuen Zähne waren viel zu groß für seinen Kiefer. Einige Backenzähne wuchsen so stark, daß sie keinen Platz hatten und schief wurden.
Es war klar, daß er von einem Kieferorthopäden behandelt werden mußte, nicht nur wegen seinem Aussehen, sondern auch wegen seiner Aussprache und aus gesundheitlichen Gründen. Dies erforderte aber eine sich lang hinziehende Kooperationsbereitschaft von Ted. Er würde über Jahre hinweg bestimmte Unannehmlichkeiten über sich ergehen lassen müssen, und das für die erst sehr viel später eintretende Belohnung, ein schönes Gebiß zu haben.
Wir konnten ihm diese Behandlung nicht vorschlagen oder ihm die Möglichkeit geben, nein zu sagen. Wenn er einmal

nein gesagt hätte, wäre es unmöglich gewesen, seine Meinung zu ändern. Daher entwickelten wir einen Plan in der Hoffnung, daß er sich wünschte, Zahnklammern zu tragen.

Fast zwei Jahre lang erzählten wir ihm von Leuten, die dank einer früheren zahnärztlichen Behandlung schöne Zähne hatten. Wenn Ted dabei war, fragten wir unsere Verwandten und Freunde: »Bist du beim Zahnarzt in Behandlung gewesen?« Und auf unsere Bitte hin schwärmten dann unsere Gäste, wie sehr die Zahnbehandlung ihr Aussehen und ihre Gesundheit verbessert habe.

Und immer wenn wir jemanden aus unseren Kreisen sahen, der Zahnklammern trug, sagten wir: »Schau, Ted. Da ist jemand, der Zahnklammern trägt. Er wird schöne gerade Zähne haben, wenn die Klammern herauskommen.«

Unsere Strategie zahlte sich schließlich aus. Eines Tages fragte Ted: »Würdet ihr mir Klammern für meine Zähne kaufen?« Wir suchten einen anerkannten Spezialisten auf, der sich bereit erklärte, Ted zu behandeln, obwohl keiner wußte, wie lange Ted mitmachen würde.

Zu unser aller Erleichterung war Ted ein Musterpatient, der keinen Termin vergaß und eine lange Reihe von Anweisungen zur Zahnpflege befolgte. Wir langweilten uns schon bald, wenn er immer wieder das Essen aufzählte, das er wegen seiner Klammern nicht zu sich nehmen konnte. Wir erwarteten sehnlichst den Tag, da die Klammern entfernt würden und er wieder süßes Popcorn essen konnte.

Ted erinnert uns immer wieder daran, daß er sein Leben selbst bestimmen möchte. Seine Reaktion auf eine einfache Aufforderung, im Haushalt mitzuhelfen, lautet oft: »Muß ich?« Wir sagen niemals einfach Ja, sondern versuchen immer eine Antwort zu geben wie: »Nein, aber wir würden uns freuen« oder »Wie du willst. Du kannst es jetzt machen oder in einer halben Stunde.« Wenn wir ihm auf diese Art Anweisungen

geben oder etwas von ihm verlangen, kooperiert er im allgemeinen besser als jeder durchschnittliche Teenager.
Sara und ich haben schließlich gelernt, seine Starrköpfigkeit zu respektieren, ja sogar zu schätzen. Wir haben gelernt, daß er trotz einer schweren geistigen Behinderung und neurologischer Probleme, die es ihm erschweren, die Welt so zu sehen wie wir, ein Mensch wie du und ich ist. Kein Verrückter und kein Monster, kein Witz und auch kein sphinxartiges Genie. Er ist einer von uns.

DANKSAGUNGEN

In den ersten dreißig Jahren meines Lebens habe ich mit Familienmitgliedern zusammengelebt, die Autisten waren, ohne daß ich etwas über ihre Behinderung wußte, ja ich wußte nicht einmal, daß dieser rätselhafte Zustand, in dem sich mein Bruder und mein ältester Sohn befanden, einen Namen hatte. Wie andere Eltern und Verwandte auch, wurde ich nicht freiwillig ein Autismus-Experte. Wie sie fühlte ich mich zunächst überfordert von all dem, was mein Bruder und mein Sohn brauchten.

Meine Kenntnisse über diese bemerkenswerte Behinderung erwarb ich erst, als ich mich der amerikanischen Gesellschaft für Autismus angeschlossen hatte. Ich entdeckte dort, daß die Untersuchungsergebnisse und Erfahrungen anderer mir dabei helfen konnten, das Leben derer, die ich liebte, zu erleichtern und ihnen die Chance zu geben, Entscheidungen zu treffen und ein erfülltes Leben zu führen.

Ich stehe in der Schuld zahlreicher Fachleute und Fürsprecher, die ihren Beruf dazu nutzen, Menschen wie meinem

Bruder Sumner und meinem Sohn Ted zu helfen. Einige aber verdienen besondere Erwähnung: Katie und Duane Dolan, die die Sektion Washington State der amerikanischen Autismus-Gesellschaft gegründet haben; Virginia Johnson, die als erste die Behinderung unseres Sohnes erkannte; Dr. Albert Reichert, der uns über Jahre hinweg nützliche Ratschläge und Hinweise gegeben hat; Karen Thompson, die uns half, auf dem Recht unseres Sohnes auf angemessene Erziehung zu bestehen; die Betreuer des Seattle Children's Home; das Child Development and Mental Retardation Center (Zentrum für kindliche Entwicklung und geistige Retardation) der Universität von Washington, die Wohngemeinschaften von Parkview und das Northwest Center – ihnen allen möchte ich für ihre Geduld und ihren Erfindungsreichtum danken.
Schließlich möchte ich auch all jenen danken, die an mein Projekt geglaubt haben. Ohne ihre Unterstützung wäre diese Geschichte niemals an die Öffentlichkeit gekommen: Howard Gardner, Stanley Greenspan, Jean Griffin, Angela Miller, Lorraine Shanley und Barbara Moulton, meine Verlegerin.